有吸收力的心灵

[意]蒙台梭利◎著 艾安妮◎译

中国华侨出版社

中文版序

　　玛丽亚·蒙台梭利是一位伟大的教育家和医生，她是意大利的首位女医学博士。蒙台梭利出生于意大利的安科纳地区，毕业于罗马大学。毕业后，她先在罗马大学的附属精神病院作临床助手，主要研究弱智儿童教育。后来，她成为了弱智儿童学校的主任教师。过了不久，她又进入罗马大学进行心理学、教育学、哲学等方面的学习，第一所"儿童之家"也是在这一时期创办的。

　　在实验、观察和研究的基础上，蒙台梭利开创了蒙台梭利教学法，这一教学法一经推出就引起了很大的轰动，并使世界教育发生了革命性的巨变。蒙台梭利的教学法以卢梭、裴斯泰格齐、福禄贝尔等人的自然主义教育思想为基础，并加以自己的独特观念，她的教学法影响了整个世界。

　　英国教育家称赞蒙台梭利是"20世纪内被世界所承认的最伟大的教育家之一"；美国教育家认为，"在讨论学前教育问题时，必须要结合蒙台梭利的教学法，否则就称不上完全"。

　　在蒙台梭利的努力下，如今，世界各国的孩子都能接受到与传统教育完全不同的自主教育。她的著作已经被译成了37个国家的文字，被人们广泛传播并应用。如今，已有110多全国家完全或不完全地成立了蒙台梭利学校，还有许多国家成立了蒙台梭利协会或设立了蒙台梭利培训机构。在中国，蒙台梭利婴幼儿班和学前班也受到了家长和幼儿园的青睐。

蒙台梭利认为，孩子生来就具有一种"内在生命力"，它能够在孩子的成长过程中释放强大的力量。这种生命力是积极的、活动的，它随着孩子的成长而不断发展。蒙台梭利还指出，教育是为了激发和促进孩子发挥"内在潜力"而存在的，所以要使孩子按照自身规律获得自然和自由地发展。孩子不应该被当成物体或宠物，而应该被当成一个真真正正的人。孩子不是承载成年人思想的容器，不是可以被任意塑造的泥块或软蜡，不是用来随意雕刻的木头，也不是花园里的花草或门旁拴着的小狗。孩子是一个不断发展着的人，教育家、老师和家长们应该对孩子进行仔细观察，了解孩子的内心世界，满足孩子的内在需求。想要做到这些，首先要尊重孩子的个性发展，这样才能使孩子不受阻碍地成长。

蒙台梭利进行了大量研究后提出：孩子的发展过程中存在着"胚胎期"和敏感期，孩子的发展具有阶段性，孩子是在"工作"中成长的。

精神胚胎期是人类特有的发展阶段，这一阶段是从新生儿期开始的。孩子会在出生后无意识地吸收外界刺激，从而形成各种心理活动能力。这一时期内，成年人应该为孩子提供符合孩子内在需要的环境，把不利于孩子成长的各种因素排除掉。

敏感期使孩子产生一种强烈的、想要与外部世界接触的感情。这一时期的孩子对每样事物都充满好奇心，对事物的学习和接受能力也很强。孩子具有多种敏感期，成年人在对孩子进行教育的时候也要结合孩子所处的不同敏感期，采用不同的引导方法，以免阻碍孩子的正常发展。

0~6岁是孩子发展的第一阶段，在这一阶段中，孩子具备了心理活动功能。0~3岁是孩子的"精神胚胎期"，处于这一时期的孩子能够吸收外界的刺激，但都是无意识地进行吸收。3~6岁的孩子渐渐形成了自己的个性，他们会慢慢产生记忆，并开始有意识地进行理解等思维活动。6~12岁是孩子发展的第二阶段,在这一阶段中,孩子的心理发展相对平稳。12~18岁是孩子发展的第三阶段,经过这一阶段,孩子的身心开始走向成熟。

游戏不能培养孩子准确、求实、严肃、认真的习惯,只有"工作"才能让孩子学会遵守纪律。蒙台梭利把孩子使用教具的活动称为"工作",并认为"工作"是孩子最喜欢的活动,他们能够在"工作"中得到多方面的发展。通过研究,蒙台梭利发现孩子会在"工作"中追求秩序、要求独立,对成年人给予他们的过多帮助表现出排斥。孩子喜欢"工作"的过程,并享受这一过程带给他们的乐趣。孩子们在"工作"的时候非常投入,只要是他们喜欢的"工作",他们就会一遍又一遍地重复进行,不会感到厌倦。

蒙台梭利一直致力于打破传统的儿童教育的模式,帮助人们走出儿童教育的误区,最终使全天下的孩子都能够身心健康地发展。蒙台梭利的教育目的是帮助孩子更好地发展,并使他们更适应周围的环境和社会需求。在"儿童之家"的教育实践基础上,蒙台梭利写了很多著作。其中主要有《蒙台梭利早期教育法》、《儿童教育手册》、《童年的秘密》、《发现孩子》和《有吸收力的心灵》。

《蒙台梭利早期教育法》是蒙台梭利以1907年在罗马创办的第一所"儿童之家"的教育实践经验为基础而写的,出版于1909年。这是蒙台梭利的第一本儿童教育专著。该书的问世使蒙台梭利成了儿童教育领域中最有影响力的教育家之一。蒙台梭利在书中论述了对如何对孩子进行系统的观察,讨论了如何帮助孩子建立起纪律意识,讲述了自己的教育方法体系,还指出了孩子们面临的饮食问题。该书阐述了蒙台梭利教育方法的原则,并向父母、老师和教育工作者们传授了教育孩子的最佳的方法。

《儿童教育手册》是一本操作性的手册,出版于1914年。蒙台梭利在美国传授蒙台梭利方法时,有很多家长和老师对她的方法产生了兴趣,并强烈要求她把这些方法总结成一本书，于是便有了《儿童教育手册》的诞生。这本手册中讲述了"儿童之家"所运用的教具和技术，并向读者们说明了每一种教具的使用方法。蒙台梭利指出，对待不同的孩子时，所用的方法也是不同的。成年人应该为孩子们提供一个进行"自我教育"的环境，然后引导孩子自己动手实践，并在实践中不断完善自我。

《童年的秘密》出版于1936年，该书主要探索了"幼儿之谜"，解答了人们长久以来对孩子的疑惑。蒙台梭利认为，孩子只有生活在与自己年龄相适合的环境中时，他们才能正常地发育和成长。成年人的压抑使孩子喘不过气，所以我们要对孩子宽容，让他们自然地发展心理活动。书中对"精神胚胎"下了一个定义，并点明了老师们应负起的责任和正确对待孩子的方法。蒙台梭利指出，孩子的心理会畸变会阻碍孩子的发展，成年人可以帮助孩子、指导孩子，但绝对不可以代替孩子去工作。

《发现孩子》一书向全天下的家长、老师和教育工作者们揭示了培养孩子、了解孩子和爱孩子的新观念、新方法。该书出版于1948年，作者在书中从心理学、生理学、教育学等多个领域不同角度地为我们揭示了"孩子"这一教育中的主体的种种奥秘。她指出，我们应该注意到孩子的本能和孩子的根本需求，不要干涉孩子的活动，要给孩子足够的、自由的发展空间。她也指出，很多老师和家长在照顾孩子和教育孩子的过程中使用了一些错误的做法，并指出这些做法很可能对孩子的一生产生不良影响。

《有吸收力的心灵》是蒙台梭利最后一部儿童教育学著作，出版于1949年。该书是由蒙台梭利在印度举办的国际训练班的讲义整理成的。她强调了双手的活动能够帮助孩子发展智力，独立生活是孩子"自然成长"的基础，孩子在教育中不会得到知识，他们只有亲自经历过一些事情，才能够真正明白这些事情的意义。作为老师和教育工作者，不要把对孩子的教育集中在

"教"上,而是要让孩子在符合自身实际的环境中驾驭环境,并找到最适合自己发展的方法。

为了让中国的家长、老师和教育工作者们更好地理解蒙台梭利的教育思想,掌握真正对孩子有帮助的教育方法,我们对上述五本蒙台梭利的主要著作进行翻译,推出了这套蒙台梭利著作的译本。这套书中列举了大量实例,并运用了大量比喻,生动有趣,希望所有的家长朋友们和教育工作者们能够从中得到启示,能够运用更加合理的方法帮助孩子发展。

译者序

儿童是一个怎样的群体？对儿童实行什么样的教育最有效？一直以来，父母、教育工作者以及所有从事儿童教育研究工作的人们无时不在思考这些问题。现行的教育方式传统而老旧，这些教学方法根本不能满足儿童在发展过程中的需求，甚至可能成为阻碍孩子发展的障碍，但是正在延用这种教学方法的人们对此却毫无意识。作为教育工作者，我们与孩子的距离最近，然而我们却不了解孩子，对他们在发展时有什么需求也一无所知，那么我们的教育从何谈起？我们又怎么为孩子的成长提供帮助呢？因此，儿童的心理缺陷越来越严重，他们的个性得不到正常的发展，只能一味地被动地跟随成年人的安排学习、生活，要知道，这样的教育方式非但不能帮助儿童成长，还可能对他们的人格发展造成危害。

"蒙台梭利"这一词语对众多家长及幼教工作者而言已经非常熟悉。玛利亚·蒙台梭利，这位伟大教育理论家及实践家，提出的教育思想至今仍无人能及。多年来，蒙台梭利的教育思想受到了人们的极力推崇，正如她所说的那样，"教育并不是老师对孩子做了什么"，我们首先要认识到什么是教育，"它是人类自身根据自然规律发展的结果，儿童学到的知识也不是老师教授给他们的，而是他们通过生活环境吸收经验获得的"。教育工作者应该转变自己在教育中主导一切的角色，在满足儿童需求的同时，让他们自由选择自己喜欢做的事情。因为蒙台梭利认为，给孩子的这种自由是让他们集中注意力工作的前提，只有专注于某事，儿童才能获得经验以为自身发展做准备。当然，老师可以在儿童能够集中注意力之前按照实际需求指导他们的行为，这种指导对儿童的发展是很必要的。

在本书中，蒙台梭利对儿童的发展过程作了明确的划分，她还对儿童在每一阶段里的具体表现和特征，及发展的需要分别详细地进行了阐述。同时，她强调儿童的语言学习及一系列发展过程都是由儿童在自己的努力下完成的。蒙台梭利认为，成年人应该仔细观察并研究儿童，让儿童在自由的环境中成长，要尊重他们的个性发展，从而促进儿童个性、精神及智力得以自然地发展。这样，他们会逐渐适应自己的生活环境，并慢慢长成一个不再需要别人帮助、遇到问题自行解决、能够自给自足的人，而且他们的创造力也能完全发挥出来。

蒙台梭利提出，教育工作应结合人类自身的实际情况来展开，在她看来，儿童的实际情况就是儿童天生就具有"内在潜能"，因此，激发儿童的这种内在潜能就是开展教育的目的。于是她对教育工作者提出了具体的要求，她说："老师应该扮演保护环境与管理环境者的角色。"因为环境会间接影响儿童的成长，如果儿童生活在不良的环境中，不论是身体、智力还是心理方面都不会得到发展，即使有所发展也只会是短暂的。另外，她还告诉我们，当儿童做错事或无法集中精力时，老师不应该惩罚他们，因为那样会让儿童"失去自我约束的能力"。在蒙氏教学中摒弃了命令式的教育方法，蒙台梭利提倡老师应该与儿童形成精神上的交流。

老师在进行这种教育前，如果做好这些准备，他们在与儿童相处时就不会因为某些突发情况感到手足无措，同时他们的教育方法能让儿童得到最大限度的发展。蒙台梭利说："当老师对儿童的各种需求都予以满足后就会发现，各种各样的优秀品质犹如喷涌而出的水流一样源源不断地体现出来。"

在《有吸收力的心灵》这本书中，蒙台梭利结合她观察得出的第一手资料及多年的教学实践经验，提出了具有革命性的教育理论及观点。广大家长及教育工作者不用再为教育孩子的问题发愁了，他们在本书中可以找到教育孩子的一套系统、科学的方法，并遵照这种新教育方法的指导，为儿童正常发展提供条件，从而帮助他们打造美好的人生。

目录
Contents

001　**Part 1**　儿童对重建世界的重要作用
009　**Part 2**　教育将决定儿童的一生
019　**Part 3**　成长过程中的各个阶段
032　**Part 4**　研究儿童的新途径
037　**Part 5**　物种形成的奇迹
051　**Part 6**　儿童的行为与胚胎学的形成
065　**Part 7**　新生婴儿是一个精神胚胎
087　**Part 8**　儿童获取独立的方式
100　**Part 9**　对待生命最初阶段的方式
111　**Part 10**　儿童学习并吸收语言的过程
119　**Part 11**　儿童对语言学习的渴望
129　**Part 12**　儿童心理发展中的障碍及其影响
139　**Part 13**　运动在儿童成长过程中发挥的作用

148	Part 14	手为儿童智力的发展提供帮助
157	Part 15	儿童发展过程中的模仿行为
163	Part 16	儿童既是创造者也是劳动者
169	Part 17	通过想象获得文化
188	Part 18	儿童的性格及其形成
198	Part 19	个性让儿童正常发展
206	Part 20	儿童依靠自己形成了性格
214	Part 21	儿童占有心理的产生及其变化
220	Part 22	儿童的发展与社会的关系
233	Part 23	有吸收力的心灵能凝聚社会
245	Part 24	错误的发现及其纠正方法
254	Part 25	儿童服从意识的三个阶段
267	Part 26	老师与儿童纪律性的产生
281	Part 27	老师为教育工作做的准备
294	Part 28	儿童是爱的源泉

Part 1
儿童对重建世界的重要作用

本书是一本旨在保护儿童巨大潜能的书，是我们不断发展人类思想的一部分；它打破了原有思想对我们的禁锢，从而促进我们为保护儿童的潜能行动起来。

随着社会的不断发展，各种纷争和矛盾也伴随而来，将来的世界要摒弃这些阻滞社会进步的因素，各种重建未来世界的计划也在筹划当中。人类如果要达到文明发展的程度，就应该提高人类现有的智力水平，所以，教育就被人们广泛认为是重建世界的最佳途径。

我也持有同样的观点，虽然人类想要建立一个没有战争、和谐太平的社会，但以人类目前的能力还不能实现这个远大的理想。因为人类的能力还没有达到能够完全处理并控制世界上所发生的一切事情的程度。其实，不仅没有人能完全决定自己命运的走向，甚至在处理这些事情时，人类自己还要深陷其中，成为被动或受害的一方。

虽然人们普遍认为教育能提高人类的能力，然而现有的教育却被限制住了，它仍然停滞在仅仅教育人类"思想"的层面上。这种试图通过教育提高人类能力的方法，与那些传统的陈旧观点没有区别，它既不新颖，也没有活力，对重建世界没有任何意义。

当然，为实现人类远大抱负做出贡献的还有哲学和宗教，对此，我从来没有怀疑过。但是在文明的社会中，并非人人都是哲学家，社会发展至今的历程中尚且也没有多少哲学家，那我们怎么能期望将来出现更多哲学家呢？在以往的教育中，我们把人类崇高的理想作为教育的主要内容，并在此基础上提出更高的标准，但是战争并没有停止或减少，世界也没有变得安宁。如果在这种教育下，整个人类的发展水平没有得到提高，那么传授知识的教育方式对重建世界还有什么意义呢？假如不改变教育方式，仍然沿用单纯地传授给学生知识这种陈旧的教育观念，那么被广泛认为是重建世界最佳方法之一的教育，是不能实现改变人类未来这个愿望的。因此，一系列与人类发展相关的因素，包括那些没被发现的，或一直都被忽视的精神、社会人格以及新的世界力量等，都必须被考虑起来。如果这些因素能够对重建世界起到积极的作用，那么我们只能依靠儿童来发挥这些因素的作用了，因为儿童是人类延续的保证。

在儿童身上存在可以引导我们走向美好未来的力量，但是这些力量却还没有被发现。假如我们确实希望创造一个新的世界，那么，就应该把发展儿童身上的这种潜在力量作为教育的目标。

今天，人类已经开始逐渐重视新生儿的心理活动，并对此产生了浓厚的兴趣，一部分心理学家开始在新生儿出生三小时后，仔细观察婴儿身体的发育情况。而另一部分心理学家则专门对观察的结果进行过研究，最后得出了婴儿出生后的前两年是孩子一生中最重要的时期这个结论。

还有观点认为，一个人的人格形成及发展是从他出生那刻时就已经开始了。于是，"教育必须在婴儿出生后就开始"这个令人不可思议的结论就从这种神乎其神的观点中引申出来。之所以称这个结论不可思议，是因为所有人都知道，我们无法按常规理论去教育一个刚刚出生的婴儿或是不足两岁的孩子。这个只会嗷嗷大哭，甚至都不能控制舌头活动的小生命根本不可能听懂我们说的话，能对他进行什么教育呢？对他们进行具有实际意义的教育，难道仅仅是指卫生教育吗？当然不是，结论中所说的教育远比这种狭隘的教育要深远。

所谓对一个新生儿在早期阶段进行的教育，其实就是帮助婴儿发展与生俱来的精神力量，也就是说，采用传统的教育方式去实现这一教育目标是行不通的。

近来通过多方面的研究证明，婴儿在精神方面有一种特殊的天性，这个研究结论为从事婴幼儿教育的工作者指明了新的方向，这个方向通向了一条新路。这条路对人类的精神世界有至关重要的作用，不过它至今还没有被人们发现。人类文明发展了几千年，但儿童身上具有的潜在力量却一直没有受到重视。人们在不断发展的现代文明社会中，一直忽略了深藏在幼儿精神世界中的潜在财富，这就如同人类在地球上出现并开始学会通过耕作生存，但却没有考虑隐藏于自己身体内具有的巨大潜能是一样的。

自从人类出现在地球上并繁衍至今，隐藏在人类体内的潜能就没有受到重视。直到今天，它的存在才逐渐引起人们的注意。比方说，卡瑞尔写道："毫无疑问，婴儿阶段是最值得研究的时期。如果忽略对这一阶段的研究将是无法弥补的，我们应该重视对这个阶段的研究，并努力挖掘它。虽然教育存在困难，但我们应该采取任何可行且符合实际的教育方式去开发婴儿阶段的潜能。"

现如今，我们已经逐渐发现了婴儿潜能这些尚未被挖掘的宝藏的价值，它们是一笔属于人类的精神财富，比金子更加珍贵。

研究新生儿出生后两年的情况，为我们打开了发现构建人类精神规律的大门，因为人类精神的形成至今还无人了解，但儿童却给了我们启示，从而向我们展示了这个规律。通过对孩子的研究，我们发现一个完全不同于成人内心世界的精神生活，同时这个研究也为教育工作者指出了一条"新路"。当然，这里所谓的研究并非将孩子放在被动地位，也不是指心理学教授们强迫孩子们去接受心理学，相反，是孩子们把自己的心理展现给研究他们的人。

起初这似乎有些难以理解，但在我们接下来更深入的讲解和分析中，困惑的人就会逐渐变得明朗了。儿童有一颗能够迅速吸收知识的心灵，让他们有能力独立自主地学习。这一点是通过一些简单的例子就能证明的。儿童在成长的过程中能够说着与父母同样的语言，然而，学好一门语言对一个成年人来说却是一件很难的事情。没有人一字一句地教儿童说话，但他们却能够非常正确且熟练地运用名词、动词以及形容词。

对儿童的语言发展进行跟踪研究是很有趣的，致力于这项研究的人都认为，在学习语言的过程中，使用单词及名字是学习语言的最初阶段，它会发生在一个非常固定的时期，就仿佛是早就设计好的一样。儿童好像是遵循自然界严格设计好的时间表那样忠实、准确地进行学习，如同一所组织严密的旧式学校。随着儿童对这个严格时间表的遵循，他们还勤奋地学会了语言的不规则变化以及句子的语法结构。

好像每一个儿童自身都拥有一个辛勤的教师，这个老师能用其娴熟的技巧教授人类在婴儿阶段就开始学习他们说得最流利的母语。相较而言，儿童如果在长大之后去学习另一种语言，就算请最好的专家或学者来教授他们，他们也无法像说自己的母语一样流利地说这种语言。

由此可见，肯定存在一种帮助儿童发展的精神力量在发挥着作用。这不止体现在学习语言上，因为一个2岁的儿童就已经能够清楚地识别自己周围的人和物了。假如我们意识到这一点，就会清楚地认识到，儿童能够为了促进自己内心的成长而学会很多东西。我们都是经历过儿童时期，我们掌握的很多东西都是在儿童时期学会的，并且是在出生后的最初两年形成的。儿童不仅能够认识他所在环境的事物，了解自己周围的生活并适应它，而且他们在这一阶段里，形成了智力、信仰以及特有的民族和社会情感等成年人无法教授给他们的复杂东西。儿童不受成年人的推理观念的影响，却能顺利运用他们内在的学习方法，这仿佛是大自然的功劳。当成年人认为能够用自己所谓的智慧去占据并改变儿童内心的时候，其实儿童早就完成了建造他们心理构架的过程。

儿童在他们3岁的时候已经打下了他们作为一个人的人格基础，只有到这时，他们才需要专门的学校教育来帮助他们。由于儿童在这段时间里取得了巨大的成就，所以人们兴许会说：儿童在3岁去上学时就已经是一个小大人了。心理学家们肯定地说，如果我们成年人与儿童相比，儿童3年学会的东西，我们却需要通过60年的艰苦学习才能学会。所以心理学家们常用"3岁的儿童已经长成一个大人了"这样一句话来表达了这种意思。但事实上，儿童从自己周围的环境中学习知识的能力还远没有完全发挥出来。

通常情况下，儿童在3岁的时候就进入幼儿教育学校了。但他们在3岁之前还根本无法接受教育，也没有任何人或学校来直接教育他们，不过他们却向我们展示出人类精神的伟大之处这方面，这给了我们很多启示。有时我们无法提供教育儿童的学校，我们仅仅为他们提供了一所房子，然而他们能在这个场所中，不需要任何直接性的指导，仅仅通过环境对他们的熏陶来学习很多知识。在那里，有的儿童来自社会最底层，他们的父母甚至是没有受过任何教育的文盲，然而这些儿童仍然能够在5岁之前就学会阅读和写字。假如有人这样问他们："是谁教会你们写字的？"他们常常会一脸惊奇地回答说："教我？没有人教我啊！"

真是令人不可思议，在没人教授的情况下，一个四岁半的儿童就能写字，在这个年龄，他们甚至对学习知识还没有感知，这看起来就有些奇怪。因此，媒体开始对"文化的自然获取"这一观点进行讨论。心理学家们也很迷惑，他们一度怀疑是否因为这些接受观察研究的儿童与其他儿童不一样呢。我们自己在很长的一段时间里，也对这个问题感到困惑。只是在通过多次试验之后，我们才得出了确切的结论：所有儿童天生都具有一种"吸收"文化的能力。如果这个试验的结论是正确的，那么我们就会提出疑问，假如文化在毫不费力的情况下就能够获得，那么若我们为儿童提供其他方面的文化要素，情况将会怎样呢？于是，我们通过试验又发现，儿童对此的吸收速度比起读、写来更快。比方说，儿童同样能够毫不费力地以一种简单、自然的方式，认识并学习植物、动物、算数、地理等方面的知识。

我们由此认为，教育并非是指老师教授了什么东西，而是人类自然而然的本能发展过程。它并非通过讲授方式得来的，而是儿童从环境中获得经验得来的。教师的任务并非是讲课，而是在给儿童专门设置的特殊环境中，为他们准备和安排一系列有目的的文化活动。

我的试验在不同的国家已经持续进行了40多年了。随着儿童逐渐地长大，很多父母要求我将试验的时间放到年龄更大的儿童身上。于是我们发现，刺激和促成发展的一个要素就是个体的活动，这不仅适合于学龄前的儿童，对那些接受初级教育，或者中等甚至更高教育的儿童也适合。

同时，从新的试验中也证明了：对学校和教育来说不仅应该如此，同样适用于人本身：假如一个人的天性能够得到自由的发展，那么显而易见地就能取得巨大的成就，因为他的精神并没有受到压制，也不会由此感到情绪低落。

所以，我认为一切教育改革都应该以人类的个性作为依据和基础。教育的中心必须是人自身，我们应该明白，人不是只有在大学里才能获取知识的，从出生时起，人类学习知识的过程就已经开始了，尤其是在出生后最初三年的时间里获取知识的速度最迅速，获取的知识量也最大、最密集。所以，我们在这一时期应该给儿童更多的关注。一旦遵循这些原则，我们就会发现，儿童呈现在我们面前的形象就会是最伟大和最神奇的自然奇迹，而不再是一个负担。我们还会发觉，我们面对的儿童已不再是不能自立、需要帮助的人了，也不再是只等着我们用智慧去填充他们大脑的对象了。相反，他们的成长就是我们心灵构造的过程,他们为我们的思想宝库提供了珍贵的资料。儿童严格地按照时间表,通过自己的天赋不知疲倦地勤奋学习,最后终于成长为"这个宇宙间最神奇伟大的作品"——人。作为教师,我们只能协助儿童顺利地完成这个进程,就像侍候主人的奴仆那样为他们提供帮助。最后展现在我们面前的就是一个全新的"人"。因此,我们就是见证人类精神发展的证人。我们也由此可以摆脱各种烦琐之事,去指导和塑造人类的未来。

Part 2
教育将决定儿童的一生

在文章的开头就做了"开始于降生的终生教育"这个命题，我们有必要为了澄清这一命题而进行更加细致的说明。世界著名的民族领袖甘地曾表示，教育的时间应该延伸至整个生命。除此之外，他还说，捍卫生命是教育的中心问题。这是作为一个社会和精神的领袖第一次提出了这样的说法。另外，科学上也认为终生接受教育是很有必要的，而且终生接受教育能够让一个人取得成功这一点，经过了长达一个世纪之后也得到了证明。然而到目前为止这一观点还没有得到政府部门的认可和采纳，令人十分遗憾。

今天，我们的教育还未从人本身出发进行过任何考虑，却只注重教育的方法和目标是否能够满足社会的需求。在所有国家的各种官方教育方式中，还没有一种教育方式是从孩子降生开始就对人的发展给予帮助的，也没有对这种发展提供保护。如今的这种教育理念已然和生物学及社会生活规律背道而驰，所有在这种教育下学习的人都被隔离在社会之外。在大学校园里，学生们不仅必须遵循学校校规而循规蹈矩地生活，还要学习当局所制定的教学大纲内容。然而直到最近的一段时间，大学教育的内容都没能考虑到物质和社会生活等因素。假如一个学生因为贫穷而吃不饱出现了听力及视觉上的问题，那么他的成绩最终只能得一个低分，因为这些客观事实都不能成为影响其学习能力的理由。尽管现在的教育确实已经重视由身体方面的缺陷所带来的影响，不过这也仅仅局限在生理保健的角度，而对于不健全或不合适的教育方式会威胁和损害学生思想这一点，还是没有引起人们的关注。由克莱帕瑞德领导的"新教育"运动正大张旗鼓地进行着，他们对课程设置的数量提出了质疑，并致力于减少课程数目的量，以减轻学生的大脑压力。不过，这个行动尚未涉及"儿童为何能够毫不费力地学习文化"这方面的内容。尽管如此，绝大多数官方教育机构的重心仍只放在教学计划是否全部完成这个问题上面。对于社会的不公正现象，或者颇有感触的政治问题，一旦学生做出了反应，那么相关机构就必然会发布要求这些年轻人们专注于自己的学业并回避政治问题的命令。由于学校的压制，学生的思想被严重束缚乃至被扭曲，以至于当他们离开学校时，早就没有了自己的个性，从而无法正确地判断自己所处时代中存在的各种问题。

  整个教学体制的内容脱离了社会生活，学生们犹如一个与社会生活中的一切问题没有丝毫关系的群体，根本不了解社会。身处教育界的人们，仿佛生活在一座与世隔绝的孤岛上一样，并且似乎准备终生都持续这样的隔绝状态。比如，当一个大学生感染了肺结核时，他就读的大学也就是他所在的"社会环境"，并没有给予足够的关注，表现得漠不关心。不过让人感到奇怪且悲哀的是，当这个学生去世后，在他的葬礼上却突然有人在伤心地哭泣，这是与学校不同的社会对他的去世做出的反应。有一部分毕业后走上工作岗位的大学生，往往会由于初入社会而感到无所适从和紧张，此时家庭和朋友就要为他们操很多心。尽管如此，教学机构也不会接受这样的事实，这一点从种种现行的规定中就体现出了他们的态度。在这些规定中，明确规定了教育机构的职责就是允许他们去组织学生学习并进行各种考试，而在教育中考虑学生的心理因素则是被禁止的。在现代社会的学校教育中，学生能取得的最高荣誉就是通过这些考试取得文凭或被授予学位。然而，学者们在研究社会问题的同时却发现，已习惯了学校规定和被束缚的大学毕业生，以及考取了学校文凭的学生们，其实在踏入社会时根本没有做好面对未来生活的心理准备，而且他们不能完全融入社会工作和各种社会活动中，因为他们在能力上还存在很大的欠缺。同时，从资料中就能看出，社会中存在精神问题以及所谓的异端人士这样的人群数量在不断增加，社会犯罪率也在增长。所以社会学家们一直号召教育机构能够重视这方面的问题，然而学校仍然没有予以关注。学校不愿意改变延续已久的传统，仍旧保持在古老时代的教育状态，但是这种不良的教育方式对学生们造成了很大的影响。对于教育造成的这种缺陷，只有从外界施加压力，才能进行补救和改变了。

　　这是对接受学校教育的学生而言的，但是对那些从出生到六七岁这个阶段的儿童来说，他们的教育又该怎么办呢？由于学校的教育从没有将注意力放在这个阶段的孩子身上，于是出现了一种被排除在政府指导之外的教育，这种教育被称为学前教育。不过教育机构没有考虑这个阶段的儿童这种做法也是情理之中的，试想，让这些刚刚出生的婴儿坐在学校教室里，他们又能做些什么？现在，不论在哪里，几乎都是由非官方组织来管理这些为学龄前儿童建立的教育机构，其中很少有依靠教育管理机构的组织。这些非官方组织往往出自慈善目的，并且他们的管理模式都是私人制定的。另外，儿童被社会认为应该属于家庭而不属于政府，因此对儿童心理的保护至今还没有被当成一个社会问题而受到关注。

即使婴儿出后第一年这个阶段已经得到了足够的重视，不过在针对这个问题而采取的实际措施方面，仍然没有人能提出建设性意见。儿童被认为属于家庭，所以对家庭生活进行指导这个观点得到了很多人的认同，也就是说对母亲进行培训是很有必要的。不过，仅仅对家庭生活进行指导是不够的，因为不属于学校的家庭毕竟是社会的一部分。基于这种观点，关注人的个性却与人的个性相剥离了。由此可见，家庭原本属于社会却没有受到足够的重视，从而与社会相隔离。另外，在现有的教育体制下，包括大学在内的学校教育内容也远离了社会生活。由此可见，社会忽略了一个又一个细节，缺乏对生命的关怀，而且也没有一个统一的概念来解决这个问题。所以人们只能今天向学校求助，一旦求助无门，明天只得将目光转向家庭，然而这一问题仍无解决的途径，于是后天又向大学求助。被看成教育过程的最终阶段的大学，也被人们认为类型不同的学校。就这个问题而言，种种隔离现象存在的弊端，已经得到了社会心理学及社会学等一些社会科学的重视，不过这些学科的研究仍停留在远离现实社会的阶段。也就是说，事实上到目前为止还没有一个系统能真正帮助儿童的发展。其实，用教育来帮助人发展的这个概念早就被提出来了，只是在社会中这个概念没有受到重视，所以依然没有地位。而且人类文明发展所需要采取的进一步措施也是早就形成了的，只是一直没有得到迅速实施罢了。在研究人时，学者们已经明确了人在各个阶段中分别需要的知识有哪些，另外，批评家们对我们目前的生活状态所存在的缺陷也分析得很透彻。在各方面的努力下，现有的科研成果已经成形，犹如需要加工的石头已经从采石场开采出来，并被拉到了加工厂一样，就缺乏加工这一步了。同样，为解决教育中存在的这一问题，为了在人类文明史上书写出新的篇章，现在众多理论已经具备，剩下的工作就是具体实施并付诸行动了。

我们应该结合人的具体情况展开学生的教育工作，而不是将教育限制在死板的课程和时间表上，现在提出以人为本的教育理念就颠覆了原有的教育观点。虽然新诞生的婴儿做不了任何事情，我们只能对他们进行观察，但却不能对他们进行任何教育，按照常理，我们能给予他们的帮助就是满足他们最基本的吃喝拉撒等需求。所以，提出以人为本这个理论，婴儿的教育就由此变得非常重要了。为生命提供帮助的首要前提，就是了解生命发展的规律，因此，发现生命的规律就是我们研究新生儿的首要任务。当然，我们要真正进入心理学的研究领域，还不能仅仅停留在了解生命规律这一阶段。

为了彻底改变教育的形象，让现在的教育以一个新形象呈现在人们面前，我们要将宣传儿童心理发展知识的工作做到位，只有这样才能体现出我们的权威，从而向全人类宣告："这才是生命的规律，人们应该遵循这一规律而发展，这一规律应该受到重视，因为它就是一条真理，是人类生命的'人权宣言'。"

假如人必须接受教育这一观点得到社会的认可，而且人从降生时起就应该接受教育这个理论也被认同的话，那么我们首先要做的事情就是了解生命的发展规律。相关的权威机构还应该呼吁社会看重教育，发挥其应有的作用，以改变教育一直不被重视甚至被忽视的情况。在权威机构的号召下，让所有人都为这一目标而行动起来，为捍卫生命这个新概念以及生命的固有需求而做出努力。首先是家庭，父母要履行相应的职责。教育的新概念就是保护生命个体，当家庭不能履行抚养儿童的责任时，已经对此有了认知的社会就应该进行干预，并担起抚养儿童的责任，因为政府永远都不可以对儿童置之不理。

应该摒弃以往那种远离社会的教育模式，社会还应该把教育视为自己应该履行的职责。假如人类个体在良好的社会管理下发展，并且这种以人为本的教育能够帮助生命发展，那么社会就应该在物质或精神方面提供帮助，以达到管理及教育的目的。事实上，这种管理确实应该得到支持而不是被压制。因此，大力投入资金支持教育以满足教育的需求是社会履行职责的第一步。

以前，媒体就已经报道了对儿童处于成长阶段时的需求进行研究的结果。教育不应该被隔离在社会之外，社会作为一个整体，就应该担负起教育的职责，当然，受到社会重视并得到帮助的教育也应该回报社会。作为政府以及国际社会的一部分，教育也不应该只局限在儿童及家长之间。教育是人类社会发展前进的不竭动力，对教育实行改革就是对所有组成社会体制的部分进行的革新。就目前的教育而言，因为没有得到社会的重视，因此显得保守而滞后。比如，当国家提出开源节流的策略时，往往会先从教育上着手以减少经费支出。若说政府没有重视教育，首先政府官员就没有这样的意识，如果我们去征询一个政府官员对教育的看法，他肯定会说在自己的家庭中抚养孩子的工作都是由妻子来做的，孩子教育与他无关。当然，他的妻子自然会将教育孩子的任务交由学校来进行。在提出以人为本的教育之后，现在的这种教育状况一定会被改变，作为政府官员也就不会再认为教育是与己无关的事情了，在谈及孩子的教育问题时也不会再说出类似这样的话。

心理学家们在研究新生婴儿时，几乎所有人的研究报告都得出了结论，他们认为，如果给予适当的帮助和关心，儿童的内在力量能够变得更加坚强，他们的心理能得到健全的发展从而变得更加平衡，而且他们会拥有更充沛的精力。也就是说，对于那些处于这个成长阶段的儿童们来说，我们不应该只给予他们物质上的帮助，而应该积极地给他们科学的关心和关注，并采取相应措施。因为儿童的心理、大脑和心灵就像他们的身体一样也需要我们去保护，以免受到伤害。

从心理学的角度分析，刚刚出生时还不能支配自己四肢的婴儿要想移动自己的身体是非常困难的，就更别说让他们做其他事情了。除此之外，即使新生婴儿能看见周围的事物和正在发生的事情，但他们也不能开口说话。不过，通过对新生儿的研究，我们得出了婴儿的精神力量之大超出我们的想象这个新发现。因为即使婴儿在出生时不能动手动脚也不能说话，但随着他们逐渐地成长，他们开始会走路、能说话了，他们的心理在身体发育的同时也在成长，往日的儿童最终在取得众多成就之后长成了一个真正的人。从成长过程这个客观事实中反映了一条真理：成年人都是从儿童成长来的，没有儿童自然就不会有人类。而儿童并非一无所知，他们也不需要我们用知识去填充他们。相反，他们是不需要我们在任何事情上都给予帮助的个体。

儿童身上的潜能是富有建设性的，对此我们曾进行了很多相关讨论，科学家们也正致力于对儿童和他们具有的能力进行研究。直到今天，对于儿童的这种能力，大家都认为是母亲的功劳。因为人们总说一些儿童的成长与母亲有直接联系的话，例如，孩子从走路到说话都是母亲手把手教会的，孩子是在母亲的抚养下长大成人的，等等。其实，儿童成长中的所有行为都是他们自己创造的成就，而不是在母亲的帮助完成的。如果是那样的话，当母亲去世后，孩子是不是就不能继续成长了呢？当然不是，他们长大成人的过程照旧会完成。再比如说，一个出生于印度的婴儿，假如将他带到美国并由一位美国人来抚养，那么他学会的语言肯定是英语而不是印度语。由此表明，儿童会自觉地进行学习，正如他形成的各种习惯以及传统都是自己从周边人那里学会的一样，包括他会说的语言没有一样是从母亲那里遗传的。每一个新生的婴儿都会逐渐长大成人，他们在成长的过程中所汲取的养分都来自于他们生活的环境。

　　这样的说法似乎颠覆了儿童的成长归功于父母的观念，看似忽略了父母的作用，其实，如果父母能说服自己面对并承认儿童具有巨大能力这个事实，并退出主导孩子成长的主角位置，明确自己只是为儿童的成长提供帮助的人，那么，父母就能更好地履行抚养孩子的责任。从长远来说，父母提供给儿童的这种帮助才具有价值和意义，而孩子在父母适当的帮助中才能健康地成长。也就是说，真正体现父母权威和尊严的，是他们为孩子的成长提供的有益的帮助，而非一张严肃的面孔。

　　以上是儿童在社会中所占地位的一个方面，此外，我们还可以从另一个角度来认识儿童在社会中的地位。

　　劳动者是为创造文明社会做出贡献的中坚力量，他们被看成生产财富和福利的人。劳动者的形象在马克思主义理论的宣扬之下，已经成为了现代社会中体现道德良知的一个部分。他们身上的经济及伦理价值也已经逐渐为社会所认识，因此社会也开始充分考虑他们在生活和工作上的需求，并予以满足。

如果我们用同样的眼光看待儿童，那么儿童就是以长大为劳动目的的劳动者。此时父母就扮演了保障儿童进行创造性劳动的角色。就这一点而言，儿童在成长的过程中不仅应该得到父母有必要的保障，而且还是一个很重要的社会问题，儿童作为劳动者还具有更深远的意义，因为他们长大成人的过程就是塑造人性的过程，这并不像一般的劳动者那样创造的只是一般的物质成果，这一点并不仅仅只针对某个社会集团、阶层或某个种族而言的，它对整个人类都有很重要的意义。我们从这个角度出发就能认识到，社会应该履行抚养儿童、认可其权利并满足他们的需求。集中精力以人类本身作为对象所进行的研究，其实就是对人类最隐秘内容的探索，通过研究我们能找到通向掌握并改善人类命运的道路。我们将教育的变革称作一场革命，因为这意味着将会彻底改变如今这种教育的现状。我认为，这场革命不应该有血腥的污染，哪怕是一点点也不可以，并以保证儿童强大的心理创造力为目的，所以，我将教育的革新看作最后的没有暴力、没有血腥的革命。

我们现在所做的一切努力，都是为了清除儿童成长发展道路上的重重危险、误解以及障碍，目的是捍卫建设人类正常状态的所有行为。

只有从婴儿降生那刻起就开始实施的教育，以帮助生命为目的的教育，才是真正的教育。这种教育能为了一个共同的目标和中心集中并吸引所有的事物，从而形成一场没有暴力的和平革命。作为人类重塑世界的希望，这场革命的中心就是儿童们神秘的心理潜在能力。在这场教育的革命中，不仅需要父母的努力，政治家们也必须尊重它，并在必要时为之提供帮助。当然，在这场革命中，人类灵魂要求的不是重建，而是为建设性工作起到促进作用，并最终取得成效。儿童作为我们的子孙，上天赋予了他们的巨大潜能，将可以在这场革命中被挖掘出来。

Part 3
成长过程中的各个阶段

　　对于儿童从出生到大学毕业的整个过程，一些心理学家们专门进行过系统的研究，并得出结论认为，这个过程可以明确地分成不同阶段。哈伍洛克·爱里斯和W.斯特恩是最早提出这个观点的学者，后来的很多学者也都持相同的观点，其中最突出的就是夏洛特·布勒以及崇拜她的追随者们。另外，弗洛伊德学派的研究也从另一个角度印证了这个观点。它明显不同于以往流行的许多观点，心理学家们正是通过研究摒弃了以往的观点，因为以往的观点忽视了新生儿阶段存在的价值，并认为人的价值是随其逐渐长大的过程而增大的。这种观点认为人在成长过程中呈现的形式都是相同的，现在，心理学家们提出了相反的观点，他们认为人成长的过程应该分为不同的阶段，这些阶段不仅有很明确的划分界限，而且还分别具有不同的心理类型。有意思的是，在这些阶段中产生的心理类型是与身体成长的不同阶段密切相关的。从心理学的角度来看，不同阶段之间的变化也是能够明显观察到的，因此就有人说："成长的过程就是持续再生的过程。"这样的说法不免有些夸张，但也不失为一个形象的比喻，因为在这些阶段中，继一个心理个性阶段结束之后，立刻就会进入另一个阶段。婴儿从出生之后到6岁这一时期就是一系列成长阶段中的第一个阶段。在这个完全不同于以后成长阶段的时期中，婴儿基本保持相同的心理类型。我们又可以将这个阶段划分为0~3岁、3~6岁这两个均等的时期，不过我们还无法了解儿童在0~3岁这个阶段时的心理，当然也就没有办法直接对这个阶段的儿童施加任何影响。对于3~6岁这个时期的儿童来说，他们的心理类型虽然不会产生太大的变化，但不同于前一阶段的是，成年人的行为很容易就能影响这个时期的儿童。儿童的人格在6岁之前这个阶段发生了非常大的变化，这种变化没有一个直观的数据，我们只有通过将新生婴儿和6岁的儿童作比较才能看出来。当然，我们暂且不讨论这些变化是怎样发生的，但一个6岁的儿童已能够上学并拥有听懂老师所教授内容的智慧，这是一个毋庸置疑的事实。

6~12岁是成长中的第二个阶段。在这个阶段里儿童会平静而快乐地成长，在这个阶段里不会发生什么变化。从精神的角度来说，处于这个时期的儿童正健康、强壮而且非常稳定地成长着。对于这个年龄段的儿童，罗斯这样写道："这种稳定不仅表现在精神上，在身体上也有体现。"他说："在儿童阶段的后期，这种稳定性是非常明显的一个特征。假如一个毫不了解人类的外星人来到地球之后，如果他们在未遇见真正的成年人之前碰到了处于这个阶段的儿童，那么，这些十几岁的孩子极有可能会被他们当成地球上的成年人。"

下面来看儿童身体方面的表现，就这两个心理阶段比较而言，是能够发现很明显的变化的。其中，儿童换牙就是一个非常明显的例子。

12~18岁是第三个阶段，儿童在这个阶段中会发生非常大的变化。这个阶段也同样可以分为 12~15 岁、15~18 岁这两个小的阶段。人的身体在这个阶段中也有变化，并且基本长成型。少年在长到 18 岁时基本完成了身体的发育，此后虽然年龄不断增长，但身体发育就不会发生很明显的变化了。

官方教育已经认识到了人成长过程中会因为处于不同阶段而具有不同的心理类型，这一点确实出乎我们的意料，不过他们的认识似乎还只是停留在一种不清晰的直觉上。由于 0~6 岁这一阶段不在必须接受教育的范围之内，所以把这个年龄段划分为一个阶段的观点已经得到了明确的认可。我们都知道，孩子到 6 岁时就发生了一个变化，那就是他们可以去上学了，这就意味 6 岁的孩子已经懂得了很多事情，并且得到了大家的认同。事实也证明，一个孩子如果不能走路，缺乏自主能力而且听不懂老师说的话，那么他是没有办法适应集体生活的。也就是说，人们认可了孩子在 6 岁时发生的这一变化。不过，在接受这一变化时，教育理论工作者的表现却很迟缓。比起刚刚出生时什么都不会做的婴儿，儿童成长到 6 岁时不仅能听懂别人说的话，具有自主能力，而且还能去上学了，所以说儿童在 0~6 岁这个阶段取得了非常大的进步。

在很多国家，由于儿童长到 12 岁时就离开了初等学校或小学，并进入了中学学习，所以人们对第二阶段的划分态度也就有意或无意地认可了。都说 6~12 岁这个阶段的孩子适合接受基本的文化理念，这是为什么呢？而且对于这个年龄的儿童，很多国家通常都采取相同的教育方法，难道这是巧合吗？当然不是，因为这种教育结构设置的形成，是建立在对大多数儿童来说都通用的心理基础上的，并且教育机构也是经过验证后才采取这种设置的。我们从以往的经验中得知，这个时期的儿童不仅能听懂老师说的话，他们在听讲和学习时也有足够的耐心，在心理上是能够适应学校教育要求的。这个阶段之所以被认为是接受文化的最佳时间，就是因为他们在这个阶段中平静而健康地成长，并能坚持学习。

官方教育也开始认识到，儿童个体的心理类型在12岁之后就进入了另一种阶段，所以学校教育也开始进入到一种新的形式，中学被分成初中和高中这一点就是最好的证明。我们也可以将第三个阶段分成两个小的阶段。教学时间上，通常将初中划分为三年，而高中则划分为四年，当然我们没必要去追究时间上是怎样划分的，我们关注的重点应该放在中学教育阶段通常也被划分成两个阶段的事实上面。从总体上来看，这个阶段和平静而简单的第二个阶段发生了明显的变化。这一阶段与儿童在0~6岁阶段的变化有些相似，青少年的心理在这个阶段也发生了非常大的变化，这正是很多心理学家关心青少年教育的原因。这个阶段的青少年在身体发育上没有以前那样稳定，而且性格方面会出现很大的波动，往往会表现出叛逆的倾向。即使学生的变化非常明显，但学校仍然没有给予足够的重视，他们不会考虑青少年是否愿意接受他们的安排，而自行制定了学生的课程时间表。青少年们不得不遵从这些安排进行学习，并花费大部分时间坐在教室里听老师讲课。

多年来，大学被看作是学校教育的最高级别，虽然大学教育在课程量方面可能会有一些不同，但与中学教育比起来，仍然没有产生任何实质性的改变。很多大学生常常在学校留着样式各异的小胡须，挤成一堆坐在教室里听教授讲课，这种情景看起来实在有些奇怪。教授讲、学生听，事实上大学仍像中学教育那样没有改变，已经是成年人的大学生们却像儿童一样被束缚着：在校期间，他们必须按照教授的要求，服从地坐在教室里听课；而在家里，他们可能会由于没考出好成绩而遭到责骂，抽烟或坐电车这些事情也只有在父亲心情大好时才能得到特赦。这些已经长大成人的年轻人们通过大学教育获得的智慧和经验，是为将来社会的需要而准备的。为了将来可以从事医生、律师或是工程师等职业，他们的大脑被动地接受各种知识，而这些只是为了给将来要从事的工作打下基础。

  我们试问，这些年轻人为了取得学位需要花费多少时间呢？纵使他们走向工作岗位，就一定能做好自己的工作吗？他们是否都能赚钱糊口呢？对于提供给他们工作的工厂一方，会信任这些没有经验的工程师，并将设计方案放心地交给他们吗？年轻的律师能打赢官司吗？社会对刚毕业的年轻人缺乏信任，对此我们该作何解释呢？这就是原因所在，往往年轻人们花费一二十年的时间在听讲上，但仅仅靠耳朵听和大脑记的教育是不能培养真正的人才的。年轻人只有参加到实际工作中才能总结出经验，最终成熟起来。所以年轻的医生往往需要通过几年时间去实习，初入行的律师需要有经验的专家来指导，刚毕业的工程师也需要在岗位上实习几年，这样，这些年轻人才能逐渐投入到工作中。但事实上，大学毕业生们要参加实际工作也不容易，他们需要逾越很多预期未料到的障碍，为此，他们必须找人推荐或到处寻求帮助。让人惋惜的是，在很多国家都存在这样的现象。毕业生们为找寻工作而苦恼，曾在纽约发生的一次毕业生游行事件就是一个很典型的例子。参与游行的毕业生多达数百万人，在他们举着的条幅上写着这样的话："没有人雇佣我们，我们非常饿。我们的未来在哪里？"对于这些问题，没有人能回答。教育处于脱离实际的状态，其根深蒂固的传统一直未能被打破。教育的工作内容仅仅认识到了人的个体在不同的发展阶段中存在不同的发展模式而已。

在我还年轻的那个时期，没有现在这种招收3~6岁孩子的各种学前班，那时候2~6岁的孩子是没有人关心的。不过，今天的教育与过去并没有什么改变，教学的最高目标仍然是大学，因为能进入大学的都是很出色的人。不过，现在注重对人本身进行研究的倾向越来越明显了。和我的想法一样，很多人也认为0~6岁这个阶段才是人生最重要的阶段，而不是大学时期。0~6岁这一阶段之所以最重要，是因为在这一时期除了形成人类的智慧以外，人的心理也完成了定型的过程。那些研究生命潜能的人也受到了这些观点的影响，很多人都认识到了，一个新生儿长大后的人格特征是由这个阶段决定的，所以已经有很多人参与到对新生儿及1岁婴儿的研究中来。

一直以来，人们对死亡的问题投入了极大的关注，因为人们很想弄清楚人死之后是什么样的情形。不过现在人们对这个未知领域的研究也勾起了人们的遐想，可以说研究者们对这个问题的关注并不低于早期人类对死亡的探知，原因就是从新生儿身上我们发现了未知的潜能。

婴儿时期非常漫长，可说是最令人辛劳的时期，那人类为什么必须经历这个阶段呢？宇宙中没有一种动物像人类这样。在这个过程中究竟都发生了什么事情？以至于这个成长阶段成为了人一生中最重要的时期，不用怀疑，其中一定存在一种神奇的创造力在发挥着作用。为什么呢？因为在刚出生时，婴儿还一无所知，但一年之后他却知道了很多东西。新生儿没有任何主观意识，对任何东西都没有记忆力，他们也没有知识，他们只是在慢慢地成长着。人类不像动物那样一出生就能说话，比如刚出生的猫就能"喵喵"叫，初生牛犊以及刚从蛋壳中孵出的小鸟都拥有与父母相同的声音，但婴儿在表达自己的情绪时就只会哭。这正是我们无法解决人类成长过程中的很多问题的原因。不过，我们可以对人类发展成型的过程进行研究，这个过程从无到有，而且因为它是一个未知的领域，因而显得非常神奇。这对我们的大脑是一个挑战，要研究清楚这个神奇的过程是十分困难的。

在成长的整个过程中，儿童的大脑与我们成年人的大脑完全不同，他们的大脑拥有一种创造性非常大的力量。婴儿在成长中完成语言创造的同时，还完成了发音器官的发育及成长的过程。在身体方面，婴儿每时每刻都在为发展自己的智力等因素而准备着。我们成年人很清楚自己需要什么，但儿童并不知道，他们在成长的过程中所完成的一系列伟大的工作都是在无意识的情况下发生的。与此同时，儿童还必须学习并创造知识。

假如我们认为成年人的行为是有意识的，那么儿童的行为就是无意识的了，不过在这颗无意识的头脑中却充满了智慧，所以他们的这种无意识并不像我们所想的那样简单。这种观点对每一种生物都是适用的，甚至昆虫也一样，它们也拥有某种无意识的智慧，这是天生赋予它们的。在儿童的大脑中也存在这种帮助他们取得种种进步的无意识智慧。

婴儿在这个阶段时是从吸收周围环境的知识开始成长的，那么婴儿又是怎样从周围环境中吸收知识的呢？正如我们现在通过研究已经知道的那些特点，通过它们，婴儿从周围环境中吸收了知识。儿童吸收环境知识，是他们本身具有的天赋，并非通过主观思想促使他们这样做的。当婴儿的注意力和热情被自己周围的事物唤醒时，他们对事物就产生了一种特殊敏感性，并开始与周围事物进行互动。

儿童从环境中吸收知识的最好证明就是语言。儿童是怎么学会一种语言的呢？在他们学习说话的过程发生了什么事情呢？也许我们会回答说，那是因为他们具有天生的能力，正是这种能力让他们听懂并学会了人类的声音。这样说似乎也没有错，但是我们还是存在疑问，在儿童生活的环境中，存在数千种声音，为什么他们只听取人类的声音并进行学习呢？从婴儿唯独听取并学习人类语言这一点可以看出，其他声音给婴儿留下的印象必定没有人类语言深刻。而且在这种强烈印象的刺激之下，让婴儿产生了很强烈的感情共鸣，随之带动婴儿体内的神经也产生一股热情。最终，在这种神经的促使之下，婴儿发出了人类的声音。

在此，我们打一个听音乐的比喻，在听一场旋律优美而动听的音乐会时，听众的表情往往会随着旋律的改变而改变，并且他们的手指或头部会伴随旋律的节拍而运动。这说明人的心理在听音乐时也会产生这一现象。婴儿在学习环境知识时可能正是他们无意识的大脑也产生了相似的反应，但比起观众对音乐的反应来说，婴儿对语言和声音的反应则更加强烈。婴儿的舌头、脸颊或是发声器官都处于静止的状态，但他们却做好了随时学习发声的准备，他们无意识的大脑从中受到了很大的影响。婴儿在学会发声之后为学习语言做了什么准备呢？在他们的心理人格中，是怎样将语言变成自己的一个固定部分的呢？儿童在婴儿阶段学会的语言就是所谓的母语，在儿童后来学习其他语言时，犹如真牙与假牙之间的区别一样，母语和这些语言就存在很明显的差别。

在儿童学习语言时，起初他们发出的声音不具有任何意义，那么，他们是通过什么方法赋予这些声音含义和思想的呢？在儿童学习单词并明白这些单词意思的同时，他们还学习了组成句子的结构，进而学会了句子。我们知道，理解语言的前提是清楚句子的结构。就拿"玻璃杯放在桌子上"这个句子来说，有时正是由于单词摆放的位置不同而改变了句子的意思。假如我们改变顺序后说"上桌子放在玻璃杯"，那么肯定没有人能明白这句话的意思。通过正确摆放单词的顺序，我们才能明白整个句子的意思，同样，儿童才能根据单词顺序来理解句子的含义。

不过我们仍然很疑惑，儿童理解单词和句子的过程中究竟又发生了什么？人们通常会说："因为儿童记住了这些内容。"然而我们都知道，具有记忆力才能记住东西，但儿童出生时是不具有记忆力的。也就是说，儿童要记住东西首先要在大脑中产生记忆能力。另外，一个人如果能通过不同的语序而明白句子不同的意思，那么他必须具备推理的能力。但是，儿童生来是不具备这些能力的。

儿童从婴儿时期的一无所知到学会说一种语言，他们在这个过程中需要借助特殊的心理能力才能做到，与成年人不同，儿童正是具备了这种很强的心理能力才完成了这些事情。因此可以说，婴儿通过大脑的智慧能够完成的事情，成年人的大脑却不能做到。

我们可以这样说，儿童与通过大脑来学习知识的成年人是不同的，他们完全靠自己的心理能力直接吸收知识。在成长的过程中，儿童通过与生活的接触逐渐学会了自己的母语，在这个过程中有一种精神上的化学反应在他们体内发生了。与此相反，成年人学习时仅仅扮演了接受者的角色，在知识输入我们的大脑之后它们只是被存储起来，犹如一个花瓶与装在它里面的水没有直接的联系一样，存储在我们大脑中的知识与我们也没有建立起直接的联系。不过，儿童吸收知识的过程与我们正好相反，他们在接受知识之后，在知识的促进下最终形成了大脑，这些知识就组成了他们大脑的一部分，所以儿童经历的这个过程是一个转型期。儿童受到周围环境的影响，建立起了他们的精神世界。在这个过程中形成的心理类型，被我们称之为"具有吸收力的心灵"。

我们想象不出婴儿具有怎样的心理能力，但我们不能否认这种心理能力占据的优势。假如已是成年人的我们也拥有婴儿的这种能力该有多好啊！这样我们就能在嬉戏、玩耍的同时学会一种新的语言！同样，假如我们学习知识能像吃饭、呼吸那样简单的话该是多好的一件事啊！可能在刚开始时，我们还感觉不到自己有什么变化，随着我们所学的内容逐渐增多，当我们脑海里的知识像是星辰那样繁多时，我们就能感觉到这些已经留在我们脑海中的新知识了。

假如在一个星球上没有学校，也没有老师，孩子们不知道什么是学习，生活在这个星球上的居民每天除了吃饭走路之外，什么都可以不用做，但他们却能自然而然地学会很多东西。我的这种想法一定会被大家当成是一种浪漫的想象而已，然而这却是事实。因为儿童的学习方法就是这样的，起初他们学习每一件事情时都是出自无意识的，然后从无意识转向有意识地学习，这个过程完全是在毫无负担之下逐渐完成的。

人类在学习的过程中学到了知识，并促使大脑逐渐成型，这看起来是一件多么伟大的事情啊！不过，在我们的学习从无意识逐渐成为一种有意识的行为这个过程中，每学一点知识都需要我们付出很大的代价。

儿童学习的另一个重要内容是动作，起初，一个刚刚出生的婴儿在长达数个月的时间里都要在襁褓中生活。但经过一段时间之后，他就会走路，也能做一些事情了。他们每天无忧无虑地生活，并在高兴玩乐的过程中逐渐学会了动作。现在，在学习语言方面，儿童已经不存在太大问题了，他们要做的就是学习动作。与此同时，习惯、传统、宗教等他们身边的每一件事情都会在他们的大脑中留下深刻的印象，然后他们都会去学习，并以令人惊讶的速度学会其他很多东西。

当然，儿童在学习动作时，并不是随意学习的，这个学习的过程会遵循某种固定的规律，于是儿童会在特定的时期学习每一个动作。在开始学习动作的时候，儿童也开始学习自己的周围环境。儿童无意识的心理发展是在他们学习动作之前就已经存在了。这种无意识的心理发展在儿童开始学习第一个动作时，就开始转变成有意识的了。当我们观察一个三岁的儿童时，会发现很多东西都能引起他们的兴趣。这就说明，以前这些东西对他而言是毫无意识的，而现在他开始有意识地看待这些东西了。他开始研究这些自己在以前没有意识到的东西，这些东西被他当成一种游戏，出现这种现象的原因是他具有了一些外部经验。慢慢地，这个儿童开始具有意识了，并且他会在这些有意识的行为中完善自己。体现人类智慧的一个工具就是手。起初，这被儿童当成了游戏并动手摆弄，但后来这就变成了他们的工作。通过从中得到的经验，他们亲自完成了完善自己的过程。从以上经验中我们可以得出这样的结论：儿童本身是由他们的性格决定的，与此同时，他们也受到了自己性格的限制。原因就在于，知识世界比起无意识以及潜意识的世界来说，毕竟还是很有限的。

从婴儿出生的那刻起，一个神秘的过程就开始了。在这个过程中，婴儿为了适应他所在的国家和所处的时代，他会逐渐建立起属于他个人的力量。同时，他的思想也逐渐建立起来，最终让他具有理解和思考的能力。在教育工作者看来，一个儿童成长到 6 岁时，突然就具有了理解力，而且当老师讲课时儿童也能耐心地听讲。只有这样，他们才能将知识教授给儿童。不然的话，教育工作是无法进行的。

在对出生几年内的婴儿进行心理研究时，我们的视野逐渐变得开阔起来，这个阶段也正是本书将要讨论的内容。我们成年人的工作已不再是教育，而是在婴儿发展大脑时，为他们提供帮助。这一发现也深深震撼了所有的人。假如我们能做好正确对待儿童智慧的准备，并理解他们的需求，从而发现他们吸收知识能力的时期，然后就能延长具有这种能力的时间段，这会是一件具有重大意义的事情。另外，我们还能发现人类轻易学会知识的方法，这将为整个人类做出巨大的贡献。假设人类学习知识的过程能够在人毫不察觉的情况下完成，也是一件非常神奇的事情。其实，应该说所有属于自然界的作品都是神秘而神奇的！

通过研究我们发现，儿童能够在无意识的情况下自然地吸收知识，这个发现掀起了一场教育革命。我们由此可以知道人类发展的第一阶段——性格形成阶段之所以非常重要的原因，所以，处于这一时期的儿童是最需要我们给予正确帮助的。也就是说，为了儿童的创造力能够发挥到极致，我们应该竭尽所能扫除他们遇到的所有障碍。天生赋予儿童的创造力是非常脆弱的，这是我们帮助他们的真正原因。我们应该关爱并用正确的方式来保护他们，当然这种帮助并非是因为他们幼小孱弱。同样，为了巩固儿童的潜能并发挥出潜能的作用，我们应该提供能够促进儿童天赋能力发挥的帮助，而不是指向儿童本身。儿童的能力都来自他们无意识的心理，并且只有通过周围环境对他们的影响，这种无意识的心理才能向有意识转变，当我们认识到这个事实之后就会发现，婴儿的心理与成年人的心理截然不同。因为即使我们想让儿童具有有意识的心理，但我们也不能像影响成年人那样用语言去指导和直接介入这一过程。因此，教育已不再是一味灌输语言和观点的传统模式了，它变成了帮助儿童心理发展的一种手段。可见，整个教育理念已完全发生了改变。

　　为儿童的心理发展以及他们的各种能力提供帮助，以提高儿童具有的这种潜能，这是教育发展的新方向。

Part 4
研究儿童的新途径

现代生物学正在朝着一个新的方向发展。过去，在研究动物或植物时，科学家们通常都会选取成年个体来作为研究标本，在研究人类时也一样，科学家的研究全是围绕成年个体进行的。而且也只有成年人才能成为伦理或社会形态问题的研究对象。在所有研究和讨论中，人们最感兴趣的就是关于死亡的话题，不过，由于每个人都在走向死亡，所以对这个问题进行研究并不会让人感到奇怪。另外，所有关于道德问题的讨论也是围绕成人世界的社会关系或相关法律进行的。而现在，科学却朝着相反的方向发展了，不论是研究人类，还是其他生命形态，幼年个体以及这些生命的起源成了研究的中心。而且胚胎学和细胞生态学（对细胞生命进行的研究）等学科还走在了研究的前列。同时，一门新兴的哲学正随着对这些低级形态生物的研究而兴起，我们从观察的结论中可以得知，这门哲学并不仅仅只具有理论性，也不是早期抽象思想家们得出的结论，它是以科学为根据的。现在，这门新兴起的哲学正随着在实验室内的实验进展逐渐从神秘的面纱后走了出来。

事实上，我们正是在胚胎学的带领下，回到了成年个体的起点。这是生命的早期阶段，很多在这个阶段中存在的东西和成年阶段是不同的，或者说两个阶段具有不同的存在形态。由于抽象思想家们在早期根本不了解生命，所以现在对胚胎学进行研究的这门科学让研究儿童性格的人们看到了希望。

现在我们将儿童和成年人进行一番比较，通过这种十分简单的说法来表明研究儿童的必要性：儿童成长道路的前方通向生命和辉煌，而成年人却正走在通往死亡的路上。儿童需要做的事情，是尽力打造自己最终成为一个真正的人，当然，他们走过儿童时期长大成人之后也就与成年人一样了。由此可见，与成年人的生命发展不同的是，儿童生命的发展方向是逐渐达到完善和完美。我们从上面的表述中可以得出这样的结论：只要是能够完善自己的事情，儿童都很乐意去做。在完善自我的过程中，儿童的生命是快乐而幸福的，而成年人的日常生活却充满了压抑。

儿童在长大的过程中逐渐变得更强壮、更聪明，对他们来说，生活就是自身的一种延伸和扩充。他们获得的智慧和力量正是在逐渐接触的工作中及各种行动的帮助下得到的。不过，虽然儿童随着年龄的增长获得了种种能力，但不好的一面伴随而来，因为他们长大后就不具有儿童时期完善自己的力量了。简单而言，他们身边已没有像以前那样帮助他们成长的人了。

当然，对婴儿时期进行的研究与成年人有联系，假如我们将研究跟踪到婴儿的胚胎时期，也就是他们还在母亲子宫里的那段时间，他们的成长与成年人仍有联系。如果再追溯胚胎形成前的过程，又需要父母双方的细胞结合在一起。也就是说，无论我们是研究儿童的成长过程，还是追溯婴儿的原始状态，都与成年人息息相关。

儿童的生命与成年人是存在联系的，如果对儿童成长所要经历的路线进行研究，我们将会得到很大的乐趣并受到启发。

孩子是因为爱而降生的，自然规律要求我们去照料他们，我们给他们的爱也是一种自然源泉。因此，孩子出生后都会得到父母百般的呵护和精心的照料。儿童不会被成年人撇在一边孤立生存，因为他们与外界之间有父母作为第一道防线。父母对孩子的爱是自然赋予的，在这份爱里面不会掺杂任何虚伪的成分，而且父母的付出往往不需要任何理由。父母给孩子的爱是伟大的，它代表的是一种能力和本能，它可以让一个人甘愿为他人付出，甚至为另一个人而牺牲。为了保护孩子，全天下的父母都情愿付出自己的生命，而这种无私的爱是与生俱来的。即使为孩子牺牲了太多，但父母仍不会觉得辛苦，相反，他们从这种奉献中得到的是一种快乐。我们从没有听到一个人会说："看那个人多倒霉，因为他有两个孩子！"与此相反，人们会认为这两个孩子是非常幸运的，他们会聚父母的万千宠爱于一身。父母具有一种天性，这让他们非常乐意为孩子做任何事情。人类这种无私奉献的美好情感正是被孩子唤醒的，不过那些不属于这个家庭的人是无法做到的。比方说，在贫困的情况下，父母肯定宁愿自己饿肚子，也会把仅有的一点食物留给孩子吃。但如果你让一个商人把自己赚取的钱财让给他的对手，那他绝对不可能那样做，他也不会说："这些好处我不要了，都给你吧。"

　　由此可见，一个成年人拥有无私和自私两种截然不同的心态。作为父母，成年人无私地给予爱的心态体现了人类美好的一面，而另一种心态则是作为社会成员所具有的心态。

　　不仅是人类，这两种不同的情形在动物中也是普遍存在的。像狮子、老虎这样凶猛的动物在对待自己的幼仔时，也会表现出十分温和的一面；另外，为了保护自己的小鹿，平日一向很温顺的母鹿也会表现得异常凶悍的一面。这是一条对自然界的所有动物都适用的规律，不论是哪一种动物，在幼仔面前它们都会是一种相似的状态。这些身为父母的动物,也许都拥有一种和我们平日见到的样子完全不同的特殊本能。有的动物比人类还温顺,但它们也具有保护自我的本能,这种本能在他们保护幼仔时,会变得惊人地强烈。

即使是弱小的鸟类也一样,在本能的驱使下,在危险来临时它们会迅速飞离自己的巢穴。不过也有例外,假如它们正在孵化雏鸟,那么它们会选择继续待在巢穴里,并一直用自己的双翅护住极易被发现的鸟蛋。再看一些禽类动物,它们为了引开走进巢穴的狗,甚至甘愿冒着被咬伤的危险将狗引开。当然,它们的这种冒险行为有时可能是不值得的,因为狗很可能并没有发现禽类的巢穴。我们在研究了无数动物之后得出了一个相同的结论:动物具有自我保护和保护幼仔这两种本能。J.H.法布尔是一位伟大的生物学家,他曾经在自己的著作中列举了很精彩的例子。在他的伟大著作中,他曾用这样的一句话来作为结束语:所有生物都应该感谢为他们的生存提供了保护的母爱。如果说生物仅仅是在一种生存技能的前提下避祸逃难的话,那么根本不具备这种生存技能的孩子们在想要保护自己时又该怎么办呢?靠牙齿捕食的老虎刚出生时是没有牙的,而通过羽毛护住身体的鸟类在刚孵化时却没有一根羽毛。由此可见,一个物种若要延续,那么父母就需要保护自己刚出生且没有自卫能力的幼仔。

假设一种生物仅仅依靠强壮的身体来生存的话,那么,这种生物肯定早就灭绝了。可见,成年个体对孩子的爱就是物种生存下来并得以延续的主要原因。

研究智慧的外在表现是自然历史中最奇妙的一部分,即使是最温和的动物也存在这种智慧的外在表现。自然界赋予了所有生物自我防卫的本能,而且每一种生物都有自己的智慧。对每种生物来说,其特有的智慧都会用在保护自己的幼仔这方面。对于那些拥有自我保护本能的物种来说，不仅种类比较少，而且智慧也相对较低下。在上述内容中我们只列举了一部分例子，不过法布尔在自己著作的第十六章中，有对成年昆虫保护幼仔行为的具体描述。

假如我们研究生命中的不同类型，我们一定会发现，自我保护和保护幼仔这两种本能以及相对应的两种生活方式在生命中存在是很有必要的。当我们将这种研究结论放到人类身上，并只考虑社会方面，那我们研究儿童也是极有必要的，因为这个研究对成年人的行为产生了很大的影响。如果想在研究人类时取得大的进展，就要从研究儿童开始。

Part 5
物种形成的奇迹

人类这个原本不存在的生物是怎样出现并最终成为了具有思想的男人或女人的呢？这样的事实一直困惑着历朝历代的思想家们。

这个从无到有的过程是如何发生的呢？他们身上形成了各种神奇而复杂的器官，这个问题也让人疑惑不解。人类用来说话的舌头、用以观察研究世界的眼睛、大脑以及身体的其他部分都是由什么组成的呢？在18世纪，那时候的科学家和思想家们都持有这样观点，他们认为，在人身上诸如器官等所有东西是早就形成的。他们通过想象认为，肯定有一个微缩的小人存在于人类的细胞中。在这些科学家和思想家们看来，这个存在于人细胞中的小人虽然小到用肉眼无法观察到，但他们坚持认为小人肯定存在，而且会逐渐长大。这种观点不仅只针对人而言，它同样适用于所有哺乳动物身上。不过持有这种观点的人又分成了两个派别：一方坚持精子论，一方坚持卵子论。在这两种观点中，一方认为人身上的小人存在于男性的生殖细胞中，另一方认为小人存在于女性的生殖细胞中。在当时，有关于人类的讨论话题大都集中在这个争论上。

后来，一个名为 G.F.伍尔夫的药师为了弄清楚在人形成的过程中究竟发生了什么事情，于是他用当时刚发明出来的显微镜亲自进行了观察。通过观察鸡的受精卵细胞，伍尔夫得出了出乎所有人意料的结论：经过受精卵细胞形成的鸡蛋里并没有小鸡存在，小鸡需要经历一个过程之后才会慢慢形成的。他这样描述自己观察到的整个过程：起初只有一个生殖细胞，这个细胞接下来就分成了两个，后来又由两个分成了四个，如此经过不断分解的过程后，最终形成了小鸡。

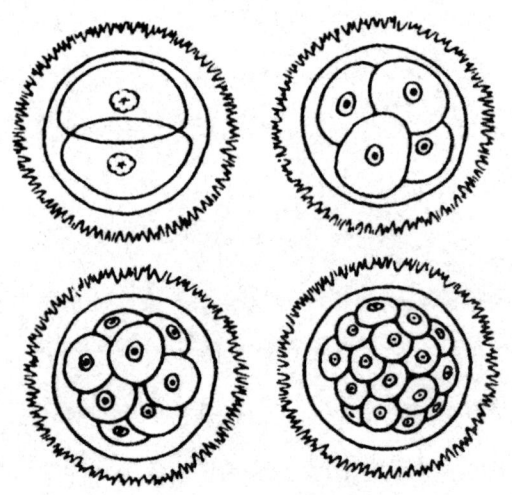

图 1　生殖细胞的增殖

伍尔夫得出的结论激怒了那些坚持原有观点的学者们，他们愤怒地对伍尔夫发起了各种抨击：无知！异类！胆大！对宗教的亵渎！经过观察得出的结论受到人们的责难，伍尔夫只得逃亡到国外。最终，这个胚胎学的创始人在被迫流亡海外的过程中客死他乡。

在此后的 50 年内，虽然显微镜的使用得到普及，但仍然没有人敢用显微镜进行观察研究以验证这个秘密。继伍尔夫这位远远走在前面的先驱者之后，一位大胆的科学家重复了伍尔夫曾做过的实验，这位名为K.E.范·拜尔的科学家也证实了伍尔夫的结论。直到这时，这个事实才被所有人接受，也从这时候起，胚胎学这门十分有趣的科学新分支诞生了。

毋庸置疑，胚胎学是一门非常神奇的科学。这门科学与研究成年个体器官的解剖学不同，它与研究器官功能的生理学也不一样，更不同于研究疾病的病理学，胚胎学这门科学研究的是生命成长和生命从无到有的过程。

包括人这个最神奇的动物和哺乳动物在内，所有动物的形成，如同原始细胞一样都是从单一的细胞发展来的，甚至没有任何区别。这个过程之所以神奇，正是因为发展成动物的细胞都非常小。就拿男人的生殖细胞来说，它的长度还不到十分之一毫米。以一个形象的比喻来说明这个细胞之小，如果你将一支铅笔削得特别尖锐，然后点出一个点并紧挨这点点出十个点，这十个点总共的长度差不多有1毫米。那我们可以想一下，其十分之一的距离会有多长呢？足见，一个最终发展成人的细胞起初有多么小。最初的这个细胞与人的身体是分开成长的，在它的外面，有一层将它与承载它的人体分隔开来的囊，这层囊对细胞起着保护的作用。

胚胎学的发现不仅适用于人类身上，它也适用于其他所有动物。这个生殖细胞从小到大，都处于与母体分开的状态，并且由它自己完成了成长的过程。因此，我们的想象空间被无限放大了，不论是亚历山大或拿破仑，还是莎士比亚或者甘地，世上所有的伟人们和他们的同胞一样，也都是从一个小得不能再小的细胞发展而来的。

用具有更强功能的显微镜来观察这个生殖细胞，我们就能发现，它是由一部分血球组成的。这些血球被我们称为"染色体"，因为它们很容易被化学物质染色。在不同物种的细胞中，染色体的数量是不同的，不过同一物种的染色体数量却是固定的，比如人的染色体数量的46个，其他物种则有13个到15个不等数量的染色体。染色体，被认为是承载物种遗传特征的工具。近段时间，通过用功能更强、体积超大的显微镜进行观察，科学家发现每个染色体就是一个小盒子，在盒子里装有一条链，大概每条链包含有100个小颗粒，其实这些颗粒就是基因。当打开染色体这个小盒子之后，这些基因被释放到细胞里，于是这个细胞就成为大约装有了4000个基因的仓库。绝大多数观点都认为，基因是一些特定遗传信息的载体，例如它承载了鼻子的形状、头发的颜色等信息，也就是说，所谓"基因"就是一个含有传宗接代之意的词语。

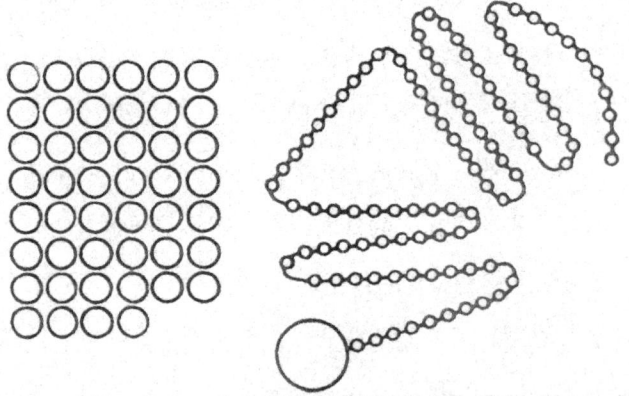

图2 用一条线表示100个基因组成的链，这些基因存在于左面以几何方式排列的46个染色体中

我们不禁联想到，这些科学发现都是通过显微镜的观察得出的吗？当然不仅仅这么简单，科学研究最终还是归功于人类那颗具有创造性的大脑。因为我们的大脑不仅有能力"研究挖掘事物"，而且还具有想象力，从而能将正

在发生的各种事物联系起来，可以说，人类所有的科学发现正是在具有这种能力的前提下得出的。对生殖细胞的研究也是这样，它虽然小到用肉眼根本观察不到，但人们仍然发现了包含在它里面一代代积累下来的遗传信息。由此可见，这个科学发现正是人类结合所有经验的结果。通过研究发现了生物的起源，但如果我们不相信这个科学结论，那么仅靠枯燥的科学理论叙述就会显得很抽象，并充满了神秘主义色彩。

基因排列顺序的这个过程，早在我们的肉眼能看见这些细胞发生变化和成长之前就已经完成了。不过，这些基因的排序并不是随机的，在它们排序的过程中也存在激烈的竞争，而且会遵照优胜劣汰的法则进行。由此可见，细胞中的4000多个基因在以后人体的成长中并非都发挥作用，只有在竞争中取胜的那些基因才会发挥作用，人体的显性遗传特征都是由取胜的基因承载的。

发挥作用的基因具有显性特征，而其他不发挥作用的基因则携带隐性遗传特征。首先发现生殖细胞存在这个奇特现象的科学家蒙代尔，为此，他曾进行过著名的演化实验，关于生殖细胞的这一科学假说就是根据他的这个实验提出的。蒙代尔在实验中将属于同一科系，但一种开着红花另一种开着白花的两种植物进行了杂交，然后种植经过杂交实验结出的种子，等它长成并开花之后进行统计，结果是开红、白两色花的比例为3∶1，这就说明，红色为显性基因及白色为隐性基因的植物在开花后，红、白花的比例是3∶1。从这个研究事实中可以得出一个结论：显性和隐性的遗传特征会按照一个不变的规律出现相应的数学组合。研究两种基因可能的数字组合是一个相当复杂的过程，因为即使处于相同条件，任一生殖细胞长成成体时长得是美是丑、是强是弱都会根据基因优势的不同而不同。

每个人之所以不同于其他人，就是因为这些基因具有不同的组合。所以，即使两个孩子是同一对父母所生的，但也长得也不一样，存在美丑、强弱、聪明愚笨的差别。

意识到这一点之后，人们就开始研究人类优良遗传基因需要具备什么条件才会出现这个问题，于是，优生学这门新的科学就产生了。

此章节研究的内容，是建立在众多假设基础上的科学历史（关于基因及基因组成的科学），它对组合完成之后进行的研究不会产生直接的影响。

基因组成之后，一个生物个体成长的过程就正式开始了，这个细胞分裂的过程十分简单，而且也很容易进行观察。我们知道伍尔夫在第一次通过显微镜观察胚胎发育时，他就已经能够描述胚胎成长过程中的不同阶段了。

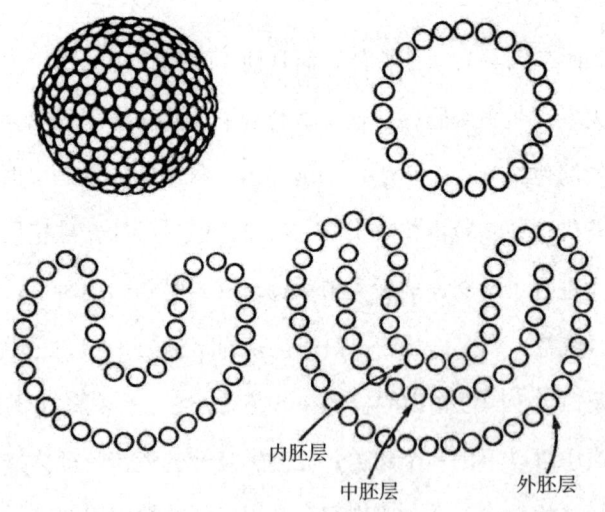

图 3 左上为原始细胞球（桑葚胚）由单壁组成（右上），
左下为向内部弯曲的原肠胚，右下为原肠胚双壁之间
形成的第三壁

细胞从最初的一个分裂成两个，接下来两个又分裂成四个、四个分成八个、八个分成十六个……如此不断地翻倍分裂，分裂后的细胞是均等的，而且彼此紧密相连。就像我们在建一幢房子之前会先购买足够的砖坯一样，细胞分裂会一直持续到出现数百个细胞为止。然后，如同哈克斯利比喻的那样，一块块砖被砌成了墙，而细胞也被分成了界限分明的三个层。接下来的过程，不论哪一种动物都会经历，而且变化都是相同的。首先，有如印度橡胶球的不同侧面（桑葚胚）一样，细胞形成了一个空球。此后，这个空球的外壳会向内弯曲，外壳凹下去之后就形成两面相对立的状态，此时，整个细胞就形成了三个面，此时差不多就完成细胞最终结构的完整形状。

　　细胞非常清晰地分成了三层：外部的外胚层、中间的中胚层、里面的内胚层。这些分裂出来的细胞在某种程度上比第一个开始分裂的细胞小，这些细胞大小相同，而且最终由它们共同组成了一个细小的、可以延伸的个体。

　　在细胞外壳凹进去后所形成的三个复杂的面中，每一面都会形成一个复杂的器官系统。处于最外层的一个面最终会长成皮肤及感觉、神经系统。这是为什么呢？因为最终形成皮肤的这一层起到了保护的作用，并直接与外界接触，而感觉与神经系统则像纽带一样把细胞与外界联系起来了，事实上，这一点和我们想象的差不多。而凹进去的"面"则会长成比如肠、胃、消化腺、肺、胰、肾等身体里的各种器官，并提供营养给人体。处于中间的一层会长成支撑整个身体和所有肉的骨架。由于神经系统器官负责进行人体与外界的联系，故而被称为"联络器官"。而消化和呼吸系统只给生物的植物性或非活性部分提供服务，因而被称为"植物器官"。

直到最近，科学家才研究发现了器官本身的发展方式。在这个发展过程中，形成器官系统的同一个层中会出现很多中心点，一种巨大的生物活力会突然从这些中心点上显现出来。因为中心点在这些如同模型一样的分层细胞中最终变成了细胞，而细胞最后就长成了各种器官或器官初期的雏形。虽然这些器官在后期发展的过程会各不相同，当然后期是怎样发展的我们也不得而知，不过无论这些器官最后会长成什么样，所有器官的起始过程都是一样的，它们都是从这些中心点开始发展的。发现细胞中出现中心点并形成器官这个过程的是芝加哥大学的查尔德教授，这些中心点被他称为"生理梯度"。除了查尔德发现了这个过程之外，名为道格拉斯的英格兰胚胎学家也差不多同时得出了相同的观察结果，不过道格拉斯仅仅对神经系统进行了观察。

器官开始出现的时候，起初在形态上没有太大差异的细胞之间形成了非常大的差异，并开始变换类型。细胞产生改变的这一过程会因为未来器官的作用而不同，这些细胞的发展是为了满足未来器官的工作需要，从而会朝着专业化的方向发展。不过，虽然细胞是为了满足未来器官的特殊功能的需求而进行了这个"专业化"的发展过程，不过，在这些特殊功能的作用还没发挥出来之前，形成器官的细胞就已经适应了未来器官的需求。

让我们先观察一下图4中的各种细胞类型，我们不难发现，这些已经变换成为不同类型的细胞是有很大区别的。

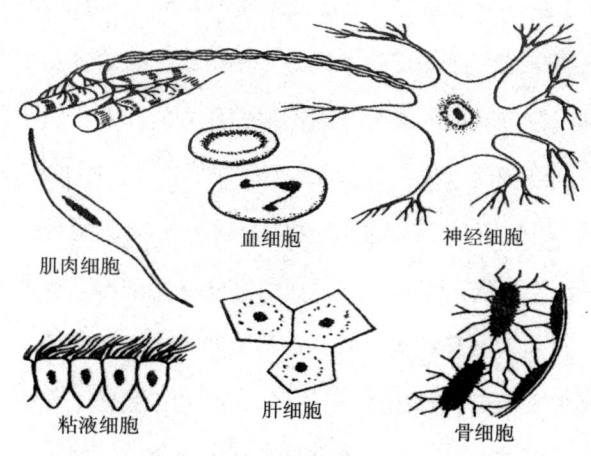

图 4 细胞类型

在所有细胞中，肝细胞就像用以铺路的石板一样，呈现出彼此相连的六边形形状。不同于其他一些细胞的是，它们之间没有连接彼此的组织。再看骨细胞，呈现出椭圆的形状。它们数量少，彼此之间有很大的距离，而且它们被一些细小的线状组织连接在一起。不过，组成骨头最基本、最重要部分的是一种固体连接组织，它是由细胞本身组成的。而气管的表层细胞更有意思，呈现出三角形形状，在这些细胞之间散布着细小的环状物，并且这种环状物还不停地分泌着一种像树脂一样的物质，起到粘连空气中的尘埃的作用。气管中呈三角形状的表层细胞处于纤维边缘，并且不停地震动着，这样，环状物分泌的黏液就能够通过震动不停地向体外的方向移动了。另外，在人体内最重要也最发达的就是神经细胞了，这就决定了它们的无可替代性。神经细胞上长长的卷须犹如连接各大洲之间的电话线一样，起到了传递命令的作用。

当然，除了从器官细胞的形状上区分它们之外，从它们具有的不同功能也能区别出这些细胞。比如皮肤的细胞，在组成皮肤的各层中，分布着一种特殊的扁细胞，在外表皮的这种细胞不停地死去的同时，它下面的细胞就会取代这些死去的细胞继续发挥着保护皮肤的作用。这种细胞的作用主要是保护身体的外部，它们不禁让我们联想到时刻做着为祖国牺牲生命准备的战士。

不论是从细胞形状还是从功能方面去区分这些细胞，这个区别的过程是非常有趣的。因为在最开始的时候，这些细胞都有很相像的起源过程，只是为了达到完成未来使命的目的才开始产生变化的。其实，在这些细胞刚开始发生变化时，它们还不能完成后来要做的任务。不过，我们可能会想象，认为这些细胞为了完成它们的任务，一定在最开始就做好准备了。事实上，它们会先改变自己的形态。当然这些细胞并非处于一直变化的状态之中，当它们完成了一系列变化过程之后，就停止形态的变化了。比如说肝脏细胞，它们是永远不可能变成神经细胞的。

通过以上研究我们发现，人体器官就像一些特定类型的人一样。人体器官细胞在没有发展到"专业化"程度的时候，就像做家庭副业的那些人，刚开始时他们能做很多工作，一个人可以搞建筑，也可以充当木匠、医生……后来，随着社会的发展，各行业的专业性越来越强，生存在社会中的每一个人会选择一种适合自己的职业，因此当他们从事其他行业时，他们的心理往往难以适应。也许有人会想，从事一个陌生的工作就可以学到一门技术或专长，但是"懂"并不表示"精"，只有专于一项工作中，才能将这项工作做得更好。比起能否学到更多的技术来说，是否具有一种适合这个工作的心理才是最重要的。这是很多人的理想，并被他们当成终生追求的目标。

下面我们继续来讨论有关胚胎的问题。人体的每个器官之间存在很大差别，它们都是由特定的细胞组成的，而且各自的功能也是不同的。细胞的这些功能能促使器官正常工作，人体需要借助这些功能才能健康发展，这正是每个器官成长发育的目标。

胚胎不只是为了长成器官而发育，在它们发育的过程中还会建立起器官之间的某种联系。循环系统和神经系统就是为器官之间提供联系的两个系统。在人体中，连接各个器官的就只有这两个系统，与任何一个器官相比，这两个系统要复杂得多。

仿佛一条河流那样，循环系统在人体内循环流动着，它的工作就像进行搜集一样，不断为人体的各个部分输送各种物质。事实上，循环系统从肺部吸收氧气的同时，它就成为了人体各个细胞之间营养物质的输送通道。循环系统中循环流动的血液在运送营养物质的同时还承载着一种被称为荷尔蒙的物质。荷尔蒙是由腺体分泌的，它对人体器官有很大的影响，它能刺激各种器官的活动。荷尔蒙最主要的作用就是调节器官的工作，以保证器官之间必要的协调。

荷尔蒙之所以需要循环系统进行运载传送，是因为这些产生荷尔蒙的腺体距离人体需要荷尔蒙的器官很远。在人体中，循环系统这条"河流"是与各个器官紧密挨在一起的，而各个器官会各取所需地从循环系统中获取它们需要的物质。同时，器官又会将自己产生的物质释放到循环系统中。当然这些物质并不是废物，因为其他器官可能就需要这些物质。

在人体中，另一个与循环系统一样，对身体起到调节作用的组织是神经系统。从大脑这个"控制室"传达给身体各个部分的一切命令，都是由神经系统来完成的。

事实上，在人类社会中也是同样存在像人体的两大系统一样的体系。社会中货物流通的过程就像人体的循环系统那样，在不同国家生产出来的商品会在很大的领域内进行流通，这些商品通过各种流通途径被众多买者或卖者带到不同国家和地区，在此过程中，买者会根据自己的需求购买各种商品。人类社会中商品流通的过程不正像人体的循环系统一样吗？我们不也能将倒卖商品的人看作是血液中运输物质的红细胞吗？一个地区生产出来的东西会被其他地区的人买走的情况，不就像人体中一些器官会利用其他器官生产的物质一样吗？

说起由腺体生产的荷尔蒙，在最近几年的时间里，它的工作性质就像那些为协调社会发展而展开的一系列工作一样。为了建设更加和谐的社会，在一些较大国家里已经开始施行造福于人类的种种举措。比如规划环境，监控商业，刺激、鼓励并指导企业的发展，等等。当然，正如有些人说的那样，这些采取"荷尔蒙"调节社会的工作确实存在明显的缺陷，不过这说明了一点，社会还有更大的完善空间，现在仅仅处于"社会循环系统"的胚胎发展的初始阶段。

不同于社会循环系统的发达现状，起到类似于神经系统作用的东西在人类社会中还非常少。甚至可以说，从目前混乱的社会现状来看，还没有出现对社会起到神经系统作用的任何体系。而人类社会要和谐地发展，就需要起到调节社会机体作用的这种体系。现在，民主发展成为最能体现现代文明的一种形式，也就是说，我们的领导在民主选举中投票产生。社会中的这种现象，在胚胎发育的过程中是根本不存在的，从胚胎学的角度来看这种社会形式是多么令人不可思议啊！我们知道，细胞为了满足器官未来的需求而必须朝着"专业化"的方向发展。细胞要达到这种高度专业化的程度，那么，对这些细胞进行指导的细胞就需要达到更高的专业化水平，因为指导细胞的工作并不是一件容易的事情。在发育的过程中，细胞若想成为指导其他细胞的"领导者"，首先需要增强自己的能力，细胞在这个过程中逐渐锻炼自己以适应条件。这个过程没有选举的概念，如同船上的掌舵手一样，一个人要做好领导者必然先做好充足的准备。细胞完成专业化发展的过程中，会始终贯彻这一原则，自然我们也必定能从最终结果中看到这种原则发挥的巨大作用。

胚胎学的研究让我们产生了灵感，也给了我们指示。对于奇妙的胚胎，朱利安·哈克斯利这样总结说："一个人从无到有、由简单变得复杂、从年幼无知到长大成人，生命的这个过程是一个伟大的奇迹。假如发现这个伟大的奇迹却没有让我们震撼，那么原因只有一个，这就是这个神奇的过程正在我们眼前时刻发生着。"

不论是研究鸟类、兔子，还是研究其他任何脊椎动物，我们都会惊奇地发现，组成这些动物的器官都非常复杂，而且器官之间的联系都非常紧密。我们从对循环系统的研究中还得知，整个系统被精密复杂并且完整的管道连接着，这个系统的结构是人类发挥最高端的科学技术也无法模仿并建造出来的。再看人类的大脑，它更是神奇，它是一部装有人类思想的机器，时刻进行着处理集中在大脑中的感觉信息这个工作，没有一种现代化设备能完成哪怕是一点点大脑需要做的工作。同样，眼睛和耳朵完成的工作也是没有一种机器可以做到的。假如研究在人体内进行的化学反应，我们会发现人的身体就像一个化学实验室一样，在这里有装备精良且完备的试验设备，并且不需要借助外力，人体自身就能完成整个加工合成的过程。这一点，是任何人工技巧都无法与之媲美的。

对于传达各种命令的神经系统，我们是否可以用各种现代社会的通讯网络与之相比呢？事实上，神经系统是电话、无线电、电报、电视等人工通讯手段无法企及的，相反，这些手段在神经系统面前是多么小儿科的东西呀！

人体肌肉对大脑指令的服从就如同一个顺从的奴仆遵照主人的命令办事一样，它不仅随时准备接受大脑的指令，并且能迅速地完成大脑下达的一切指令。而这一点，即使是一支训练最有素的现代军队也无法与之相比的。在这些事实面前，我们不禁联想到传导器官、连接细小细胞的神经以及肌肉的神奇功能。再细想一下吧，它们最初居然都是由一个简单的生殖细胞发展来的。在神奇而伟大的自然界面前，每个人都会在这个事实面前感到震惊。

Part 6
儿童的行为与胚胎学的形成

我们通过对胚胎的研究发现，每一个胚胎发育阶段的研究结论，都适用于包括人在内的一切高级动物。不过，由于低等动物在早期的某一个胚胎发育阶段受到阻碍而发展不完全，因此它们的胚胎发展阶段也会不同于高等动物。

比如，在海洋中始终都保持旋转的中空球体状的团藻，它的胚胎在发展成球形之后就停止继续发展了。在团藻的细胞表层外面，有一种不停震颤的须状物质使他一直保持移动和转动。

在适用于大多数物种的胚胎发育阶段中，细胞发展成为三层之后的过程会很相似。比如腔肠动物的细胞向两"面"发展的这个阶段就非常相似，细胞形成一个中空的球体之后，外壳开始向内弯曲，从而形成外胚层和内胚层，细胞完全发展出三层后的过程是极为相似的。虽然是不同动物，但胚胎的这个发展过程却极其相似，这也正是我们在分辨一些胚胎时容易混淆的原因。

这个事实最后被认为是能够充分证明动物在不同程度上进行演化的证据，

所以才有了人是从猿演化而来的观点。此外，诸如由鱼演化出了两栖动物，两栖动物又演化出了爬行动物，而爬行动物又演化出了鸟类和哺乳动物等，生物可以追溯到单细胞动物这种最简单的形式上。为了物种的遗传，所有的胚胎和它们的祖先一样，会经历祖先经历过的所有胚胎发展阶段，也就是说，个体的发生形成就是一个重复的过程，物种演化的全过程能从胚胎的发育中明确地反映出来。

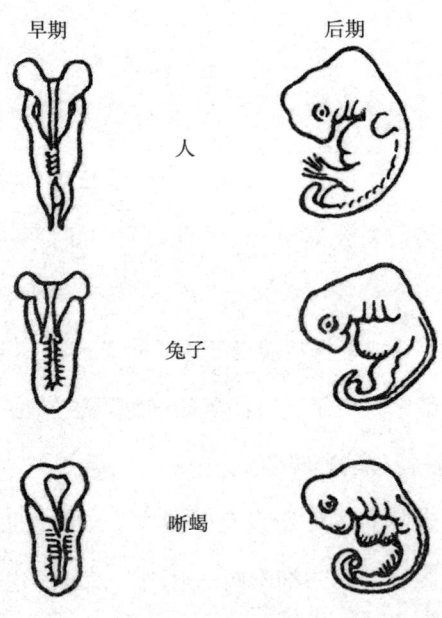

图 5　胚胎形态

这也正是之前胚胎学被纳入达尔文理论的原因，而达尔文的理论被人们视为一种可信的证明。然而此后不久，在公布了德·弗雷斯的发现之后，人们认识到，胚胎学还应该具有更为广泛的内容，这样才能正确地解释生物。

在德·弗雷斯的发现中，我们先说突变理论，德·弗雷斯观察到由同一母体培育出了不同品种的植物，他由此发现，突变的发生并没有任何外界因素的影响，这被人们称为自然演化。引起突变发生的诱因是什么？我们如果在外界环境中找不到这些诱因，那么原因就存在于胚胎的内部活动中。这就说明，在胚胎内部，也能单独而快速地发生演化。

也就是说，我们的眼光不应该受到达尔文"适应—变化"这个理论假设的限制，因为一个适应变化的过程是漫长的，这与上面的事实不符。因此，研究者们还应该找到并接受其他更多的可能性，并自由地在其他方面找寻答案。

其实，生物并不是像机器那样是由众多器官组成的集合体，而我们在显微镜下观察到的胚胎发育过程，不过是一个机械的过程而已。就像高等动物那样，在胚胎经历了几乎相同的发展过程之后居然神奇地长成了不同的动物，或长成鸟类，或成为爬行动物及哺乳动物等，甚至还长成了人——这个复杂的动物。

当然，例如牙齿、肢体等这些动物发展到最后的形态，更多是由它们在生存环境中的行为决定的，而与它们的胚胎形态没有太大关系。

胚胎的发育的过程与人类活动有有点相似，就拿建筑来说，不论是简单的房屋还是复杂的城堡，在修筑所有建筑之前都会先将建筑材料（如砖、石块）准备好，接下来就用这些材料堆砌成墙，不过，这些建筑在最后会以不同的外形呈现出来，这并非因为使用了不同的建筑材料，而是最初出于不同设计目标的原因。由此说明，自然界中存在特殊的生存规则。

不过，以上研究中最重要的一点是，胚胎学的内容已不再只是一些逻辑推理了，对这门科学的研究已经粗具规模。当然，我们并不是通过胚胎学来揭示事物的本质，但从中我们一条研究胚胎学的道路——实验，而我们也在实际运用这条道路的探索中，获得了很大的成果。

事实上，胚胎的发展也可能受到外界因素的影响。这就表明，在实验中，可以对胚胎施与人为影响，以达到改变人的生命进程这个目的。在这方面已经有人进行了相关的实验。

我们在对蔬菜或动物的基因及基因组合施加影响之后，就能改变它们的遗传过程。这个令人感兴趣的新领域已把大门向我们敞开了，它已突破了理论性的局限，就此具有了实践作用。这正是研究胚胎的重要意义，我们可以在对还未长成各种器官的胚胎施加外界影响，这个领域已不再神秘，因为人类现在已经掌握其中的秘诀。

多年之前，世界上的第一个胚胎学领域商标在美国被授予。从那时起，人们可以通过影响蜜蜂的胚胎发育，这样实验培养出来的蜜蜂没有针刺，而且采集的蜂蜜比普通蜜蜂要多得多。同样，我们还能让植物去除带刺植物茎上的刺，同时让植物结出更多的果实。另外，还能减轻毒性植物的毒性作用，也可以让根部具有食用价值的植物长出更多的根来。

举一个大家最熟悉的例子，科学家们用这种方法培育出了各种各样的花。另外还不为众人所知的是，科学家们除了将这种方法用于陆地上的动植物身上，还将科学研究的触手伸向了海洋生物。由此可说，我们人类的智慧已经可以达到美化并丰富地球的程度了。假设像生物学家那样，我们将研究的范围扩大到地球上的每一种生物，按照我们的需求影响并控制它们的发展，那么接下来的发现就是令人吃惊的，因为人类已经成为一股可以改造宇宙的巨大力量，这是人类存在于地球上的又一个伟大意义。

我们通过自己的力量和智慧延续了造物的过程，似乎完成加快造物进程就是人类来到世界上的任务一样。当然，如果这是人类的任务之一，那么，人类已经能控制生命这一事实就等于完成了使命。

由此可见，在胚胎学的研究方面，抽象、枯燥的理论想象阶段已经成为了过去。

让我们假设一下，人类今天已经能够用这些方法造出一种新物种，那么，明天不就能通过同样的方法控制人的心理世界了吗！

与身体发展一样，人类心理世界的发展也是从毫无差别向存在差异发展的，这个过程也会遵循一个同样的发展规律。

如同早期那些思想家们的错误观念一样，在人的原始生殖细胞里没有人的存在，而一个新生儿刚降生时也没有形成固定的心理个性。通过研究得知，人类的心理刚开始都只是一个细胞的组合，它仅仅只是一个物质堆砌的平台而已。完成物质堆砌这一过程的，正是我所说的儿童的一颗"有吸收力的心灵"。在心理平台上完成堆积过程之后，会围绕感觉的中心点，按顺序逐渐形成心理器官。这是一个精密到我们根本不能通过任何方式对其进行重现的过程，这个过程就隐藏在儿童学习语言的过程中。心理的这些感觉能力并非产生于心理本身，它是由对应的心理器官产生的。在心理器官中，每一个器官都是独立发展来的，比如说，儿童语言能力的发展，和他判断距离的能力以及各种认知能力的发展，是同时但又各自独立地完成的。另外，两腿的平衡能力和协调能力也是同期完成独立发展过程的。

每一种感觉能力都具有自己的特点，不过这些感觉类型都有活跃异常这个共同点，人类通过这些感觉类型完成了各种动作。这些感觉类型在心理器官形成之前，会一直将大量的能量供应给我们，但是当心理器官形成之后，这些感觉类型就随之消失了，它们在心理发展的过程中并不是一直存在的。与这些感觉类型一起消失的，还有我们对它们的记忆，在心理器官形成后我们会忘记这些感觉类型曾经存在过。当然，这些已经长成后的心理器官共同组成了一个完整的心理组合。

除了在人身上有这种现象之外，我们还在昆虫身上发现了感觉类型曾经短暂存在的过程。在昆虫出生并经历了一系列活动之后，心理感觉开始发挥出它们的作用，而且昆虫必须在这些感觉类型的帮助下才能求生和发展，这是由提出突变理论的德·弗雷斯发现的。此前，心理学和生物学的研究还仅限于人类，但德·弗雷斯向人们展示的这个发现却将研究范围扩展到了其他动物身上。于是一时间兴起了很多学派以及各种理论，这一领域呈现出一片混乱的局面，后来美国的心理学家怀特森独辟蹊径，找到了一条研究的新路。

怀特森在阐述自己的观点时说："我们应该将那些无法验证的理论丢弃，并将注意力集中在我们能够证明的理论上。如今有一点是我们非常确定的，那就是我们对动物的行为进行观察。这可以成为我们找到新的研究方法的基础。"

怀特森是从动物可以被我们看到的外部行为开始进行研究的。他最初将研究目标锁定在儿童的心理和人类的行为上，因为他认为，对这些行为的研究可以指导我们更深层地研究生命。不过很快他就发现了，对一个刚刚出生的婴儿来说，根本就没有什么行为可以进行研究。于是，怀特森就认为在儿童身上没有从父母身上遗传本能和心理，而且人的所有行为是由众多特定条件的反应来决定的。人的行为逐渐增多，正是由于在一系列平台上，这些反映层层叠加不断增高。在这样的前提下，怀特森提出了"行为主义"学说。

这个学说的提出引起了很大的争议，在美国，它得到认可，并一度非常盛行，不过却遭到了其他国家学者的反对，他们批评说这种观点十分肤浅而且不成熟。

当然，在众说纷纭之中，还是有人认真研究了这个观点。美国的两位学者对怀特森的学说感兴趣，为了探索和研究行为，他们准备作进一步实验，或者是进行新的试验。这两位学者就是考格西尔和盖塞尔。

费城的考格西尔在行为学的基础上，对胚胎学进行研究。盖塞尔则系统地研究了儿童的成长发展，后来他在研究中还建立了一所非常出名并引起了全世界关注的心理实验室。

多年来，考格西尔一直在研究一种动物的胚胎发展。他用以研究的这种动物结构非常简单，甚至还没有进化到两栖动物的水平，但很适合做研究。虽然进行了长时间的研究，但考格西尔一直没有对外界公布自己的研究成果，直到1929年，考格西尔才发表了自己多年来的结论。这是因为他通过研究得出的结论与当时生物学领域早就形成的思想完全不相符。这也是他用那么长时间反复实验的原因。考格西尔反复进行了实验，而且可以说一次较一次更加精确，不过他得出的结论仍然是相同的。他发现大脑的神经中枢系统的发育早于执行其发出指令的器官。比如，在视觉神经发育之前，视觉中枢就早已出现。然而如果按照生物学思想则认为，胚胎发育的规律应该是"在物种发展过程中哪一种结构先出现，那么，这种结构也会先出现在胚胎的发育过程中"。所以实验结果令考格西尔十分困惑，如果按照胚胎发育规律理解，神经中枢不是应该先于器官出现在胚胎中的吗？但自己的观察确实得出了相反的结论：视觉中枢为什么会在眼睛，甚至是控制眼睛信息传递的神经出现之前先发育出现呢？

动物行为的研究工作在这个发现的推动下，取得了进一步的发展。另外，考格西尔还提出了一个让人吃惊的观点，他认为假如器官是在神经中枢出现之后才发展的话，说明器官就必然是为了适应环境而形成的。我们从中就能得知，行为不仅可以遗传得来，而且生物在行为的过程中为了适应环境这就有器官的形成。

其实，从自然界的动物身上同样可以找到证明这一观点的例子，动物器官的形态很大程度上都取决于这些器官的工作内容，即使是一些对动物本身起不了太大作用的器官仍然会在环境的影响下形成。例如一些专吃花蜜的昆虫为了能够吸取到花蜜而长出了尖尖的嘴，与此同时，在它们身上也会长出一种表皮，这种表皮可能对它们采蜜时帮助不大，但却能在采蜜时施放养分给花朵，好让它们下次还能够采食花蜜。再如食蚁动物，它们的嘴虽然非常小，但它们的舌头却细而长，并且能分泌出可以粘食蚂蚁的黏性物质。

既然如此，为什么动物的行为方式却是有限的呢？又为什么在各种动物中有的只会爬行，但有的却会跳跃或是攀缘呢？还令我们感到疑惑的是，各种动物吃的食物也不一样：有的吃蚂蚁，有的以花朵为食，有的专吃活动物，有的却只吃尸体的腐肉，还有的食草，有的吃木头，有的永远只穿行于土壤的腐殖质中。动物之间为何会出现这些区别呢？在世界上又为什么会存在这样繁多的物种呢？而且每种动物都有各自的行为模式，这些行为模式完全不同于其他动物，并且是固定的，产生这些区别的原因又是什么呢？有的动物具有很强的攻击能力，并且表现得很凶残，而有的动物却表现得极其温顺，为什么动物之间会表现出不同的本性呢？这些与达尔文的进化论观点并不相符，也就是说，地球上的动物们可能并不是仅仅以存活在周围的环境中并从中获取利益为生存目的。动物的"生命力量"似乎并非仅仅是为了完成持续完善生命形态的过程,而且生命的最终目的好像也不是为了完善生命本身。

这个认知是对我们已有观点的巨大挑战,因为依照这个理论,与生命的目的关系更大的好像是环境的要求。如此说来,生命或许就是完成制造物种这个过程的一种手段,因此,每种生命都背负着特定的使命。如果将大自然比喻为一个大家庭或工厂,那么,每一个生命就像是其中的身负职责的仆人或者工厂的员工。每一种生命都有各自的任务,正是在这些生命的共同付出和努力下建造了自然和谐的地球。生物的一切行为并不完全是为了满足自己身体的需求,这种行为模式正是我们通过观察得出的结果。

假如这一点能够成立,那么,我们该怎么对待长时间以来立足于科学界的达尔文进化论呢?这一理论就此不具备价值而被丢弃吗?并不是这样的,应该说这个理论从中得到了发展。有一点是明确的,进化论不可能固步自封地停留在"逐渐进化、日臻完善"这种已有形式上。如今,在研究物种的进化时,应该扩展我们的视野,并将研究范围延伸到众多边缘领域。这个研究应该包括一些功能关系,这种关系不论远近,但能联系起不同形态的生命活动。

应该认识到,各种生命活动之间的这些联系并不仅仅是一种简单的互助关系,相反与整个世界环境都有关,其最终目的是达到某种自然统一。只有当这种统一形成之后,自然界的一切生物才能获得它们生存在世界环境中的所有必须要素。

有一位地理学家早在上个世纪(指 19 世纪,译者注)就已经认识到,生命具有的功能与地球之间具有某种联系,这位地理学家就是莱耶尔,与达尔文生活在同一个时代。莱耶尔通过研究不同地层中的动物化石对不同时期的动物进行了研究，人们从他的研究中看到了，生存在地球上不同地理时期的生物所具有的相应生存形态。继他的研究之后，通过其他一些科学家的研究也证实了一点，动物的行为影响着地球表面的建设。本世纪初（指20世纪，译者注），德国地理学家弗雷德里西·拉兹尔发表的名为《地球与生命》这篇论文在我国就非常出名。后来大量的研究发现和推理也在一些相关刊物中提出来。

科学家在研究喜马拉雅山以及阿尔卑斯山脉的岩层时发现了海洋动物的遗迹，最初，这个发现让人们大吃一惊。这些遗迹除了在高高的山脉岩层中被发现以外，还出现在常年由山顶冲刷下来的堆积物中。毋庸置疑，这些如今生存在海洋中的动物曾经为陆地建设作出了贡献。犹如我们所见的那样，现在这些动物在宽广的大海里如花般成长，它们仍然存在于数不清的珊瑚岛中继续做着同样的工作。现在的这些正是曾经建设地球的无名功臣们留下的足迹，为了日渐没落的地球走向复兴，这些功臣都为此起到了帮助作用。

如今正持续涌现出这样或那样的研究结果和证据，以证明动物、植物及人类为地表形态形成的过程起到了非常重要的作用，而不仅仅是风和水的功劳。生物是怎样对地表形态产生影响的呢？意大利地理学家安东尼奥·斯托帕尼通过研究向人们展示了这一过程。他在自己的著作中这样描述道："动物逐渐形成了一支训练有素的强大军队，它们为保卫自然的和谐而战斗。"

如今，出现了一门专门研究生物之间关系的学科，它就是生态学，这就让我们已没有再对某个研究结论或某一部分观察结果进行讨论的必要了。生态学深入研究了一个物种对另一个物种的行为所产生的影响，这就好比经济学影响着自然一样。在生态学的帮助下，农村耕作中存在的很多实际问题我们都能进行解决。比如说，当在某一地区引进了某一物种但我们却不能控制它时，根据生态学的研究，我们可以引进一种能够克制这种物种的昆虫，以此恢复自然界的平衡状态。类似的实例就曾在澳大利亚进行过。

生态学以物种之间的关系作为研究内容，并不只是单独对每种物种的特征进行研究，这门学科又被称为实际应用中的生物学。

实用性被认为是现代科学最有意义的一个部分，根据现代科学的观点认为，生物活动在特定的环境下完成了进化的过程。这一观点让我们更接近真理，由此说来，现代科学的研究起到了决定性的作用。物种的生命不仅仅是为了让物种能够在地球上延续下去，每一物种对其他任何一个物种都背负了生存的责任。

事实上，从现代科学研究得出的一切结论以及发现，还不能对生命这一奇迹进行解释，不过，我们却能从所有已有的科学成果中进一步了解生命。

我们正是从这些能够观察到的外在现象中得到了实用的指导，我一直希望通过教育的方式为人类的生命提供帮助，而与我持有同样观点的人们，现在就可以像研究其他生物那样对儿童的成长过程进行研究了。于是我们就会想，人类处于婴儿时期这一阶段，会在整个生物学乃至整个生物界中占据怎样的地位呢？从适应遗传和完善的这种传统的进化理论角度，对生物发展进行研究已经不能满足科学发展的要求了。而另一种力量已被人们发现，这是一种以创造和谐而不是仅以生存为目的的力量，它凝聚了地球上一切生物作出的贡献，让所有生物都为着同一个目标而共同奋斗。

由此可见，儿童不仅有能力创造自我，并完善自我，他们存在于世界上的另一个重要使命就是为创造世界和谐而努力，并服务于整个自然界的生物。

可能你会产生疑问："人类的童年这个阶段究竟具有什么意义呢？"假如作为教育者的我们起初都不能回答这个问题，那我们如何能信心满满地采取所谓的科学教育呢？

在儿童身上担负有两大使命，我们不能单纯只考虑其中的某一个责任，假如我们只考虑他们的成长问题，那么就无法让他们身上的潜在能力发挥出来。

关于儿童在出生时就具有很强的创造力这一点我们在前面已做过讨论，在儿童生活的环境中，这种创造力就得以发挥出来。

同样，虽然刚出生的儿童在精神物质上什么都没有，但他们却具有天生的巨大潜能，在儿童生存的环境之下，能够充分发挥出他们具有的这种发展潜能。

一定程度上可以将婴儿什么都没有的这种情形和生殖细胞的"一无所有"作比较。这种看法当然是不容易被人们接受的。正如通过实验证明了生物个体成长过程的伍尔夫一样，由于与此前哲学家们的观点不同，所以，当时人们无不对他提出的观点感到震惊。

作此比较是因为我们发现，降生到这个世界上后，儿童并不会向自己的父母或是自己周围的人索取任何东西，相反一切都是他自己创造的。这不也让人非常吃惊吗？不论生活在世界的哪个角落、身为哪种民族或生活在文明发展到任何程度国家的人都是一样的。

帮助儿童进行创造的是一种创造力，它是人类的一种本能。在这种创造力的帮助下，儿童不断完善自我，最终促使他们可以适应自己生存的社会和所处时代。世界上的所有人都具有这种能学习、具吸收力的本能。

儿童出生后的责任就是了解身处的这个现代社会。当然，要适当地对这一特有现象中儿童和成年人所起的作用进行区分并不容易，另外，区别这种遗传特征的过程又存在很大的难度。

儿童在周围环境中学习到知识从而塑造自己的性格，他们能够本能地将学习知识当成自然而然的事情。这一点是对人类整体性的证明，对此，所有人都会非常吃惊。

当人们发现儿童具有这一惊异的事实之后，引发了一股研究原始部落的热潮，以期从中找到进一步的发现。

罗斯·拜尼迪科特博士曾经在他的《文化类型》一书中叙述了这么一件事情：一个研究现代民族学的法国传教团体来到巴塔哥尼亚之后，发现了现今生存在地球上的一个最古老的种族，他们古老到不论是生活水平还是社会习惯都处于石器时代。这里与世隔绝，看到闯进来的陌生白人，他们仓皇地逃散，而一个刚出生的巴塔哥尼亚女孩在慌乱中被遗弃了。传教团体收养了这个女婴，她被带到了现代社会，并在十八年之后长成了一个能说两种欧洲语言、具有典型西方人生活习惯的现代人。女孩信奉基督教，同其他孩子一样进入大学在生物系进行学习。就这样，她用十八年的时间从落后的石器时代大跨步进入了原子时代。

这个事实证明一个刚出生的生命个体能够在无意识的情形下轻易地学到大量东西。

学习吸收外界特征是儿童身上的一个很重要的特点。关于生物模仿的问题就此被提了出来，这已不像我们以前想象的那样是很少见的事情。生活中，我们可以遇到大量类似的实例，例如在柏林的动物博物馆中我们看到，动物会用模仿来保护自己,这种模仿包括学习周围环境中的一些事物。拥有白色绒毛的北极熊、呈现扁平外形的鱼、带有花纹翅膀的蝴蝶以及昆虫的日常习性等,它们都体现了这一点。

动物模仿周围环境的这种特征并不受这种特征的任何影响,这种模仿也并不取决于动物对周围环境的理解。当然,有的动物对周围环境丝毫不感兴趣,只会有一部分动物会模仿环境。

我们能够借助关于其他生命类型的例子,帮助我们了解儿童的心理发展,虽说两者具有完全不同的本质。

Part 7
新生婴儿是一个精神胚胎

  新生儿出生后都经历了一个形成阶段，这个过程指的是婴儿精神成长的时期，这与他们胚胎形成时期是不同的。对婴儿来说，这完全不同于他们在母体子宫中被孕育的过程，也和他们步入成年的阶段不同。这个阶段具备建设性，它发生在被我们称之为"形成阶段"这一时期内，因此，新生婴儿被我们称为了"精神胚胎"。

  人类好像拥有两个胚胎时期。一个发生在出生前，它是所有动物都会经历的，第二个发生在婴儿出生后，它是人类才特有的，这就产生了人类和动物之间很大的区别，因此，我们有必要对这个时期进行研究。婴儿具有其他动物所不具有的这种能力，他的出生是一次生命飞跃的标志，也成为了生命之旅的起跑点。

  我们能够辨别各个物种的原因，不是由于它们之间的相似之处，而是因为他们之间存在的差别。一个物种和其他物种之间的不同正是它存在的基础，对一个新出现的物种来说，它除了继承前一物种，并具有前一物种表现出来的基本特征之外，这个新物种还会具有一些新的特征，因此，一股新生推动力就在生物王国中出现了。

所以，鸟类和哺乳类动物的出现不只是前一物种的延续、遗传和适应，它们让世界呈现出了新的气象。正如鸟类在恐龙灭绝之后就出现了一些新的特征，比如进化为鸟类的爬行动物常常会抛弃自己产下的蛋，而鸟类却能很好地保护自己的鸟蛋，它们会建鸟巢以保护雏鸟。与鸟类一样发展而来的哺乳动物，它们保护幼仔的行为就变得更强了，幼仔胚胎在它们的体内成长，并通过它们的血液获取营养。

这是一些其他物种的新生物特征，人类的进步则更大。身为众多物种之一的人类拥有两个胚胎时期，比起其他物种，这是人具有的一个新特征。

我们必须对此进行研究，在研究儿童发展以及人类心理方面，我们应该找到一个新起点。假如人类的精神和创造性智慧对人在地球上的劳动有影响，那人类存在的支点就是这些精神和智慧。在这个支点的基础上，人类展开了一系列行为和活动，也正是在这个精神前提下人类得到了发展。

印度哲学的这一重要观点如今被西方接受了，我们从经验中得知，行为受到精神状态的影响，生理出现障碍往往是精神失去控制引起的，它体现了一种心理状态。

假如精神控制着人类的天性，假如人的一切行为皆是其精神外延，那么我们不应该像现在这样只关注儿童的身体，而应该更多地关注新生儿的精神世界。

婴儿在成长时逐渐获得力量、语言、智慧等，他除了这种从成年人身上学习的能力外，还能够塑造自己的性格以适应周围环境。婴儿具有一种完全不同于成年人的心理类型，儿童与所处环境的关系不同于成年人与周围环境的关系，儿童会吸收环境，而成年人则是记住并加以思考环境中的东西。两者的不同的在于，儿童除了对周围事物产生记忆之外，还将周围事物变成了自己心灵的一部分。在成年人可能无动于衷地看待所见所闻时，婴儿则根据自己的见闻来塑造自我，并且这些见闻可能就此成为他们个性中的一部分。帕西·纳恩先生将这种具有无意识记忆以及吸收能力的记忆类型，称为"记忆基质"。（最先提出"记忆基质"一词的人是德国生物学家理查德·西蒙，而帕西·纳恩先生则在其著作《目的行为理论》中对它进行了解释和延伸。"记忆基质"的意思与帕西·纳恩的解释相同，在他的另一著作《目的行为与记忆的痕迹》中也作了相同的解释。）

我们进行探讨的语言问题就是其中的例子之一。儿童学习语言是因为形成了发音的能力，并把这种能力发挥到最高，而并非记住了语言的发音方式。对于儿童能够遵循语法及其特殊用途这一点，也不是他研究或记忆过语言的原因。可能儿童从未对语言进行过有意识的记忆，但语言就成为了他们的一部分。不用怀疑，现在我们探讨的问题应该属于儿童最重要的思维部分，它完全不同于记忆。儿童从周围环境学习知识时具有一种特殊的敏感性，在他用观察和吸收能力来学习知识时，能逐渐适应周围环境。在童年阶段的这一特定时期内，儿童就无意识地完成了这个过程。

适应阶段是婴儿生命的第一个阶段，我们要注意区分开这里的"适应"和成年人的适应行为，并对此所说的"适应"作出准确理解。这种特殊能力能帮助婴儿很快适应他出生的环境，如同学会他唯一能流利表达的母语那样，将出生地当成自己一生将生存的地方。一个成年人去国外生活，但他永远都不能像婴儿那样适应周围的环境。就说那些主动来到遥远国度的传教士吧，假如别人问他们的感受，他们定会说："我们都是身在异乡的异客啊！"这点证明，成年人的适应能力是有限的。

不过儿童就不同了，无论他们生活的环境有多么艰难，他们都会喜爱生养了自己的土地，在那里他们得到的快乐是从其他任何地方也找不到的。就算他们的出生地与荷兰的沙地一样贫瘠、如芬兰的冰冻平原那样艰苦，所有人都能适应并爱上他的生养地。

从儿童时期起就形成了这种爱恋，到成年时就仅仅具有这种喜爱罢了。因为成年人早已属于自己的国家，这种快乐与平和是他在别的任何地方都找不到的，他必须热爱生养自己的土地。

在多年以前，出生于意大利农村的人一生中可能一次也没有离开过家园，后来很多人在意大利形成国家之后，由于结婚或工作而远离生养他们的地方。当他们步入老年之后，却常常会呈现诸如压抑、虚弱、面色苍白或贫血等奇怪的病状。即使到医院也不能治愈，他们采取医生的建议，回到出生地修养。呼吸着新鲜的空气，他们逐渐恢复到健康状态。足见这是个很好的建议，即使他们家乡的空气并不真的很好，但包括他们自己都说最好的治疗还是出生地的空气。其实，事实并非如此，他们的潜意识从儿童时期就已经适应的出生地的平和气氛才是病人真正需要的。

这种心理吸收能力对每个人而言是非常重要的，一个人在这种能力的帮助下成长，而且还适应了当地的气候条件以及各种社会秩序。因此，人们表达内心时会说"我喜爱我的祖国"，如果有人说相反的话就只会显示出虚假。这正是我们进行一切研究的基础。

我们通过儿童的这种特殊心理能力，就能得知儿童吸收当地习俗及传统的过程。所以，他们最终长成了符合自己所处时代的当地人。当然，任何人都不是出生就适应了这一地方的习俗，需要后天形成，一个人一旦适应了当地的行为方式，就形成与他的童年时期。在此基础上我们对儿童行为的了解更加全面了，除了适应时间与地域之外，儿童的行为还会适应当地的风土人情。例如非常敬重生命的印度人，甚至对动物也拥有这种崇敬的感情，但对成年人来说是无法真正获得这种感情的。要具有印度人崇敬动物的这种感情，并非简单的一句"应该敬重生命"就能获得的。或许我们会认为，崇敬动物的印度人是正确的，我们也应该那样，不过，我们内心的情感不会因此被激起，对我而言这仅是一个推理罢了。比如说，欧洲人永远都体会不到印度人对牛的感情。在印度人的内心这种感情是永远不可改变的，即使通过反方向的推理也磨灭不了这种感情。这种心理特征看似通过遗传得来，事实上，这是儿童在婴儿时期学习周围环境时获得的。我曾亲眼看见过这么一件事，一个两岁的印度孩子蹲在蒙台梭利学校边上的小花园里正用小手指在划着什么。当我走近后发现，这个孩子正用手指划线帮助一只失去了两条腿、爬行艰难的蚂蚁前行。而很多人都认为，那个孩子遗传了喜爱动物的天性。

其他不同宗教信仰国家的孩子会对蚂蚁采取什么行为呢？有的孩子可能会视而不见，有的则会踩死蚂蚁。这些行为在对动物没有情感，以及认为动物不可与人相比的人们看来，并没有什么不可原谅之处。由此可以说，是否崇敬并爱护动物，是由人来决定的。

世界上的众多国家具有多种宗教信仰，但不论是信奉哪一宗教的民族在批判传统旧俗时，他们都不会感到理所当然，因为他们的信仰和宗教情感早已成为他们不可或缺的一部分。一个人包括个性在内的各种情感是由社会及道德习惯形成的，我们欧洲人会这样说："它融入我们的血液里。"我们正是具有了这份特殊感情才成为了典型的英国人或是意大利人，或者印度人。在婴儿时期一种神秘的精神力量形成了这种感情，这种精神力量就是心理学家所说的"记忆基质"。

另外人走路的神态、姿势及习惯性动作的形成也能用这一问题来解释，不同的种族在这些方面也会有区别。在非洲人中，一些部落的人就拥有例如善于对付猛兽这样的特殊心理倾向，另一些部落的人则具有异常敏锐的听觉，这是因为他们进行过锻炼自己听觉的各种努力。通过吸收学习，儿童得到的具备个性的东西会在他们大脑中永远保存下来，即使后来可能会由于某些原因不再用到这些具有个性的东西，但它们仍然存在于人的潜意识中，这是因为根本不能完全消除婴儿时期形成的这些东西。在儿童时期，人学习并吸收的东西会永远变成他们个性中的一部分，同样，他们的器官与肢体也具有这样的特性。一个成年人永远都会保留他们在儿童时期学习吸收的东西。可见，"记忆基质"（我们将之看成超记忆的一种东西）除了能创造个体的特性，还能在人个体的生命力中保持这些特性。

如果我们用"这个人真没教养"、"此人言行散漫"这些话来评价一个人时，他可能会感到耻辱或容易受到伤害，并从他人的评价中发现自己的缺陷，不过，他们不可能从根本上改变这些已牢固存在的缺点。试图改变成年人的想法，只会白费力气。

一个人适应所处时代这一点，也可以这样来解释。正如一个古代的人不可能理解现代人的生活，正是因为他适应不了这个时代。新生的婴儿不会考虑所处时代文明程度的高低，并很快去适应它，他也会打造自己去适应这种文明。这就证明具有适应性才是婴儿在人类个体发生过程中的真正功能。婴儿为了使自己能够自由融入世界，并影响世界，他会建立起一种行为模式。

我们如今必须将儿童看作一座桥梁，他将不同的文明水平和不同的历史时期联系起来。人类尤其重要的一个阶段就是婴儿时期，在这一时期，我们能够通过儿童完成很多任务，但成年人却做不到。比如我们若想完善人们的风俗习惯、为自然特征引进一股新的推动力，或是植入一种新思想，都必须借助儿童来完成。假如人类想将文明的火炬进行普遍传播，那么这个使命就必须由儿童来完成。

有一个英国外交官在即将结束英国对印度的殖民统治之前，为了避免孩子的成长环境中带有歧视色彩，他常常叫家中的印籍保姆把自己的两个孩子带到印度酒店去吃手抓饭。要知道，人与人之间产生的摩擦往往都是由这些日常生活细节存在的区别以及从中产生的敌对情绪导致的。此后，欧洲人也对手抓饭这种进食方式产生了浓厚的兴趣。同样，我们如果想恢复一些旧有传统习俗，也必然要通过儿童来实现。

如果我们想要影响社会的进程，可以通过影响儿童来实现。因此，我们应该重视幼儿园的作用，人类社会正是由这些小孩子创造出来的，而我们则应该创造适合他们成长的环境。

要想以教育的方式影响儿童，就要借助环境这一载体，因为儿童是在所处环境中进行学习和吸收知识的，从而形成了他们的个性。儿童可以进行创造，也能成为纽带连接前人和后人。我们在儿童身上发现了新的观点，并看到了很大的希望。让人性达到更深更高的水平是我们身为教育者的责任，其中还有很多工作等着我们去做。也就是说，从婴儿出生时开始，我们就必须把他们看成具有特殊心理能力的生命，应该在此基础上采取教育。事实上，现在已经开始广泛注重新生婴儿的心理世界了，而且这一门新学科就有可能由此产生。而现在，为治疗儿童身体方面的疾病，已经有专门的儿科诊所出现了。

对一个新生儿来说，假如他出生时就能进行心理活动，那证明婴儿早在子宫中就具有了心理生活，这样他在出生后才会具有这些心理活动。其实，早在婴儿处于胚胎时期时，他就有这些心理活动了。伴随着这一观点被人们接受的同时，出现了另一种争论，人们都想知道这种心理生活在胚胎中究竟是何时出现的。我们通过一个例子可知，一个7个月就出生的早产儿能够存活下来并健康成长，可见母体怀胎到7个月时就婴儿具有心理活动了。这也同样证明，即使是包括低等生物在内的一切生命都拥有一定的心理，不论是哪一种生物都具有某种特定的心理和一定的心理力量。通过对单细胞生物的观察，我们发现它们可以寻找食物，还懂得避开危险，表明它们也具有感知的能力。

但是，科学界就在一段时间之前还持婴儿不具有心理能力的观点。此前婴儿具有心理能力这一观点一直没得到重视，不过，现在科学界已经广泛接受了这一观点。

现在很多事实已经逐渐显现出来，成年人也开始重视起来。这也说明成年人应该为此担负某些责任。人类的想象力突然被出生这一问题激发出来了，除了各种心理疗法，还有文学创作都体现了这一点。现在，时常听到心理学家们说诸如"出生的痛苦旅途"这些话。当然，这是针对婴儿、不是针对母亲说的话。新生儿们不能表达自己受到的痛苦，他们只能用哭声来宣布已经结束了这段痛苦的旅途。

不受自我控制之间，婴儿就降临到了这个完全陌生的世界，来到这个完全不同于他以前生活环境的世界，婴儿必须面临适应新环境的问题，适应的过程虽然辛苦，但他们却不能通过语言表达出来。出生，这一决定婴儿心理生活的决定性时刻，被现代心理学家们用"出生恐惧"（1923年，弗洛伊德早期的学生奥拓·兰克在其"出生创伤"理论中首次使用了"出生恐惧"这个词。虽然人们还没有全部接受他的所有理论，但"出生恐惧"这一概念在心理分析学领域已经站稳了脚跟。）一词来描述。

这里讨论的恐惧是无意识产生的恐惧，假设婴儿能说话，他表达不满时会说："为什么你要让我来到这个恐怖的世界呢？我要怎么做？怎样做我才能在这个陌生环境中生存？在母体中由母亲器官代替的功能现在我该怎么完成呢？在子宫里母亲用恒定而温暖的体温保护我，但现在如何做我才能适应随时变化的气候呢？我该怎样适应周围吓人的噪音呢？"

正是由于没有意识，儿童并不知道出生时的痛苦，更不知道周围发生的事情，不过，儿童心灵深处的潜意识中，一定深深刻印了这种痛苦的印记。在潜意识里，儿童一定感觉到了这种痛苦，所以他用哭泣来发泄痛苦的感受。我们通过对这个领域的研究认为，帮助新生婴儿去适应环境非常有必要。我们要记住，婴儿刚出生时也会感到恐惧。假如给刚出生的婴儿洗澡，当你把他放到水中时会发现，他好像怕自己掉落到地上一样用手做出"抓"的动作。这一典型的动作是对恐惧做出的反应。我们看看为了帮助新生儿，自然界又是怎样做的呢？动物们自然会施行一些措施，比如为了防止新生儿在阳光直射时受到伤害，母亲会出自本能地紧紧将孩子搂在胸口。母亲用自己温暖的怀抱抱住婴儿，以免它受到伤害。母亲做出所有类似这样的事情，似乎它们在潜意识中已意识到外界会伤害婴儿一样。

来看看人类世界，母亲似乎并不像动物那样在保护婴儿时会积极地采取措施。比如，生下小猫仔的猫妈妈会把孩子放到漆黑的暗角里，一旦有人接近，母猫会凶猛地拱起背以待攻击。我们从自然历史的演变中得知，这个时期的哺乳动物拥有自然界赋予的很大智慧。母兽会在幼兽出生前与兽群分开单独生活，直到产下幼兽一段时间之后才会回归兽群。母兽利用与兽群分居的一段时间，让初生幼兽学会适应周围环境。这种现象，在诸如马、牛、狗、狼、鹿以及大象这些大量群居的动物中表现得尤其突出。幼兽在出生后与母亲单独生活时，会得到母亲的呵护与关爱。幼兽在这段被隔离的短暂时间内，渐渐成长并对周围环境的刺激不断做出反应，它们利用这段时间训练自己，最终发展到具有和其他野兽水平相当的能力。这样，当幼兽随母亲回归兽群时，它们就能成为其中之一，并融入兽群的生活了。到那时，这些小幼兽们不管是在身体上还是心理方面，被称为小牛犊、小狼崽或小马驹都是名副其实的了。

另外我们会观察到，在保护幼仔这方面，哺乳动物即使被驯化后也仍旧保持了它们的原始本能。例如家养的猫和狗，它们仍延续着野生时期保护幼仔的本能，母亲遵照传统会寸步不离自己的幼仔，并用自己的怀抱温暖着幼仔。虽然这些新生幼仔们已经不在母亲的子宫里了，但现在也仍可以视它们为母体的一部分，而这一点是让幼仔慢慢适应周围环境的最佳途径。

于是，我们只有这样解释这个重要阶段：在动物刚刚出生时，其具有的物种本能就被唤醒了。动物适应环境这一本能并非受到了艰难环境的刺激而产生的，这一本能是动物保护行为促进动物本身发展的结果。

在动物身上发生了这个现象，那它对人类也必定适用。我们讨论的问题是一个决定未来的时刻，而不仅仅只是出生这一困难的瞬间，一种潜在力量同时也被唤醒。婴儿（我们所说的"精神胚胎）在这种潜在力量的帮助下完成了一系列创造性工作。原因就是一些我们能看见的明显标志，会在婴儿身体发展的每一个重大变化阶段种出现。例如，一个明显标志就是在婴儿出生之后，会和母亲的脐带断开。出生是非常重要的时期，在这一最初阶段里，那些潜藏的神秘力量也还被唤醒了。

因此，在婴儿出生时除了要注意"出生创伤"之外，各种随之带来的行为也应该受到我们的注意。就算婴儿不具有由先天决定的行为模式（与动物不一样），不过一种可以产生行为的潜在力量在他身上是必然存在的。所谓遗传来的东西，在婴儿的记忆中是没有的，不过他们会经历一个迫切需求的阶段，此阶段是由潜在能力产生的。儿童在这种潜在能力的帮助下，于周围环境中形成了自己的性格并成长着。这就是儿童无形的需求，我们将这称为"星云"。（星云的苏醒是在婴儿刚刚出生后发生的，它与动物行为本能的苏醒有一定关系。在这个时期，婴儿的心理健康是非常重要的。）但动物不同，它们从出生后就遗传了这种潜在能力，所以它们能够采取适当的防御方式，选择相应食物，而且自然而然地就会活动并控制自己。

可见，在一个儿童逐渐展开社会生活的时候，成年人就必须对此做好相应的准备，以便婴儿在出生后面对的这些问题，能够与他生活的社会相适应。婴儿与天生就具有那种类型行为的动物不同，他们出生时并不具有这些行为，所以，他们出生后最重要的工作是适应，并逐渐形成各种行为。

现在，明确儿童具有的这一特殊功能，我们在研究人类生命时就可以把儿童的发展当是一种研究的普遍机制了，这是很有意思的。

在儿童的身体发育到完全成熟之前，他需要不断地完善自身，这个过程会持续到他长成一个真正意义上的人为止。婴儿出生后虽然离开了母体，但他仍然会像在胚胎中成长一样继续生命，从而形成他作为人类的一系列本能，因为婴儿和刚出生就具有一定本能的动物不同，他们还不能与周围世界接触。

婴儿出生后，任何天生的东西在他身上都不具备，因此他必须靠自己将自己的精神生命构建起来，也必须由自己来完成对外表达机制的建立。

虽然新生婴儿的小生命脆弱到甚至连自己脑袋的重量也支撑不起来，不过他却将踏入并完成一个重要的旅程。他将学会站立、学会行走，并逐渐与人类世界融为一体。

我们由儿童的巨大潜能联想到了考格西尔的结论，他提出神经中枢的形成先于器官形成。也就是说，在儿童能够做出各种行为之前，他的心理类型也早已形成了。一个婴儿的成长是从精神方面开始的，而不是以身体方面作为成长起点的。

由于人类活动是由精神来指导和控制的，所以，心理方面的发展是人类发展最重要的一个方面。人和动物最大的区别就是人具有智慧，智慧应该排在其他方面之前，其形成才是第一要务。

在婴儿出生之后，不论是器官还是骨骼，都还没有完全长成，也没有完全硬化。而且髓磷脂也没有覆盖运动神经，也就无法完成传达大脑发出命令的任务。由此可见，婴儿的身体仅仅是一个雏形，反应还非常迟钝。

所以，开发智慧是婴儿出生后的第一个任务，以此为基础，进行其他各个器官的发展模式和形式。

在人类所有成长阶段中，出生后的第一年是最重要的，而人类发展的主要特征就是智力的开发。

儿童的成长是由许多方面组成的，每一方面都会遵循一个固定规律进行。科学家细心观察了婴儿出生后的发展，最终研究表明，在等到婴儿的头盖骨长成、囟门渐渐长合（软骨组织接合）、前部骨缝消失之后，他的骨骼会逐渐完成硬化，整个身体的结构也开始发生变化。这时，髓磷脂也完全覆盖了脊柱神经。小脑这个平衡人体的器官在婴儿出生时很小很小，此时，它也以极快的速度迅速成长，最终达到与大脑半球比例协调的大小。在身体发展的最后阶段，逐渐形成了内分泌腺以及和这些腺体相关的消化系统。

人们现在已经很清楚以上情况了，这一情况证明身体发展成熟的过程是连续的，并且神经系统的发展变化过程与它是同步协调进行的。比如，儿童的小脑如果没有完全发展成熟，他就无法稳坐或站立，就不可能保持身体的平衡。

为了身体发展逐渐成熟，在大脑的指示下，运动器官渐渐接受这些指令，并进行一些目的不清晰的运动，这让他们最终从周围环境中获取经验。

儿童的运动在这些练习及从中得到的经验中变得更为协调，最后运动器官按照大脑指示成功完成任务。

人和动物不一样，他在出生时还不能协调地进行运动，这个过程需要一步步协调完成。所有东西在儿童的大脑中都不是预先设定好的，这个过程需要儿童自己去摸索。其他哺乳动物的幼仔在出生之后就能跳、能走，甚至能跑，并且很快能够学会一些高难度的动作。例如，当一个哺乳动物遗传了这一动物的跳跃能力，出生不久后的它们就能快速跑动，并且跃过障碍物。但新生婴儿与它们完全不同。在他们呱呱坠地的时候并没有这些运用的能力，不过，自然却赋予了人类学习运动的天赋。看似具有高难度的各种动作以及技巧，人类都可以通过学习来掌握，就像舞蹈演员、体操运动员、音乐家、钢琴家以及飞行员等都是学习练习的结果。所有人在学习这些技巧时都是在同一个起点开始的，只是有的人将动作技巧发挥到了极致。

我们应该区分开儿童成长的几个部分，我也必须在阐明观点之前接受一个事实，那就是我们的心理发展状况不会受身体是否成熟的限制，即使身体为运动提供了物质基础，心理发展也不会依赖于身体。原因就是心理是人类最先发展的，在心理发展之后器官的发展才开始，并且这种发展受心理所控制。当然，运动器官发展到能够运动的时候，心理也不会停止进一步的发展。这时的心理发展则通过身体的运动在周围环境中获得经验完成。这种心理发展虽说没有界限，但它的发展在很大程度上是由运动器官作用发挥和使用的程度来决定的，而运动器官却一直是自主完成发展的。所以，对于一个运动器官已经长成后的儿童，如果他的运动受到限制，那么，他的这种心理就必然不能正常发展。

在运动器官长成之前，即新生婴儿的心理发展，只与心理将来的作用，即心理将来的任务有关系，而这种作用和任务现在还属于神秘的东西。每个个体都有能力使心理发展这一过程完满完成，不过对处于新生婴儿——"精神胚胎"这一阶段的儿童来说，还观察不出来。

我们在这一阶段能够观察到的，仅是每个婴儿都很相似这一点。所以我们说："所有刚刚出生的婴儿都是一样的，他们的成长规律也都相同。"婴儿的大脑发育与胚胎发育没有太大差别，脑细胞分裂时也会经历胚胎细胞相同的过程，正如不同物种的胚胎在发育时彼此间的差别很微小，但它们最终会长成兔子、鸟、蜥蜴等完全不同的生物。犹如刚开始差不多的胚胎，发育到最后却长成了差别巨大的各种动物。

我们由此可以认为，无论是受人爱戴的伟大领袖、圣人，还是被称为天才的艺术家，抑或是普通人，无一不是从"精神胚胎"发展来的。即使是普通人，也拥有自己的个性，在社会复杂的结构中他们也有属于自己的位置。很明显，普通人也不会像受到遗传限制的低等动物那样，以相同的方式进行相同的事情。

然而，在人类形成的胚胎阶段，我们还不能对人后期的发展过程乃至将会产生的结局进行预测，也无法进行考虑。

我们在这个阶段，只能做到去帮助生命进行发展。这个阶段是人类心理发展历程的开端，也是适应过程的首个时期。假如可以依照人类的需求在这个阶段为其提供一定程度的帮助，那么将会大大提高他今后的个人能力。

那么，我们教育弱小儿童的方法就只有一种。假如从婴儿出生后就开始进行教育，那进行这种教育的条件必须能够适应这一阶段。我们的方法应该遵循人类自然成长的规律，不论是对中国婴儿、欧洲婴儿还是印度婴儿，包括处于不同社会阶层的婴儿，教育程序都应该一样。对所有儿童来说，他们在长大成人的过程中会经历同样的阶段，以及相同的心理需要。

我们的主观思想不能决定成长中经历的这些阶段，自然也不是哪一位思想家、哲学家或某一从事研究实验的人能够改变的。人类发展进程的需要是由大自然建立的一定法则决定的。我们采取的教育方法也只能取决于大自然，因为满足生命的需求和规律就是决定教育方法不变的目标。

生命的需求和规律是儿童在自身按照自然发展时必须遵循的，最好的一个证明就是婴儿表现出的宁静、愉悦，以及努力不懈地成长。研究婴儿并为其提供更好的服务就是我们的任务。

如今，医疗心理学提出了出生时，这段虽然短暂但起到决定性作用的时间是从出生后这一时间段内单独提出的。以弗洛伊德理论为基础的这一论点，也提出了大量的论据。出生时介于"回归症状"和"压抑症状"两者之间，这两种症状分别与"出生创伤"以及成长阶段的环境有关。当然，回归和压抑并不能等同，新生婴儿具有的这些症状是一种无意识倾向的表现，这种倾向就是返回母体不要继续成长。

我们现在已经明白了，除了会让儿童哭泣和抗议之外，"出生创伤"还会让婴儿以一种异常的成长方式发展。这完全不同于我们所说的正常发展方向，其最终结果就是导致儿童在心理上发生变化，或产生一种心理力量的背叛。

由于还眷恋在母体中的生活状态，所以，刚刚出生的婴儿拒绝出生后的发展。这些回归症状在所有婴儿身上都有所体现。在出生时，婴儿就会感觉不适应，"我要回到母亲身体里去"，这好像是从他们内心深处发出的心声。我们将新生婴儿长时间的睡眠看作是正常的，当然，睡太长时间就不正常了。婴儿长时间睡眠被弗洛伊德认为是一种逃避的形式。在面对自己的生命和周围的世界时，一种畏惧退缩的情绪会在婴儿身上体现出来。

此外，睡眠也是一种挖掘潜意识的方式。我们在碰到一些难于解决的问题时，就会想到睡觉。产生这种心理是因为我们在梦中可以不用面临这些现实问题，而只是虚幻的梦境而已，在梦中，我们也不避为生活而奔波，可见，睡觉被当成了一种避免和脱离现实世界困难的途径。另外，我们还应该注意睡眠的姿势，婴儿会将两手放到脸旁，并蜷起双腿，这是一种自然的睡眠姿势。在一些成年人睡觉时也会做出这样的姿势，这表明人也有回归母体的倾向。婴儿在睡醒后发出的啼哭声好像是他惧怕这个令人感到不快的世界的表现，其实，这也可能是另一个回归症状。噩梦还时常困扰着睡眠中的婴儿，这更加让他对这个世界没有好感。

　　这种回归症状在长大成人之后表现为对他人的依赖。产生依赖的原因是出自恐惧，而不是由于爱好。很多人都害怕独处，这就是最好的证明。我们知道儿童绝大多数都喜欢和母亲在一起，尽管由于胆怯也总愿意待在有人的地方。对儿童来说，在生活的环境上也有选择倾向，他们不喜欢被带到陌生的外界中去，而更愿意待在熟悉的家中。他们为什么不喜欢外界新鲜的事物呢？因为他们对陌生的新环境充满了恐惧，儿童看起来似乎被本来会吸引他的新环境排斥在外一样。假如一个婴儿在出生后会表现畏惧自己赖以生活的周围环境，那么，这种心理一定会对他的正常成长产生很多不利和阻碍，等到他长大后，一定不能融入他生存的这个世界中，并表现出桀骜不驯的性格。对这个儿童而言，他永远都不能完成学习吸收周围事物这个任务，他会觉得这很困难。很多人也会用"人的出生就是痛苦"这句话来形容这一类人。他们会很厌烦所有东西，甚至会感觉呼吸都是一件麻烦的事情，他们也会变得很叛逆，净做一些违背常理的事情。这样的儿童在体质上也与别人不同，他们需要超出常人的睡眠或休息，消化功能也很弱。谁也不能设想他们会有什么样的未来，而且这些症状会伴随他们的一生，并且难以改变。这类儿童往往会表现为：爱哭、胆小、看上去懒惰、常常向他人求助、压抑。等到他们长大之后就会表现出不愿与陌生人接触、胆怯等。这类人缺乏生存和竞争的能力，社会应该鼓励和帮助他们。

　　这些表现是潜意识心理产生的巨大负面作用，因为恐惧、叛逆等这些东西存在于我们的潜意识中，而不是存在于有意识记忆里的。从表面上看，我们并不记得这些东西了，事实上，它早已经在我们的"记忆基质"中存留了下来，变成了性格中的一个部分。

如果成年人在儿童成长发育的过程中没有给予应有的照顾，那么，这些儿童在长大之后会报复社会，这是摆在人类面前的巨大危险。这种结果是由成年人的无知产生的，比起对待成年人时的无知结果，这种后果更为可怕。

这种后果带来的变化会在个体的心中产生非常大的阻碍，因而形成了个性，这就会对世界发展产生巨大的阻碍作用。

婴儿在出生那一刻的心理生活具有很重要的作用，这是心理专家们多次强调的。我上面的论述也正是强调这一点，不过，我们仅仅是探讨了婴儿早期回归现象存在的危险性。同样，我们应该考虑哺乳动物保护幼年个体的措施，在自然主义者看来，动物的生物本能在刚出生后的几天内会在母亲细微周到的关爱中被唤醒。我们也可以根据这点，找到更加深入了解儿童心理的方法。

出生对婴儿的影响以及他们对周围环境的适应都必须受到我们的重视，由此我们应该采取特殊的方式对待婴儿。在分娩时，摆在母亲和婴儿面前的危险是不同的，不过他们面临的困难却是一样的。在出生时，婴儿的身体固然会遇到很大的危险，不过比起身体危险，心里的危险明显大得多。假如儿童出现回归症状是由"出生创伤"导致的，那么，所有婴儿就都会出现这种症状。我们之所以更偏重一个对人和动物都同时适用的假设，原因就在这里。很明显，一件非常重要的事情在婴儿出生后几天的时间里发生了。与哺乳动物身上遗传行为的觉醒比较来说，与之相似的事情在婴儿身上也可能会发生。虽然婴儿没有可以遵照的遗传行为模式，不过他们却具有一种可以学习这种行为模式的潜在能力。在他们从周围环境中学习时，这种潜力就发挥了出来。

我们据此提出了"星云"这一概念,也就是用天体发源的"星云"来比喻婴儿从周围环境中学习吸收知识的创造力。我们知道,所有天体中的星云都相隔很远,但站在遥远的星球上看时就会产生这些星云很密集的感觉。事实上,它们之间遥远的距离根本称不上存在密度。以此作比喻,儿童接受刺激以及学习语言的能力都是从这些"星云"中获得的。儿童会说的语言不是他们天生就会的,而是在一定规律的支配下,逐渐通过学习吸收周围环境学会的。儿童的语言就是由于受到了这种"星云"式能力的作用,所以他们能够辨别不同语言的发音。儿童能够逐渐使用语言正是因为他们具有这种潜能,同样,他们对社会传统和习惯的学习吸收,也是通过相同的方式来完成的,最终儿童将自己打造成他所在生活群体中的一分子。

当然,语言星云只是要求儿童在出生后学习他生活环境中的语言,儿童是否必须学习某种特定的语言并不是由语言星云来决定的。身在世界每个角落的儿童,学习语言的时间和程序几乎都是相同的。

动物出生后不久,因为遗传的作用它们很快就能发出属于自己那类动物的声音,但人类不同,儿童从周围环境中学会语言则需要很长一段时间,人和动物之间的本质区别就在这里。假设一个荷兰儿童是在意大利长大的,那么不论他的祖辈在荷兰已有多长时间的生活史,他都不会说荷兰语,而是说意大利语。

非常明显,婴儿出生后遗传的是某种能力而不是某种语言模式,这种能力让儿童通过某种潜意识行为来学习吸收语言。如同生殖细胞中的基因那样,这种潜能可以精确地控制细胞长成一个精密而复杂的器官,我们所说的"语言星云"指的就是这种能力。

与之相同,儿童的行为模式、与适应周围环境这种能力相关的"星云"并非是他们从父辈那里遗传了行为模式。当然,人类达到今天的文明程度也不是通过遗传的作用。不过,儿童在出生之后学习吸收周围环境的能力却是遗传赋予的。这个观点同样适用于儿童在其他方面的学习。卡瑞尔曾写下这样的话:"科学家的知识不可能遗传给自己的孩子,这些孩子假如被遗弃在荒岛上,他们会长成与克鲁玛努人一样的人。"

在此,我需要澄清我的观点,消除模糊之处。也许有的读者会产生误解,当我们说到星云时,在儿童身上就会存在很多本能力量,好像这些本能力量不是一个整体而是独立存在一样。其实,我们仅仅是用星云来做个比喻罢了,这些星体和儿童大脑的工作形式是不一样的。就我们而言,心理组织是一个从周围环境中主动吸收知识来完善自己的结构,是处于动态的一个整体,指导它的工作由一种能力(存在目的的行动)来完成的,这是心理组织和星云间的区别。

如果由于某种不知道的原因,语言星云的正常工作受到阻碍,那就会导致儿童无法学习语言。产生这种异常现象之后,即使是视觉器官、听觉系统、大脑都正常的儿童也会无法开口说话。这是很常见的,我就曾几次碰到过这种例子。专家在检查这些儿童时发现,他们的神经系统以及耳朵都无异常,但却找不到不会说的原因。研究这些谜团是很有趣的,是否有什么事情在他们出生后的前几天发生了呢?对此我们应该做一下研究。

通过这个理论,就可以对社会适应能力等其他领域无法解释的问题做出回答。在我看来,人类表现出的众多回归症状,都是缺乏推动儿童适应能力的原因。可见，与"出生创伤"理论相比，这个理论的科学实用价值可能更高。就上面所举的例子来说，原本应该通过学习周围环境而一步步独立起来的儿童，由于缺乏敏感性，自身就不愿意吸收知识，或者说不能正确进行吸收。外界事物吸引不了这些儿童，最终让他们失去了"对周围环境的热爱"。

不过，假如儿童在吸收他所属种族的特征、传统以及宗教时，不是通过正常的方式来完成的，那么就会导致一种道德反常，最终让这个人表现出很多如前所述的回归症状，并且看上去与这个世界格格不入。人类的某种行为模式不是通过遗传得到的，但人却具有创造敏感性。很显然，一个能够逐渐适应周围环境的儿童，其心理生命必然是在他出生之后的几年里慢慢建立起来的。所以我们不得不问，导致儿童发展缓慢或者缺少创造敏感性的原因是什么？没人能直接解答，我们只有依靠那些出现问题的人，在他们身上找出原因，用事实予以证明。

我手头现在有一个实例，对研究或许能有所帮助。有一个长得很帅的男孩子，他身体健康，人也很聪明，但他讨厌学习，性格很叛逆，也很暴躁，所以没人愿和他交朋友。在他出生后的半个月内，他曾出现过非常严重的营养不良现象，这个婴儿很快消瘦到皮包骨头的状态，尤其是脸部瘦得很难看，体重自然也减轻了，连当时看护他的护士都把他叫作"皮包骨"。不过他的发育及成长状态在过完这15天之后就很正常了，并且还长成了一个体格健壮的孩子。然而，他现在的状态或许最终会把他推到犯罪之路。

不容置疑的是，很多假设还有待证实。不过，有一个事实是很明确也很重要的，如同基因决定了受精卵长成人体一样，儿童的心理发展是由感知的

"星云"进行指导的。所以，我们给对新生婴儿的特殊照顾也应该和其他高等动物一样，在婴儿出生后的短时间内就要进行。而且，这里所说的特殊照顾并不仅仅给予出生后第一个月或第一年的婴儿，另外，这种关心也不是只局限在对他们身体方面。我们探讨的目的，是为了引起父母和家庭对这个重要问题产生足够的重视，从而准确地、适当地遵循规律，给出生后的婴儿正确而适当的照顾。

Part 8
儿童获取独立的方式

假如儿童不存在回归的趋势，那么，他在自身功能上就会努力做到独立。儿童在成长时会犹如离弦之箭一样，直接朝着更加独立的方向发展，婴儿的出生就是这个独立发展过程的开始。儿童在这个独立进程中，会不断克服路途中的种种困难，并不断完善自身。促使儿童朝着目标不断努力前进的是存在于儿童体内的一股重要力量，帕西·纳恩先生将这股力量称之为"有目的的行动"。我们所说的"主观意愿"，可能就是在我们的意识生活中能找到的与这种"有目的的行动"力量相似的东西吧。不过这是个不太恰当的比喻，因为主观意愿是属于个人意识的一部分，会受到限制，而"有目的的行动"这股重要力量属于生命本身，它可以让处于成长过程中的儿童做出各种行为，我们可以将之称为人类的一种天然推动力、进化的源泉。如果一个儿童能够不受任何干扰地成长，那么，在他的身体里就会产生一种"生命的愉悦"，这样他的成长过程就会充满快乐和活力。

儿童对独立的要求就是我们所说的"自然发展"的基本步骤。也就是说，假如我们足够关心儿童的自然发展，那儿童独立这个步骤就能逐步达到。由于身体也具向前发展的倾向，而且这种非常强烈的倾向直到死亡才会被阻止，所以，除了要关心儿童心理方面的发展，我们也要关注他们身体方面的发展。

下面，我们就开始研究这个过程以及其中的每个阶段。婴儿的出生意味着他离开了母体子宫这个封闭的场所，也由此迈出了走向独立的第一步，从此，儿童也具有了一种强烈愿望，他渴望直面世界以及学习吸收各种知识。儿童在学习吸收周围事物的过程中，逐渐形成了属于他的个性。因此，我们可以认为，儿童出生时就具有了"征服周围环境的心理"。

这种强烈愿望就是儿童出生后第一阶段的标志。假如这种征服周围环境的强烈要求出现在儿童身上，就表明对儿童来说，这个世界具有一定的吸引力。于是我们可以认为（即使不太准确），儿童喜欢上了他生活的世界。用凯兹说过的话就是"对儿童而言，世界的感官刺激是很丰富的"。

儿童的感觉器官是最先进行工作的器官，我们不禁会想，身体感觉器官的作用如果不是直接吸收东西，那会是什么呢？它们的作用是为了帮助儿童形成个性，从而记录外界的刺激。

在我们环顾四周时，只要在视野范围内的东西，我们都能看到；只要在我们听觉范围的一切声音，我们也能听到。可见我们能够感知的范围有多大，不过，刚开始时我们并不能轻易辨别出这些声音，起初进入我们耳朵的只是众多声音的混合体。后来，我们逐渐积累了经验，这才能分辨出这些声音以及它们之间的区别。这就正好完全符合形态心理学的内容。

儿童会先吸收周围环境中的所有东西，之后再逐一进行区别，这是一个正常发展的儿童具有的心理发展形态。

如果有一类儿童，他们对周围环境的感觉完全是恐惧，而没有吸引他们之处，那么外界就会变成令他们恐惧的源头。

以上两种情况存在很明显的区别。研究婴儿的结果显示，假如在婴儿长到6个月时，才出现外界对他的影响，那么他的成长会保持正常。从婴儿的身体方面就能与此相关的证据，通过实验来也能验证这一点。比如，婴儿的身体会逐渐遵循一定规律成长，他们的胃开始分泌胃酸以助消化，他们的牙齿开始冒出来。出现这些成长现象后，长到6个月大的婴儿就可以戒掉母乳，慢慢开始吃一些与母乳混合的食物了。可以说，婴儿现在达到一种较独立的程度，而在此前，由于婴儿根本无法消化吸收母乳外的食物，他们只能以母乳为食。当他们快满半岁时，好像在宣告："我们完全可以独立了，也不用再依靠母亲的乳汁生活了。"其实，在青年时期也会出现这种情况，青少年们会因为自己依靠父母而羞愧，于是就设法回报父母。

婴儿大概也会在这一时期（被我们看作是最重要的时期）第一次发出声音，这是婴儿语言学习之路的里程碑。这种发展直到婴儿能够完全独立之前都会继续下去，当儿童可以说话时，他就可以把自己的思想通过语言表达出来，而成年人们也不用再费心揣摩婴儿是各种需求。学会了人与人之间进行交流的工具——语言，婴儿也就可以和社会交流了。

儿童与他人之间通过语言进行交流，这个步骤对他们完成独立过程是非常重要的。要知道，从刚开始的一无所知、做不了任何事，到现在能够表达自己的想法，对儿童来说，他已差不多同时具备能听会说这种运用语言的能力了。

再等到儿童1岁大时，为了摆脱双腿受到的束缚他就开始学习行走了。不久之后，他又学会了跑，四处撒欢。假如你走进他的身边，他还会借助已能跑动的双腿和你玩起捉迷藏或者一溜烟跑掉。由此可见，人发展的过程是逐渐进行的，那些促使人逐渐走向独立的能力在此过程中逐一体现出来。现现在我们要考虑的问题并不再只是让儿童自由的问题了，因为这个自由独立的过程已经是摆在我们眼前的一个事实。儿童的这种独立状态是成长的必然结果，也是儿童从自然那里获得的成长机遇，更是自然赋予他们独立的一种能力，所以说，儿童在自然的帮助下获得了独立。

学习走路是复杂的，此外这个过程的完成需要一年的时间，它与儿童认识周围环境事物以及学习知识的过程是同时进行的，所以就儿童的身体而言，完成学习走路这个过程是非常重要的事情。只有人才需要经历这个过程，其他动物都不必学习行走。在儿童还不能够站立或走路的时候，他的身体会先完成三个方面的发展过程。与人相比，牛等其他动物在刚出生时就会走路了，这些低等动物只是比人的体形稍大罢了，但人类出生之后似乎什么也做不了，这些能力也需要很长时间进行培养。

站立和用双腿走路看起来简单，其实这中间的过程是由几个非常复杂的神经结构来完成的，大脑底部的小脑就是其中之一。

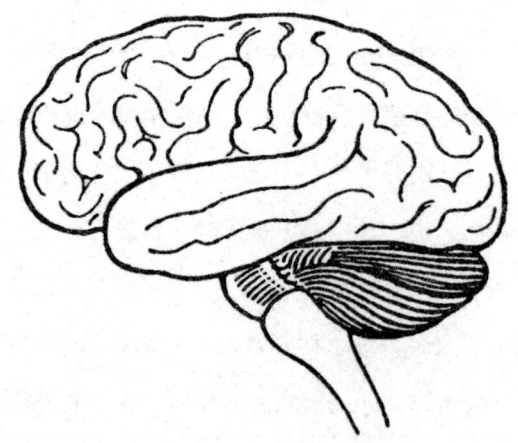

图 6　大脑底部的小脑

在儿童长到 6 个月时，其小脑会迅速成长，这个速度会一直持续到他们 14~15 月个大时才会逐渐减缓，一直成长的小脑会在儿童四岁半时停止，小脑的发展也决定了儿童的站立及行走能力。事实上，在此期间，儿童会有两方面的发展。首先是站立和行走：儿童在 6 个月时可以坐起来，长到 9 个月就开始学爬以及打滚，到 10 个月时就能够站立了；当长到 12~13 个月时，儿童能够行走但走不稳，直到 15 个月才能稳稳站立。

这个过程的另一部分，就是完成特定神经系统发育的完成。比如腿部肌肉在接到脊柱神经传达的命令才能配合行走，一旦此神经没有长成就不能传达命令。脊柱神经对控制肌肉来说非常重要，其形成正是在这个时期内完成的。所以说，只有在很多复杂因素的协调发展下才能完成行走。骨骼的发育是行走的第三个重要因素。我们都知道，由于婴儿在刚出生时骨质很软，腿也没有变硬长结实，所以双腿还不能支撑起身体的重量。随着婴儿的成长，骨骼必须在他行走前变硬。此外，另一点也应该受到我们的注意，到这时，婴儿在出生时还没有完全结合的头骨也已长合，这样能防止会走路后的儿童在摔倒时摔坏大脑。

由于儿童学会行走的过程是由一系列身体上的协调发展来决定的，所以我们在此之前不能强迫叫儿童走路，而必须等到相应的器官先长成熟。行走也是一种自然的发展过程，如果不按照自然发展的规律发展，只会危害我们自身。当然，按照自然规律，我们也不能阻止儿童的行走，自然要求这些器官在形成之后就要发挥它的作用，任何违背自然规律的行为都不现实。不仅人类如此，一切事物都必须遵循自然的规律和法则发展。在"创造"这个词在自然语言中除了表示做了什么东西以外，还意味着将这些东西的作用发挥出来。一个刚刚形成的器官就会立刻将它应有的作用发挥出来。在现代术语中称这种功能性的工作为"环境经验"。也就是说，如果器官没有获得这种经验，它的发育就不能正常进行，或发育不完全。当器官的功能得到正常发挥时，才表示它的发育已经完成。

儿童要得到完全发展，就要对周围环境中的经验进行吸收，这种经验就被我们成为"工作"。儿童在学会语言后就会不断说话，谁也别指望能阻止他们说话，况且让儿童保持沉默是世界上最困难的事情。当然，一旦阻碍儿童说话和行走，那么他们会受到束缚而不能正常发展。与此相反，一个会走会跳会跑的儿童，他的大腿才会不断发展。

所以说，儿童的独立性正是在他获得的这些能力的帮助下才得到了提高。只有在自由的环境中，他们的这些能力才能自由发展。儿童的发展正是由一步步的独立来促进的。简单说来，在现代心理学看来，个体的发展并非不劳而获的，"任何个体的行为，都是从环境经验中得到的"。

如果我们把帮助儿童发展当作进行教育的目的，那么，儿童在发展中取得每一个新进步时，我们能做的就只是为他们感到高兴。正是由于我们都清楚，我们能为儿童做的并非实质上的帮助，所以在他们取得进步时我们会更加感到高兴。不过，在儿童进行发展时，可能会由于缺少环境经验而使其发展减慢甚至逆转，这就是教育中存在的一个问题。

为儿童提供环境是教育的首要条件，这样就能确保充分发挥出大自然赋予他们的能力。我们这样做对儿童来说不仅能让他高兴或允许他做他喜欢的事，对我们自身也提出了要求，这意味着我们为了能遵循自然法则或与自然协调工作就需要调整观念。根据环境经验进行发展，就是自然法则对我们提出的要求。

儿童经过了上面所说的这一阶段，就能获得更高层次的经验。对儿童进行观察后我们发现,虽然我们没有要求他们做事,但他们总想自行穿衣、脱衣,或坚持按自己的意愿办事,这些都是他们想扩大自我独立范围的表现。他们的愿望强烈到我们都想干涉阻止的地步,然而我们要明白,我们那样做是对自然法则而不是对儿童的行为进行阻止,因为儿童是在遵循自然法则行事,自然法则决定了他们的行为。

儿童在自身行动力上逐渐实现独立,到后来他们又在精神上要求摆脱依靠他们的状态。儿童希望自己获取的经验是通过自己思考得来的,而不是依靠他人的帮助。他们开始对各种事物发生的原因进行探索,也正是在这个时期形成了人类的个性。摆在我们面前的已然是一个事实而不再是理论了,儿童应该得到所有的自由,社会也必须让儿童独立并正常发挥出他们具有的作用。人类的发展只有在自由和环境经验中才能真正实现,这是我们依据观察生命及自然得出的客观事实,而不是时尚的理想主义思想。

不过,作为成年人,本身他们观念中自由和独立的概念都一团糟,自然是不能给出一个正确的自由和独立的定义的,因此,成年人不能将自己界定的自由和独立的概念强加到儿童身上。成年人对自然的真实理解很缺乏,而只有在儿童身上,才能真正反映出独立、自由及生命本身的意义。人们的自由和独立是自然根据每个个体年龄及需求的不同而给予的,自由被自然变成了生命的法则:不自由、宁可死。

在我看来,在我们诠释社会生活时,自然界的方式为我们提供了帮助和基础。成长中的婴儿好像都将一个完整的场景展示提供给我们,不过我们却只看见了一角而已。儿童将一个事实展示给我们,从而帮助我们拉近与真理的距离。当揭开这些自然事实的面纱之后,我们的疑惑就能得到解释了。因此，拓展我们思维空间的正是儿童成长发展中所获得的自由。

那么，儿童不断获得独立这个过程的真正目的是什么呢？这个目的来自于哪里？不断发展的能够保护自己个性的就是它的源头。在自然界中，每个生物都独自将自己的作用发挥出来，而这发生在自然界的任何地方，所以我们也应认识到，一定要遵循自然规律，儿童也不例外。儿童获得了自由，每种生物生存的首要原则就是获得这种自由。那么，儿童达到这种独立程度的方式是什么呢？就是他们所进行的一系列活动。儿童取得自由的方式又是什么呢？就是他们不懈的努力。生命会永不止步地前进，独立也不会保持静止状态，完成独立就是一个不断征服的过程。只有经过不懈地努力这条路，才能达到强壮、自由和完美的程度。

不依赖别人的帮助，由自己完成一些事情就是婴儿的第一本能。在他争取独立时，产生的第一个有意识的要求就是：保护自己，不让自己受到他人的阻碍，并希望自己的要求能通过自己的不懈努力来达到。

假如像很多人所想的那样，坐着享受不用干任何事情就是最好的生活，那么，婴儿最好的生活就是在出生前了。因为在子宫里时，所有事情都是妈妈帮他们做的。想想他们出生之后，仅仅语言学习及与他人交流的过程就是很艰难的过程。如果说生命的最佳状态就是什么都不用做的话，那儿童为什么要学习吃饭、说话呢？为什么要学习走路、思考呢？当他们在熟悉周围世界时又为什么要为之高兴、欣喜呢？

儿童不仅仅向我们证明了这些，通过儿童我们还知道了自然教育方法是不同于社会教育方法的。儿童用自己的行动来达到身体和思想独立这一过程。他们一心想通过自己吸收周围环境的经验并学习知识，而其他方面的东西他并不关心，要达到这个目的他们会不断努力。我们应该清楚认识到，我们给儿童独立和自由，就等于给一个从未停止工作的勤劳者以自由，他们要生存就要进行工作。人类与其他生物一样遵循这个规律，假如这种规律的发展受到阻碍就等于倒退。

一切存在于生物界中的东西都具有活力，这种活力的最高表现形式就是生命。生命要想达到最完美的程度只能通过活动来完成，社会的活力就是通过一代又一代遗传下来的。人类倒退的现象就是在儿童时期形成的，比如人们不想做或少做工作，或让别人为自己代劳，这些现象都违反了自然规律。而出现这种衰退现象的原因就是因为在婴儿出生后的几天内，没有人帮助婴儿适应环境，这就导致儿童失去了做这些事的兴趣。这种儿童表现出退化的倾向，这被科学称为"回归母体的倾向"。而这样的儿童表现出嗜睡、孤僻的现象，而且总期望得到他们的帮助、依赖他人。这种逃避独立的现象就是一种退化的表现。相反，一个出生和成长都正常的儿童则会逐渐达到独立。

怎样做才能治疗偏离了正常发展轨道的衰退情况呢？这是我们在教育非正常儿童时提出的一个不同的问题。由于这些非常的儿童认为环境中存在很多困难，而且这些困难是难以解决的，因此他们不喜欢自己的环境。儿童心理研究已经将这些非正常儿童作为主要对象来研究了，可以称这种研究为儿童精神病理学。同时就出现了大量儿童指导诊所，并且也研究出了游戏疗法等新的治疗方式，以帮助这些儿童。

在儿童的学习环境中不应该存在障碍，而且障碍越少对儿童学习就越好，将障碍全部消除则最好。现在，越来越多有吸引力的东西出现在儿童的生活环境中，其实，在那些非正常儿童的生活环境中更需要这样。这样一来，就能够让儿童觉得超越困难并非难事，因此，应该让儿童多做一些有趣味的活动，从中帮助儿童进行发展。同样，在环境中应该存在更多引起儿童兴趣的东西，以帮助儿童从环境中吸取经验。我们应该遵循一些自然和生命的基本原则，正是这些原则改变了儿童的衰退现象，让他们不再懒惰，不再毫无生气，甚至走出恐惧（儿童出于这种恐惧不愿意和他人交流，哪怕这些人是他们必须接触的），从而变得喜欢工作、充满热情、变得快乐，让儿童享受到生命的乐趣。

正如一个正常发展的儿童会经历从懒惰到充满活力的道路那样，让非正常儿童从懒惰到充满活力就是一个治疗的过程。这个过程的基础是以自然规律为依据的新式教育。

即使我不想长篇大论地说一堆理论，但在进行论述前我还是要解释一下"成熟"这个词。依我看来，在精确而简要地描述一个问题时，这样做能够加深理解，对后面及其他各章来说都是很有必要的。原来在遗传学和胚胎学中才用到"成熟"这个词语，是指生殖细胞在受精之前从不成熟发展到成熟的这个过程。

然而"成熟"一词用到儿童心理学中，含义变得更加丰富了，用这个词语来表示成长的一种调节机制。器官的平衡及发展方向的正确性就是由这种机制来确保的。这个理论是由阿诺德·盖塞尔发展来的，不过，他对此并没有提出精准的概念，虽然如此，假如我做出正确的理解就能明白他的意思。他认为，由于儿童的学习，包括学习的时间和内容都是按照其与生俱来的特性和倾向来进行的，所以说，个体会遵循一定的法则进行发展，而且必须遵循这些法则。也就是说，在盖塞尔看来，命令并不能促进儿童的一些功能发展。

单从儿童身体发展上来说，这一点是正确的。其实，正如我如前文说到的，在儿童的各种与行走有关的器官长成熟之前，我们要想教会他们走路是不可能的。同样，儿童也必须成长到一定阶段才会说话（好比阻止一个会说话的儿童说话只是妄想一样）。

对我的著作了解的人都知道，让儿童遵循自然规律成长一直都是我所捍卫的观点。事实上，这些规律被我视作教育的基础。单从生物的角度上看，盖塞尔的观点是正确的，不过用在认同的精神成长上时就不适用了。比如，在他的一元论理论中认为："与儿童的身体发展一样，他们的大脑成长是经过一定发展过程的结果。"而这与事实好像不符，假如将一个儿童和人类隔离，而任他在一个没有人烟的地方成长，只提供必需的食物给他，那么，他的身体也许能正常成长，但心理只会极端不正常地发展。一个最具有说服力的例子，就是艾塔德博士对当时人尽皆知的"艾维伦野人"的男孩进行耐心教导这件事。

就像我常说的那样，我们能让每个人将他的潜力充分发挥出来，但却无法打造出一个天才。现在如果对"生物成熟"过程进行探讨，我们就应该做好接受"心理成熟"过程的准备。正如在前面章节中我所做出的论述一样，在胚胎成长的过程中，这两者是同时且平行发展的。

我们不可能对器官的整个成长过程都全面认识到，因为器官并不是有序、渐进地成长的。在活动点附近分别出现了各个器官，而且这些活动点出现的时间非常短暂，它们在器官出现后就消失了。在器官成长的过程中，除了这些活动点或中心还有很多敏感时期，这些敏感时期的作用是对动物的行为进行指导，这个工作会直到这些动物可以在世界上生存为止。荷兰生物学家德·弗雷斯已经证明了这一点。我们发现儿童的心理发展与器官的发展是协调一致的，由此说明，人类的本性是和生命的发展规律是相适应的。

除了基因能影响"成熟"这一过程外，环境对它也有影响，而且环境在成熟的过程中起到至关重要的作用，所以"成熟"的过程不只是由基因作用的总和。

只有通过环境经验才能实现个体心理的成熟，在每一个发展阶段，由于"有目的的行动"会改变形态，所以环境经验也会改变形态，这些环境经验会重复出现在个体面前。在这种重复的作用下，突然出现了一项新的功能。这个特定功能模式的建立，是在通过我们的肉眼观察不到的方式来实现的。在由这些不断重复的活动产生的功能出现的同时，它们就消失了，看上去这些活动似乎和它们产生的功能没有直接关系。同时，为了给另一项功能的产生做好准备，儿童也将注意力放到了其他活动上面。一旦儿童在吸收环境经验时不按照自然规律进行，那么，他对环境的敏感性就会丧失。这会影响到他的发展，进而对他的成熟也产生了负面影响。

近来，在一些心理学教科书中对"成熟"做出了宽泛的定义："成熟包括一些结构变化，这些变化主要来自于遗传，即来自于受精卵的染色体，不过在一定程度上，也可以认为这些变化是生物体和周围环境之间的相互作用的结果。"

那么，我们就可以根据我们的发现对此作出诠释：人在出生时，就有一种力量（有目的的行动）在我们具有吸收能力的大脑结构中存在了。在前面阐述"星云"的章节中，我们已经讨论过了。

在我们所说的"敏感阶段"（参见另一本玛丽亚·蒙台梭利博士的著作《童年的秘密》）的指导下，这一结构在婴儿时期发生了变化。对成长和心理发展产生影响的是以下几方面机制：具有吸收力的大脑、星云及敏感阶段。这些都是人类的特征，是通过遗传得来的。不过，所有这些要想发挥作用，就必须在环境中通过自由活动获得经验才能实现。

Part 9
对待生命最初阶段的方式

假如我们一定要帮助人类的精神生命，那么，就一定要清楚儿童那颗具有吸收力的大脑需要从周围环境中吸取养分，通过吸收环境知识来促进大脑的成长。特别在婴儿刚刚出生的时候，我们一定要让婴儿被周围环境吸引住，并让他从中感觉到有趣。

我们清楚儿童在成长中会经历很多阶段，周围环境对每个阶段会产生不同的作用，而且这些作用都很重要。不过，在婴儿刚出生的那个阶段，环境作用是最重要的。在一点上，却很少有人认识到，直到不久前，人们都还在怀疑一个不满2周岁大的婴儿是否真的存在精神上的需求。这些精神需求应该受到我们的重视，了解这些需求是很重要的，否则后果将不堪设想。

以前，儿童身体方面的发展一直都是科学家们关注的重心，特别是在本世纪，为了降低居高不下的婴儿死亡率，人们用到了很多卫生手段及药物，正因为这些手段的最终目的是降低死亡率，人们的目光自然都集中在了身体健康上。因此，除了在自然界中找不到理论指导之外，这一点也是没能很好开发精神健康领域的原因之一。然而，让儿童适应他们所处时代的社会生活，才是我们培养他们的目的。

通过自然历史我们又得知了什么呢？我们从中知道，婴儿在精神上适应外界环境的阶段应该是他们刚出生的那一时期，即使是刚出生就具有行为能力的哺乳动物在这一点上也是相同的。

我们要明白，人的行为能力不是天生的，对婴儿来说也是这样的。他们的行为能力并非是被精神能力唤醒的，而是由精神能力创造的。而且我们会发现，在这个过程中环境起到了非常重要的作用。不过，环境的重要性和它所起的作用虽然很大，但也可能存在一定的风险。我们一定要对新生儿周围环境进行仔细的观察，要让他们从周围环境中得到乐趣，一定不要让他们隔离在周围环境之外，并避免在他们身上出现衰退的倾向。只有这样做，才能帮助他们成长、发展以及学习。

我们将婴儿出生后的前一年分成几个阶段，并且对每一个阶段都要特别关注。婴儿出生时是第一个阶段，这段时间非常短暂。简单说来，有以下几条原则是这个阶段应该遵循的：母亲（在刚出生后的几天）应该尽可能多地与婴儿接触、交流。由于母亲子宫里温度恒定、黑暗而且安静，因此一定要保持婴儿生活环境的温度、光线及噪音等和他出生前差不多。现在，母亲在医院产下婴儿后，婴儿都会被医生安置到一个严格控制温度的玻璃房子里，会逐渐改变温度直到与外界不存在温差。另外，这个房子的玻璃是蓝色的，这样光线就会柔和。

此外，也应该按照严格的规定去触摸或移动婴儿，如果还用以前的方式，比如给婴儿洗澡时突然将他们放到水中，这样会对婴儿产生很大的刺激；同样在以前给婴儿穿衣时，仿佛是对待的一个没有知觉的东西，不考虑他们的感受，过快地将衣服套到他们身上，这种方式都应该被摒弃。正确的做法是，要在一个足够温暖、没有杂物的房间里给婴儿洗澡，抱婴儿时为了防止他们受到伤害，不要突然抱起或突然放下他们，动作一定要轻柔。另外要用像吊床一样的鸭绒被包裹住婴儿再抱动。护士在进入玻璃房时，为了避免将微生物带入而应该戴上口罩。当然，我们并不只是考虑到婴儿的健康方面而采取这些措施的。

要为婴儿适应世界提供帮助，我们就应该遵循自然规律。对于母亲和婴儿，我们应该把两者看成一个能够相互交流的整体，因为有一条特殊的纽带连接着母亲和婴儿。母亲能够将一种无形的力量给予婴儿，婴儿可以在这种力量的帮助下适应外部世界。

可以这样说，从母亲的身体里出来后，婴儿除了改变了自己与母亲之间的位置外，在其他方面并没有改变，母亲和孩子间的交流也没有阻断。这是现在我们认为的母亲和婴儿间的关系，而这已经完全不同于多年前的观点了。之前，甚至连最好的医院也认为在母亲产下婴儿后，母子间就完全分离了。

我在上文中的阐述，被当成了照顾婴儿的定律。事实上，我们不必在整个婴儿时期都用这些特别方式保护婴儿，因为经过一段时间之后，婴儿应经能够融入周围环境中，母子二人也就可以不再需要用玻璃房子进行隔离了。

在社会问题上，儿童和成年人是不同的，包括社会不平等对两者造成的影响也是不一样的。有一种说法叫"越富对成年人越好，越穷对于儿童越有益"，这是有道理的。对于富有的家庭，会有很多亲友来看望婴儿，还会有很好的社会习俗以及很多礼物，此外，这些母亲一般会让奶妈来照顾婴儿，自己则享受安逸。相反，在贫穷家庭的中，母亲会自己照顾孩子，这就遵循了自然规律。我们从这些生活细节中不难发现，其实，成年人注重的东西对婴儿未必就好，在儿童的世界里，这些东西可能只会起到相反的作用。

经过了这个阶段，儿童在适应环境时就已经不那么困难了。他们已经迈向了我们所说的独立之路，并将怀抱向周围环境敞开，从周围环境中尽情地学习吸收知识。

婴儿学会运用自己的感觉器官就是他们在这个阶段中最初进行的一些活动（这被我们称为"征服"行动）。因为婴儿不能控制自己的身体达到灵活移动四肢的程度，骨骼组织也没有完全发育成熟，这时仅能活动大脑的婴儿就会不停地运用感觉器官去观察周围环境。

在儿童那双明亮的眼睛里充满了渴望。近期，科学家通过研究证明，除了对光敏感外，儿童的眼睛还能够接受各种各样的信息，儿童会用眼睛不停地去寻找。

当我们剖析动物的眼睛时会发现，它们的眼睛和人类的一样，都是像照相机似的视觉器官，而且与人的眼睛没有太大区别。不过在使用范围上，动物的眼睛由于天性的影响使用极其有限。动物的眼睛并不是对周围的所有事物都会产生敏感，它们的敏感性只针对某一些事物。而且动物的视觉仅仅为了满足自己在某一方面的需求，因此，在使用眼睛时，就会被这些需求限制住。

从动物出生就存在这方面的影响了，动物的感觉器官在形成和完善的过程中也遵循需求限制发展这一规律。例如猫的眼睛（和所有夜间捕食动物相同），除了只适合在夜间活动之外，还只能感知到移动的物体，对静止的物体则不敏感。当猫在夜间发现移动的物体时，就会迅速出击，但对静止的物体则毫无反应。也就是说环境中的所有物体中，只有一部分能吸引它的注意力。有一些昆虫也是这样的，由于它们能在某一特定颜色的花中找到需要的食物，所以它们只对这些花感兴趣。同样，一些刚破茧而出的幼虫虽然没有方向感，但它们能依靠本能在眼睛的指导下寻找飞行方向。正是这些需求控制着这些生物的行为。但人类不同，人的行为并非完全在感官的奴役下机械进行的，生物体的感觉器官为它自己服务，而这些生物体就是按照一定的规律进行活动的。

但儿童与动物根本不同，儿童的感觉器官会遵循与动物完全不同的规律。猫的眼睛限制于移动的物体，但只要在儿童视野范围的东西，他都能观察到，是不会受任何限制的。而且儿童还能从观察到的东西中获得经验，然后进行学习和吸收。此外，儿童观察到的事物会引起他心理上的某些反应，从而对他的人格产生本质性的影响，因此，儿童的观察并不是机械的行为。我们且不从科学论断的角度来看也可以确定地说，假如一个人仅仅根据自己的欲望行事，那么他一定存在很多心理缺陷。或许还存在一些规律，是这种人的行为本应遵循的，不过，这种规律可能只会对他产生很小的影响力，这样一来，这个人的生活将会很迷惘，他可能成为感官的奴隶，变成一个机械了。

我们一定要关注儿童成长所遵循的规律，并要清楚地认识到遵循这些规律是最重要事情。

我们将动物和儿童进行比较，这样就能够帮助我们了解儿童学习吸收周围环境知识的方式。有的昆虫生活在植物的茎或树叶上，它们会逐渐趋近茎和树叶的样子成长，结果是它们会长得和这些自己所依附的茎及树叶很相像。在儿童身上也存在这种情况，与那些依赖蔬菜生存并与之融合为一体的昆虫相同，儿童会在学习吸收周围环境之后成为环境中的一部分。儿童对周围环境产生很深刻的印象，这会让他们在一些生理或心理上产生变化，最终让儿童的大脑趋近于周围环境，因此，儿童会越来越像他们赖以生存的环境。所有生物都可以吸收并适应环境，然后趋近于环境成长，这种能力是每种生物都具有的。

前面我们对昆虫的情况进行了探讨，对于其他动物也是一样的，不过这些都只是在身体方面发生的情况。儿童则不一样，这种变化是发生在心理方面的。

将儿童与其他生物的主要倾向比较探讨很有必要。儿童看待世界的方式和成年人不同，当我们看到什么好的东西时，可能在说完"太好了"这句话后就走开去做别的事情了，这个东西在我们记忆里仅留下模糊的印象。但儿童不同，他们心灵深处的自我是通过周围环境留给他们的深刻印象来建造的，特别是刚出生后的那一段时间。伴随人类一生的人格特征，包括语言、宗教、种族等，就是人在婴儿时期时通过特有的内在力量获取的。正是通过这种方式，儿童适应了他生活的世界，他在这些事情的过程中会得到快乐，他的大脑也会越来越成熟。

此外，在以后的成长过程中出现了各种环境类型时，儿童也能适应。他会为了让自己逐渐适应环境而调整自我，然后融入环境。所以，假如我们想为儿童提供帮助，那我们一定要清楚应该采取什么方式、为他们创造的环境应该是什么样的。

我们应该清楚鲜花和玩具并不是儿童需要的，对于儿童在发展阶段的需要我们应该提前想到，并为他们提供帮助。在什么行为条件下能让儿童的潜力发挥出来，这也是我们应该清楚的。假如站在我们面前的是一个3岁的儿童，他可能会自己告诉我们这些；假如我们面对的是一个新生婴儿，我们又该准备一个怎样的环境去帮助这个需要从头开始适应世界的孩子呢？

现在我们还不能回答，事实上，婴儿的成长是在他的周围环境中进行的。比如儿童要想学会一种语言，那他就要生活在说这种语言的人群中，只有这样他才能学会。同样，在经常使用某种精神力量的人的影响下，儿童才会获得这种力量。一个人具有的传统、生活习惯及方式，也只有通过和具有这些传统、习惯、方式的人共同生活时才能获得。

由于这种观点完全不同于我们以前的观念，因此可说这是一种具有变革色彩的观点。在以前，我们仅仅考虑了婴儿的身体和卫生方面，通常将婴儿独自隔离在一个特殊的屋子里，然后婴儿就像病了一样，在那里想睡就睡。

不过应该认识到，这种方式虽然有益于婴儿的身体健康，但却不利于他们的精神发展。一旦将婴儿隔离在育婴房中，就只有保育员陪伴他们，假如这时缺少了母爱，那么一定会阻碍他们的正常发展及成长的。与婴儿具有特殊关系的母亲不在身边，而每天伴着他们的保育员又很少说话，由此婴儿会产生不满和精神上的渴望，而这会对他们造成严重的影响。另外，大人们还常常把婴儿放到婴儿车中，这样他就不能看见发生在周围环境中的很多事。

在富有的家庭中这种现象是最常见的。所幸，这种情况在"二战"之后有很大的改变。在战后父母们由于贫穷，以及受新社会理论的影响后，将儿童带着身边，并成为了儿童的伙伴。

和儿童相处的方式应该被当成社会问题来看待，我们从现代观察研究中得知，我们应该常常带着能够走出大门的孩子出去见识周围环境，以让他们尽可能多地观察世界。我们发现，现在包括育婴室和婴儿车都有了很大的改变，除了符合严格的卫生标准外，育婴室的环境变得美丽起来，婴儿不再只能看见一片空白的天花板了，只要给躺着的婴儿稍微倾斜身体，他们就能看见周围美丽的图片和周围的一切。

　　说到语言则就更难了，特别是一些雇佣保姆来照顾孩子的家庭，但保姆们往往来自不同于儿童所属环境的社会阶层。此外，我们还应考虑，父母在和朋友们交谈聊天时，是否应该把孩子带在身边呢？当然，可能我们会面临一些困难，然而若想帮助孩子学习语言，那就别让孩子离开我们身边，这样我们说的话、做的事都能进入他们的眼睛里。即使在儿童的意识里并不明白正在发生的事情，但这些东西已经进入了他们的潜意识，并帮助儿童成长。在我们带儿童到户外时，我们谁也说不清楚孩子关心的究竟是什么，不过我们一定要观察他们。通过一个合格的母亲或保姆的观察，一定可以发现儿童特别注意的东西是什么，然后让儿童离这些物体尽可能近些，以便孩子能够仔细观察。这时，充满好奇和欢喜的表情就会表露在儿童的脸上。我们一定要时刻关注儿童，这样才能知道他们究竟对什么感兴趣。成年人的那些陈旧观念应该被摒弃，并在这个问题上实行一场变革。我们应该知道，儿童的性格是通过对周围环境的适应建立起来的，所以我们一定要让儿童充分、完全地和周围环境接触。否则，没有这种经历的儿童将来一定会成为社会的负担。

　　正是因为个体在道德方面不能适应社会，因此产生了多少社会负担呢？我们从这个最基本的问题中得知了，在一个文明社会中，照顾儿童这个问题应该受到足够的关心和重视。

　　可能有人会产生疑问，为什么这么长时间以来，这个显而易见而且很重要的事实居然一直没有受到人们的重视呢？排斥新事物的那些人就会回答说："从前，对这些知识一无所知的人们不也照样过来了吗？"可能也有人会这样说:"人类历史可以追溯到很久以前,其中曾经生活了无数的人,然而这些人并没有接受这些理论的指导,但他们不也一样学会了说话、学会了其他众多社会习惯吗?"

不过,我们可以用眼睛去看看其他那些文化背景不同的人们,他们在培养儿童时就用了比我们更加科学的方法。我们的儿童接受的根本就是不符合自然规律的培养方式。差不多在所有国家中,儿童与母亲就像是不可分割的整体一样,孩子会一直跟随在母亲身边,他们一起出门,孩子会听到母亲与他人交谈的话语,甚至在母亲与小商贩们砍价时,也能非常清楚地听到整个内容。由于母亲对孩子的责任心,她们在出门时不可能单独留下孩子一人,所以在整个儿童时期,孩子几乎都是寸步不离母亲身边的。这样的好处就是能够增进母子间的感情,母亲和孩子由这种抚养和关爱连接到了一起,同时儿童适应环境的能力还能得到增强。母子间就像连成了一体,而所有这些都是在很自然的方式中进行的。

假如这种习惯没有被现代文明打破,那孩子就不会被母亲交与他人照顾。他们依然会是母亲的听众,也照样会和母亲共享生活。也许那样会显得母亲很健谈,不过在儿童的发展和适应社会时,这是非常必要的。当然,儿童不可能仅仅听母亲一人对他们说话,成年人的所有谈话都应该让他们听到,并让儿童看到成年人在说这话时,连带做出的相关动作,照样,儿童就能慢慢领会谈话的内容。行为的思想载体就是语言,比起只听母亲一人有限的话语来说,这显得更加重要。

在这一方面,不论哪一个社会群体、种族、民族,都会有所不同。比如,携带儿童的方式上就会有诸多差异。不用胳膊抱着孩子而将他们放在一个大袋子或小床中,这是绝大多数地方的母亲的做法。另外,一些国家的儿童还会被外出工作的母亲用一根绳子把他们和一块木板系在一起然后放到肩上。也有的母亲将孩子绑到背上，或吊在自己脖子上，还有用篮子装儿童的方式。不论方式怎样，但几乎所有的母亲们都是和孩子在一起的。将孩子带在身边时，有的母亲一般会将孩子的脸朝向自己的背，以免孩子呼吸不畅而窒息。比如，在人们最先发现日本人时将他们称为"双头民族"，原因就是日本人背孩子时一般会绑过肩部。而印度人则将孩子绑在自己的臀部上，北美印第安人会用像摇篮一样的东西将孩子背朝自己系起来，这样母亲能够从后面看见孩子。不论是哪一个母亲，若想让她弃孩子于不顾是不可能的。有一个非洲部落，在进行皇后加冕典礼时，出席典礼时令所有教士惊讶的是，皇后居然是抱着孩子出现的。

延长传统哺乳期时间，是我们需要说明的另一个问题。有时会把哺乳期延长到一年半，甚至是2年、3年。其实，对于这时已经完全可以吸收其他食物的儿童来说，这样做并不是为了满足儿童的营养需求。延长哺乳期就等于延长母亲和儿童在一起的时间，目的在于无形地帮助儿童适应社会并完善自己。所以，纵使母亲不对儿童说任何语言，儿童在听街头陌生人的谈话、看汽车、看动物等过程中，也能接触到周围的世界。虽然这些东西对儿童来说都是陌生的，但他们的大脑已经对这些东西有了深刻的记忆。看吧，儿童在听买水果的母亲与商贩砍价时，他们听得多么津津有味啊！这时就会发现，儿童对这些语言及动作产生了浓厚的兴趣。

我们观察到，儿童在随母亲出门时，他们从来不哭，累时他们就会睡觉。除非是生病或受伤了，不然他们是不会哭的。假如对一些记录了各国生活的照片进行观察就会发现，跟随在妈妈身边的孩子通常都不会哭。

在西方国家，婴儿们一般都是爱哭鬼，我们也常常听到父母不喜欢婴儿爱哭的抱怨声。怎样让婴儿安静并高兴起来是父母们常常讨论的话题。对此,现代心理学就做出了回答:"正是由于婴儿处于精神饥饿状态,所以他们表现得爱哭、易怒、暴躁。"限制婴儿在一个小小的范围内生活,那么,他们的潜能在这种犹如被囚禁的生活中是无法发挥出来的。很多国家现在已经有意识地采用有关的应对方法了,对我们而言,也必须清楚这一点,然后对这种状态有意识地加以改变。

Part 10
儿童学习并吸收语言的过程

现在，我们转向儿童语言发展这个话题，而且应该对此进行必要的思考，这样才能将语言和社会生活间的联系弄清楚。语言除了能让一个人融入他所在的群体和民族之外，还是人类主要区别于其他物种的工具。同时，被我们称之为"文明"的环境产生变化的基石就是语言。

与动物不同，人类并不是完全靠本能来生活的。一个婴儿将来会怎么样也不是我们能够预测的。不过毫无疑问的是，假设婴儿不与他人交流，那他将来肯定一事无成。因为仅靠思考是不足以成事的，人和人之间的协调、交流不可能只靠聪明的大脑来完成。一个人是否能成功，这种协调和交流起着至关重要的作用。"集体思想"的工具就是语言。

语言这个问题在人出现于地球上之前是不存在的，对人类来说，语言意味的只是一些连接的音符或是空气的震动罢了。

对儿童来说，所有的声音不具有任何意义。例如，听到"容器"与"水壶"等词，任何逻辑联系都不会在他们的大脑中产生。正是由于"水壶"的特定含义是人类赋予的，因此它具有了意义。其他所有词语也如此，由于人类群体共同的认可，任何一个词语才具有了意义，清楚这些词语含义的必然是了解这些词语的人。即使是表达相同的意思，其他群体就可能会用另外一些完全不同的音符来表达了。

可见，一种语言就像一堵墙，它将人们隔离开来。在人的大脑中将词语的作用看得很神秘，原因可能就在这里。语言是连接人与人的桥梁，即使是不同的民族也可以在语言的作用下紧紧联系在一起。可以这样讲，语言的发展和变化是根据人类的需求进行的，它随人类思想的成长而成长。

几个有限的声音组成了那么多复杂的单词，这多么神奇啊！况且这些声音中，有的需要发出声，甚至还有不需要发出声的，有的在发音时需要张开双唇，有时却需要紧闭双唇。通过种种不同的方式将这些有限的声音进行组合，从而可以组合出数不清的单词。有一点更让人惊讶，面对这样繁多的单词和它们不同的含义，我们的大脑居然能够一一记住。把这些单词组合成句子，这就是我们思想的功劳了。在组成句子时，要用到的单词并不是毫无顺序的，必须按照特定的顺序进行排列。不论是说者还是听者，在理解和表达句子时都遵循了特定的原则。若要表示某种东西，说话的人就要用到关于这种东西的名字，然后将形容词加注在名字的前后。在句子中，主语、谓语、宾语都有特定的位置。仅仅用对单词是不行的，用对语序也很重要。下面我们就来说明这一点，先写下一句表述正确的话，然后逐个剪下组成这句话的单词，再随意重新组合，那么新句子的意思就和原句子不同了。也就是说，在用同样的单词排列组句时，人们也会遵循一个共同的标准。

可见，语言这种东西超越了智慧。但在历史上语言的发展进程可谓历经坎坷，当一个文明时代的发展遭到破坏时，这个时代中的语言也在劫难逃，并且最终由于语言难于记忆的特点，就会逐渐消失。起初人们认为是上天赋予了人类语言，然而我们必须承认这一个事实，语言是人类智慧和思想的产物，它超越了自然。就像一个四面八方发展的网络一样，任何事物都可以用语言来表达。比如为了研究拉丁语和梵语，我们用了很多年的时间，但依然没能完全了解。因为这些秘密是无法得知的，我们要清楚，共同的语言是人与人之间完成一件事的基础，在人类使用的一切东西中，语言是最重要的。

人是怎样掌握语言的呢？我们带着这个疑问，开始投入到研究儿童学习语言的过程中。以前，我们忽视了儿童学习和吸收语言这件事，要知道，这件事情多么难以理解并充满了奥秘。我们总是认为："只要在会说话的人身边，儿童自然而然地就会说话了。"其实，哪怕是只了解到一点语言复杂性的人都清楚，这是一种多么浅薄的观点啊！但是数千年来这种浅薄的观点都站在主宰的位置上，一直不曾改变。

我们在研究这个问题时，发现了另一种奇怪的现象：即使一种语言非常深奥，在本族人中没有接受教育的人也会说它。例如拉丁语，虽然我们的母语属于拉丁语的一个变种，但拉丁语对我们来说也非常困难。但在罗马帝国时代，就算是奴隶也能说拉丁语。那时候学拉丁语的难度和现在学语言是差不多的，奴隶们没有受过教育，但说的语言和罗马宫廷的孩子们说的都是一样的。

再如梵语，多少年来，在印度，不论是徘徊于丛林间的流浪者，还是耕作于土地上的农民，都能用梵语流利地表达思想。

我们开始观察儿童正是出自于对这个问题的疑惑，从而仔细研究儿童的语言发展。在这里，我说的不是"教授"而是"发展"，就是因为儿童的语言并不是由母亲教给的，语言的创造和发展是顺其自然得来的。另外，有一个固定的规律是每一个儿童在发展语言时都会遵循的。不论是生活在什么地方的儿童，不论是说简单语言还是复杂语言的儿童，他们都有一个基本相同的语言发展阶段。现在，依然有很多处于蒙昧状态的人，他们说简单的语言，但即使是说这种简单语言的儿童，他们的语言发展阶段和说更难语言的儿童是差不多的。从简单发音，到使用单词，最后到熟练运用语法和句法的整个过程是所有儿童都会经历的。

　　儿童可以对阳性和阴性、单数和复数、语态和时态、前缀和后缀等进行区分。不论儿童学习的语言有多复杂，也不管特殊用法有多少，儿童都能够学习和吸收这种语言，而且这些儿童在运用这些语言时的年龄与能够使用基本词汇时的非洲儿童年龄差不多。

　　假如观察不同声音的发音情况，我们会发现发音也存在一定的规律。通过一定的机制发出了组成单词的每一个音节。在这个机制中，时而需要舌头肌肉和面颊肌肉协同运动，时而需要鼻子和喉部协同运动才能发音。儿童若要很好地学习和掌握母语，那么发音机制的完善是需要其身体所有部分共同参与才能完成的。一个来到其他国家的成年人，别说学习此国语言了，甚至就连听准发音都很困难。只有自己的母语才是我们可以熟练运用的。而这种语言机制只有儿童才能建立，也只有他们才能对自己听到的这种语言进行熟练运用。

　　这个过程从开始到完成，都是在大脑无意识的状态下进行的，它是一个无意识的过程。当一门语言进入到儿童的耳朵里时，它就已经成为了儿童的一部分。作为成年人，我们学习语言都是有意识进行的，我们也只能想象得出有意识进行语言学习的样子。不过，我们也应该了解无意识语言学习这种形式，这种机制是自然的，或者说超越了自然。通过肉眼我们是观察不到它的，但它普遍适用于我们全人类。

全部过程都深刻地印在了我们的脑海中，不过其他一些细节给我们的印象更为深刻。通过一代代传下来的各种语言的发音，和它具有连续性的特点就是其中之一。另一点就是，对儿童来说，不论是深奥还是简单的语言都不存在难易的区别。学习母语时，每一个儿童都不会感到困难，不论母语是深奥的还是简单的，儿童的语言机制都会将这种语言当成一个简单的整体。

儿童吸收和学习语言的过程，让我联想到一个与此过程相似的现象。

在我们需要关于某种东西的图片时，那我们可以通过拍照，或者用笔和水彩手绘的方式得到。用照相机拍照时，这些东西的图像通过感光被记录在底片上，不论底片上是记录1个人还是10个人，都不会有什么区别，整个过程都是瞬间完成的，同样，当记录1000个人时和记录1个人时也是一样的。不论感光这个化学反应的过程是简单还是复杂，都只会用很短的时间。不过，对我们成年人来说，就如同亲手绘画，画一幅人像时需要很长时间，如果画的人越多，时间也就用得越长。

此外，底片上的影像是在完全黑暗的条件下成像的，同样，在"黑暗"的过程中完成了语言的发展过程。在毫不知觉的情况下，语言就定型了，而且一旦定型，就将无法改变了。

在大脑毫无意识的状态下，儿童学习语言的心理机制开始发展，并且在完成发展过程后变成了大脑的一部分。毋庸置疑，这个现象的发生是由一种机制导致的。

如果我们相信这个观点，那么，这个过程中究竟发生了什么事情也能自然而言地联想出来了。现在已经有许多人通过技术手段对此进行研究了，不过，这个过程的某些问题仅仅需要观察而已，我们对身边某些熟悉的事物亲自进行观察就能完成这项工作。这些研究要求十分准确地进行。现在很多相关工作也正一丝不苟地进行着，我们的研究对象是刚出生到 2 岁或 2 岁以后的儿童，工作内容是记录每天发生的事情，其中甚至包括记录一些发展停滞不前的阶段，很多转折性的变化都是我们从记录中发现的。在儿童的身体内部进行着大量的工作，而我们的肉眼只能看见一小部分变化。由此说明，儿童内部的发展与外部的表现也许是不一致的。或许我们还会发现，肉眼能看见的发展是以跳跃的方式呈现的，而不是渐进连续发生的。比如，可能在某个时间里就出现了音节的发音能力，而且在持续长达数月的时间里这种能力会一直处于停滞不前的状态。当我们只看儿童的外部表现时，他们似乎没有任何进展，然而我们又会在某时刻突然听见他们能说单个词语了。在此后的很长一段时间里，可能儿童的进展看似很缓慢，一直持续在仅能说几个单词的状态。事实上，稳定而显著的变化正在儿童的内部发生着，这些是通过其他活动形式体现出来的。

不过，我们的经验和客观事实真的相差很远吗？在历史上，即使经历了长达几世纪的时间，那些曾过着水平很低生活的原始人们或许都还处于没有任何进展的状态中。但这仅仅是研究历史的学者们能看到的外在表现，然而在他们的内部可能早已有了很大的改变，到后来就出现了一个急速转变的阶段，此后又会持续一段时间都会缓慢而平静地发展，犹如轮回一样，到一定时候就又会进入迅速发展变化的阶段中。

这种变化的现象在人们于儿童时期学习语言时也会出现。在心理学家看来，儿童并不是缓慢地、逐字逐句地学习语言的，一种"爆发现象"也是存在的。儿童总会在某个时期突然就能准确地说出很多单词，就如 3 个月前的婴儿什么都不会说，但 3 个月之后，各种名词、动词及语言前后缀等很容易就能从儿童口中表达出来。当然，这些现象是自然发生的，并不是教授者的功劳。所有这些都发生在儿童满2岁之前的这一时期。

通过从儿童身上的这些现象，我们或许会得到充足的信心，当他们的发展停滞不前时，我们就会期待继续发展，而且能够耐心地等待，因为这只是一种表象罢了，一些出乎我们意料的事情可能在不久之后就会发生。

这种语言发展中的爆发现象直到儿童满2岁前都会出现。儿童满2岁后，他们就可以说较复杂的句子了，而且就连动词、连词的不同时态和语态他们都会使用。更让人意想不到的是，语言中的长句和分句等儿童也能使用了。这时，属于儿童那个种族及社会阶段所特有的语言表达机制和特有的心理结构，也已经建立起来了。同时，这种能力也从原来的无意识状态转向了有意识的状态，儿童已经完全具备了语言能力，并且开始不停地说话。

语言组织是在2岁时进行的，可说这一时期已经成了儿童心理类型的一个分水岭。虽然在2岁时仍然持续着语言的发展，但发展方式已经从爆发式过渡到一种自然、鲜活的方式。2岁一直到5~6岁是发展的第二个阶段，儿童在这个时期会学到很多新词语，他们还会将自己学会运用的句型进行完善。假如儿童在他生活的环境中能够接受的词汇非常少，而且听到的只是当地方言的发音，那他们也会进行学习。当然，如果一个儿童的生活中都是有文化的孩子，而且这些孩子的词汇量很大，那么，这个儿童也会学习并逐渐达到他们同等的水平。虽然环境具有很重要的作用，不过对处于这一时期的儿童来说，无论环境怎样，他们的语言都会变得很丰富。比利时的一些心理学家们发现，一个两岁半的儿童，他的词汇量能达到二三百个，当长到6岁时，他能使用的词汇就超过了数千个。这个过程的发生是通过自然吸收的，儿童并没有接受老师教授。在他们完成这些工作之后，我们这些成年人将儿童送入学校中，让他们学习字母表，这个决定看似具有重大的意义。

这时有两个联系紧密的发展方向是我们应该注意的：其一是发生在语言学习中的无意识活动；其二是此后过渡到有意识的过程。

最终将是怎样的结果呢？展现在我们面前的是一个完整的人。到6岁时，儿童就能很准确地进行表述了。对于母语中的一些规则他们也已了解，并且还能使用，但他们却将此前处于无意识状态下所做的一切工作都忘记了。不论如何，儿童已经独自完成了语言的学习，并长成了一个成年人。人类历史上之所以能取得这样多的辉煌成就，完全得来于儿童那种自觉、自然学习语言的能力，而这就是文明的进步。

在看待儿童时，我们就应该坚持这种正确的态度，这也是儿童存在的重要之处。因为儿童，所有事情都有发生的可能，今天的文明也正是在儿童工作的基础上发展起来的。我们之所以要满足儿童的需求、为他们提供服务，避免他们孤立发展，就是由于这些原因。

Part 11
儿童对语言学习的渴望

下面我将把语言机制的奇妙之处具体告诉给大家。大家都知道，生物体为了适应外部世界而调整自己，这种能力是由中枢神经提供的。在这个过程中，比如运动肌肉、神经和神经中枢等其他一些感觉器官都发挥了很重要的作用。不过，从语言机制的存在就说明，仅仅只有我们通过肉眼看见的东西在这个过程中发挥作用。上世纪末期，人们认为语言一定与大脑皮层的神经细胞或称"中心"区域存在联系，其中就涉及下面两个区域：第一个是与接收外界语言有关的感觉中枢，它可以说是语音的接收中心；第二个是和语言表述及发音动作有关的运动中枢。

通过肉眼可见，语言器官的组成都基本相同。我们接收语言的声音时是通过耳朵的器官中心完成的，表达语言则通过嘴、喉、鼻子等器官来完成，这两个中枢的生理发展离不开心理发展。从一定程度上可以认为，听觉器官的发展关系到心理方面的神秘力量，因为儿童发展语言时就是在这种神秘力量的帮助下无意识进行的。我们对运动方面的了解，则可以通过说话时每个器官复杂而准确的运动来完成。

非常明显，运动部分的出现晚于其他部分，而且发展缓慢。我们若寻找原因，答案只可能有一个，那就是儿童语言表述器官的发展是由语言的接收促成的。

这种推理是正确的，如果如前所述，婴儿并非生下来就会说话，不过他们可以通过自身建立起会说话的能力，那么，儿童会说话的前提是他首先听到了周围的人说话。因此，只有以儿童大脑中的语言信息为基础，才能发展出语言器官的运动，也就是说，儿童语言器官的运动发展是由他们听到并存入大脑中的声音决定的。这并不难理解，不过我们应该清楚，语言不是逻辑推理的结果，而是自然机制的产物。由于在观察研究自然时，我们首先会关注自然现象，然后去理解这些自然现象，最后我们会用"合乎逻辑"来解释这些我们看到的东西。可见，合乎逻辑的就是自然的。

由此我们就会这样想："一定有某种智慧力量存在于每件事情的后面，并发挥着一定的作用。"比起对生理方面作用来说，这种力量对心理方面的作用更明显。例如，在看见具有美丽颜色和形态的鲜花时，人们在心理上会产生愉快的感觉。这时再想一想刚出生时还不能听、说的婴儿，出生时他们能做什么呢？什么也做不了，然而，在不久的将来他们却什么都会。

最初，这两个中枢没有一点遗传影响，根本不具备任何语言功能，和语言也没有任何联系。然而，它们却拥有学习语言和表述语言动作的能力。这两个中枢都属于语言机制，而且自然界发展语言的过程就是通过它们来完成的。

我们通过更深入的研究发现，除了两个神经中枢参与语言的学习外，还必须有一种感觉能力存在，来为随时学习语言做准备。听觉对儿童的语言行为会产生影响，以上所说的一切都是由自然界非常周密完善的安排下完成的，因此，在出生后婴儿就能逐渐适应周围环境，做好说话的准备。

我们从观察中发现，与心理方面相比，语言机制发挥的神奇作用也很大。比如在母亲子宫内的特殊条件下成型的语言听觉器官——耳朵，它具有精密而复杂的结构，仿佛是由音乐天才完成的毫无瑕疵的作品一般。耳朵拥有像竖琴一样的主要部分，从而能对各种声音做出反应。耳朵这把"竖琴"是由64个按照不同顺序排列，而且长度不等的弦组成的。由于都挤在狭小的空间里，这些弦就以螺旋的形状排列开来，犹如海螺一般。耳朵的空间虽然有限，但它拥有收听各种音符的能力，这种能力是充满智慧的自然界赋予的。在耳朵里有一个可以震动的东西将声音传给我们，不然耳朵这把"竖琴"会像废弃的钢琴一样很安静，那么使"竖琴"的"琴弦"产生震动的是什么呢？其实，在"竖琴"前面有一个共鸣膜，当像鼓面一样的共鸣膜受到声波的触动时，就会使"琴弦"产生震动，从而让我们听到说话的声音。

是否自然界中的一切声音我们都能听见呢？不是的，由于耳朵的"琴弦"是有限的。不过以它目前拥有的琴弦，是足够对很多复杂的音乐产生震动的，从而将语言真实准确地传递给我们。在出生前耳朵就已经长成了，这一点我们通过对7个月的早产婴儿的观察就能得知，这时他的耳朵已经发育完全而且可以使用了。另外，在自然界中还存在一个谜，那就是，我们不知道耳朵传递声音的方式是什么，是否是通过纤细的神经纤维将声音传递给大脑中接收声音的特定部位的呢？

在婴儿出生之后，语言是如何形成的呢？通过心理学家对新生婴儿的研究得知，在器官中发育最慢的是听觉器官。新生婴儿就好像聋儿一样，他们的听觉器官反应很缓慢，只有在声音非常大时他们才会做出反应。我并不否认婴儿听觉反应迟缓这个事实，但在我看来，并非反应迟钝这么简单。我认为婴儿语言中枢的反应应该是很敏感的，特别是当一些带有若干词汇的语言进入他们的耳朵时。我认为，倾听语言和词汇就是这些神经中枢的任务。如此说来，只有在听到某种特殊类型的声音或语言时，新生婴儿才会做出反应。

由此，我得出结论，存在于儿童体内的这个复杂机制只对语言做出反应，这是给自己将来进行表达做好准备。假设儿童的听觉器官不能对各种声音进行区分，那么，当他能够表达时发出的声音一定会是各种各样的。可能儿童还可以对周围环境中的各种声音进行模仿，这些声音可能是除了人类之外的其他东西发出的声音。原因就是，为了让儿童可以全身心地学习语言，这些神经中枢早就被自然给区分开了，因此它们只会对语言产生敏感。我们曾发现了"狼孩"的存在，最终让他们回到人群中来，但是由于这些孩子从未听到过人类的声音，所以他们不会说人类的语言，甚至都不会发出任何人的声音。不过他们却会模仿周围动物以及水、树等发出的声音，这是因为他们体内的语言机制没有被激发出来。

我想通过对这一点的强调来告诉大家，这种机制是专门为了语言而出现的。当然，并不是说具有这种机制就拥有了语言，而是指人类需要通过这种特殊的机制才能将语言变成自己的东西，并对语言进行区分。因为儿童拥有这种特殊能力，所以在他们学习语言时自然而然就学会了。婴儿在出生后的那段时期，他们可能被看成了只会睡觉的小东西，事实上他们是对语言具有特殊感知能力的心理实体。不过所有事情就像是突然发生了似的，婴儿睡醒了，他们能听到优美的音乐了。这时婴儿的听觉神经也开始发挥了应有的作用，婴儿可能会误以为此前在他们身边并不存在人类声音以外的任何声音,事实上是那些声音没有引起婴儿的反应而已,他们听到的只是人类的语言。

假如我们对创造和保存生命的伟大力量还存在记忆,那么,我们就能弄清楚语言能够长久流传下来的原因,并且是由一代代的新生人类来传承的。形成于儿童记忆基质中的东西就会永远得以流传。

同样,优美的舞蹈和音乐也是这样传下来的,每个民族就像创造语言一样,创造并拥有了自己喜欢的音乐,他们会伴着音乐翩翩起舞。将人类的声音比喻成音乐,那语言就是组成音乐的音符。原本这些音符不具有任何意义,但这些音符被不同民族赋予了特定的意义。比如印度拥有数百种语言,由此将印度分成了数百个群体,他们之所以能结合到一起就是由于有音乐。

我们想想吧,在世界上不论是身处何处的人都会唱歌跳舞,但其他任何一种动物却不会做这些。语言已经成为了人类的潜意识中的一部分。在生物体内发生了什么我们并不知道,但我们能通过外部发生的一些事情得到启示。刚开始只是单个音符烙印在婴儿的潜意识中,这些音符是组成语言的基本部分,我们会将单词拆分为字母和音节。在最初说这些单词的时候,儿童可能并不了解它们的意思,在儿童学习初级课本时往往会出现这种情况。不过,在学习语言的过程也有奇妙之处,似乎有一位古板的老师存在于儿童的体内一样,儿童在他的教授下,会先学会字母,然后学会音节,随后就学会了单词。这个古板的老师往往会在适当的时机教给儿童东西,从而让儿童逐渐学会发音、认识音节,这个过程完全会按照语言学习的方法一步步进行。此后儿童就开始学习单词,然后学习语法。

首先,儿童会学习事物的名称。自然的教育方式会如我们预想的那样进行,儿童在自然这个老师的指导下进行语言的学习,在我们看来语言很无趣,但儿童学习的兴趣却是那么浓厚，他们的这种学习状态会持续到 3~5 岁，也就是儿童的下一个发展阶段。在自然的教授下，儿童学会了名词、动词、形容词、连词、副词、动词不定式、名词格、前缀、后缀以及一切特殊用法。他们在学习这些时与在学校的学习是一样的。最后，通过对他们的测验就会发现，他们就像勤勉的学生一样，在自身体内的老师的教导下很好地学会了语言。对于儿童取得的这些成绩，谁也不会怀疑，在将他们送入学校后，我们甚至会对他们取得的成绩而备感自豪。身为长辈的我们如果关爱孩子，就应该在他们取得成绩时为他们感到高兴。他们身上所谓的缺点，不应该受到我们批评。

作为一个教育工作者，应该认识到儿童神奇的创造力，因为在短短两年的时间里他们就能学会很多东西。儿童的潜意识在这两年内逐渐觉醒，然后会突然在某一天爆发出来。我认为婴儿在 4 个月大的时候（有的人认为更早），他们就已经能注意到嘴是发出吸引他们的声音的地方了，他们也会发现语言是由嘴和嘴唇的运动产生的。婴儿被人说话时嘴唇的动作深深吸引这一点却很少有人注意到，婴儿会先仔细观察嘴唇的动作，然后进行模仿。

这时，模仿动作的准备是在有意识的状态下进行的，可见有意识的行为随后就开始发挥出作用了。当然，婴儿说话时将牵涉到的肌肉在这时还不能完全准确而协调地完成工作，不过已经开始唤醒了婴儿的一些有意识的兴趣。这对提高婴儿的注意力有很大作用，从而对儿童语言的进一步发展起到促进作用。

我们对婴儿进行仔细的观察会发现，他们在 2 个月之后就开始能发出一些单音节的声音了，长到 6 个月时，似乎能够发出"爸爸、妈妈"的音了。

而且在此后的一段时间里，他们都处于只能发这两个单词的状态，不过我们一定要知道，在经过了长时间的努力后，婴儿的语言已经发展到了一个临界点。这时他们已经与那种潜意识学习的时期脱离了。他们已不再只像一个机器那样无意识，而拥有了能够随意使用语言的技能了。

就这样，婴儿出生后的第一年就过去了。不过在他们长到 10 个月时，他们又有了另外一个发现：原来自己一直听到的声音是具有一定意义的。在我们温柔地和婴儿说话时，他们已经知道这些声音是具有某种意义的，此后他们就会对理解这些话的意思做出努力。也就是说，有这么两件事在新生儿出生的第一年发生了：一是他们在无意识的状态学会了语言，随后逐渐进入有意识的状态；二是虽然他们还只会咿呀学语并重复这些简单的声音，但他们已经建立起了语言系统。

儿童在 1 岁之后就开始有意识地说话了，虽然他们的语言还不清晰，仍处于咿呀学语的状态，但他们已经开始有针对性地说话了，这就表明他们的智慧发展到了有意识的程度。究竟在婴儿身上发生了什么事情呢？我们经过细致的观察发现，在他们身体内部发生的变化远远多于我们能够看见的。

儿童开始知道语言是与周围环境相关的，他们希望学会语言的这种有意识的愿望也变得强烈起来。因此，一场冲破无意识的阻碍逐渐进入有意识的冲突在儿童体内发生了，这是第一场发生在人身体内的冲突。我想用我的经验对此作出解释。例如，当我要表达一些观点时，如果是传达给外国观众，那就需要通过外国语言来表达否则他们听不懂，但我的外语很差劲，外国观众们难以明白我的观点。虽然明白我的观众们非常聪明，但就算我想与他们进行交流沟通，这时由于缺乏交流的正常表达方式，我的目的就不能达成。

有时我们想与他人交流自己的很多想法，但我们的这一目的往往由于语言欠缺而不能达成，在儿童身上这一点表现得非常明显。对于自己这种无能为力的状态，儿童会非常失望。于是，他们在潜意识中就会产生学习语言的紧迫感，最终他们就取得让人吃惊的成就。

我们也许会让一个正在学校中接受教育的学生与1岁的儿童玩耍，不过，我们却没有充分认识到在这种成年人的对话方式中，仅一岁的儿童所面临的困难，我们也没有意识到提供一个让儿童可以学习正规语言的机会有多重要。我们应该清楚，虽然语法知识是儿童自己学会的，但这并非表示在与儿童交流时，我们就可以不必遵循语法规则，相反，我们应该为儿童正确组织语言提供帮助。

在婴儿1~2岁这个阶段，那些"在家里帮助他们的人"（针对这些为1~2岁这一阶段儿童"提供帮助的人"，罗马的蒙台梭利学会专门开设了课程。）对语言发展应该有一个科学的认知。我们要遵循自然规律并与之合作，充当起为儿童提供帮助的服务者。我们到时就会发现，在语言学习的整个过程中，儿童自身是存在规律的。

现在回到我上面的话题中来，假如别人根本听不懂我说的话，我该怎么办呢？可能我会怒发冲冠。如此想来，当一两岁的儿童面临同样的情况时也会大发脾气，我们这时就会说："看看，从出生开始人就爱生气。"小家伙们会努力让我们去听懂他们的话。假如他们还不会表达，那么他们就只能用生气来表达自己的愤怒了。不过，这不表示他们没有建立语言的能力，只是尽管他们努力了但还没有完全达到说话这一目的，因此而发脾气。当然，他们前进的脚步任谁都阻挡不了，最后他们会渐渐学会语言。

大概在一岁半时，儿童就会再次有了发现，他们知道了每个东西原来都是有名称的。这就表示，在儿童听到的单词中他们已能够找出名词，特别是一些具体的名词。儿童已经知道每个特定的词语都会表示相应的东西，这个进步是非常大的。当然，所有事物并不都能用名词来表达，只是在刚开始时儿童只能用名词来表达他们的思想而已。心理学家非常关注儿童使用的这些名词，这些词被他们称之为"一个词组成的句子"。比如儿童常常使用的"Mupper"就表示"妈妈（Mummie），我想吃饭"。

这种压缩句子的典型特征就是这些单词已被改变了本身的形态。我们经常听见儿童说一些简短的拟声词，比如形容狗叫时用"汪、汪"等，这被我们称为"儿语"，不过现在我们对儿语的研究还非常有限，但儿语很具有深入研究的价值。

儿童在这个年龄段形成的还不仅仅只有语言，条理感也是在这一阶段形成的。条理感并非是短暂出现的东西，它与儿童的需求是相符的。在经历心理形成时期时，儿童会有将内心混乱而没有条理的东西整理清晰的需求。

当儿童感到无助的时候就会很苦恼，如果我们理解了他们说的话，在很大程度上就能缓解他们的苦恼。

即使每天都会出现这样的事情，但我仍然要再次使用我以前举过的一个例子（在前面这个例子被用来证明，儿童在学会说话之前就能听懂我们表达的意思。可以参见《童年的秘密》一书。），因为从中能够充分地证明这种情况。

西班牙的儿童常常将西班牙语中表示大衣的"abrigo"这个词语说成"go"，表示肩膀的"espalda"被说成"palda"。儿童说出"go"和"palda"这两个词语是由于心理上的冲突，由于大人不理解，儿童就经常被这个事实弄得很无奈而大哭大叫。当孩子的母亲脱下大衣并放到胳膊上时，孩子就会突然哇哇大哭。我提议让母亲把大衣重新穿上，这时孩子就破涕为笑了，而且还兴高采烈地说"Go palda"，似乎是说："好了，就应该这样将大衣穿在肩上。"通过这个例子能够充分地证明，儿童很讨厌打乱秩序的混乱，而渴望原有的秩序。我还是要强调，我们应该建立一所针对1岁到一岁半的儿童的特殊学校。在我看来，不论是孩子的母亲还是社会，都不能将孩子隔离。我们成年人一定要和他们充分接触，以让他们能听到正确的发音和准确的谈话内容。

Part 12
儿童心理发展中的障碍及其影响

我觉得，对儿童心理具有的某种感知能力的典型形态加以说明，在我们阐述儿童潜在能力时能有帮助。我们即将用类似于心理分析的方式来分析儿童的大脑。比如，我就用符号描述了儿童语言的发展，这对明确阐述我们的观点有很大的帮助。

在下一页的图中，名词（事物的名称）用黑三角来表示，动词用黑圆圈来表示，在图中将会使用各种符号来其他各种词汇。如果儿童在某个年龄段中使用的词汇能达到 200～300 个，那么我们通过这中图示的方式就能有更加直观的印象，语言的发展过程通过这种方式就能很清楚地表示出来。不论这种语言是英语、意大利语、西班牙语，还是泰米尔语、古吉拉特语，都可以用同样的符号来表示它们的各个部分。

处于图表最左面的模糊的内容，表示婴儿刚开始为学习语言做出的努力，叹词等都包括在其中。接下来先是由两个声音组成一个音节、再是三个声音组成一个句子等阶段。此后，就是各种词汇的组合，这在图表的右端有表示，

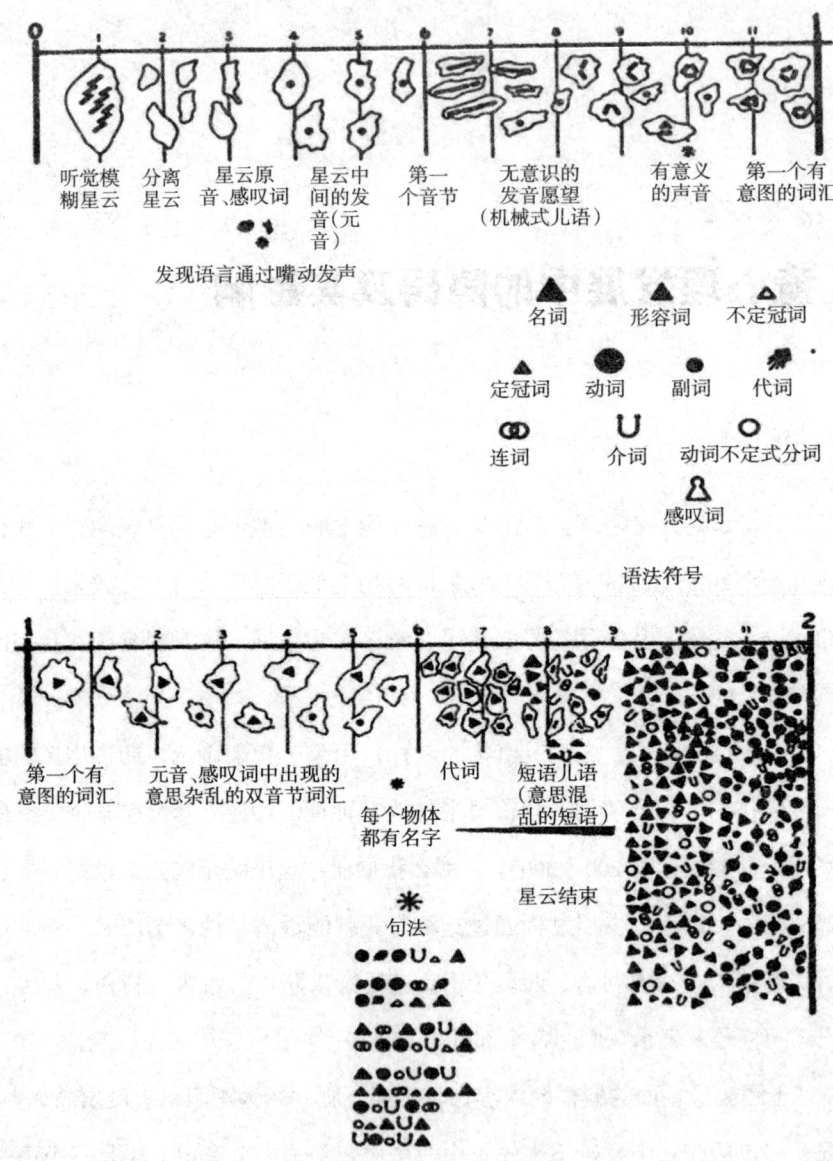

图7 从星云阶段到符合语法形态的有意识表达阶段的语言发展

其中包括一些儿童常常运用的句子。再往后就是由两个单词组成的、分别具有各种不同意思的短语，对每个短语进行的解释也会不同。随后就到了词汇量迅速增多的时期，儿童在这时已经能用很多新的词汇了。同时，我还将心理学家大略估计的数字也列在了图表中。

在这些阶段发生之前，我们会先看到表中的一组单词，其中大部分都是由名词组成的，而且其他与这些名词靠近的词类排列杂乱无章。不过到第二阶段时，即在婴儿2岁之后不久这一时期，词汇的排列就非常有序了。这个时期是婴儿使用句子的爆发阶段，这个阶段就分成了词汇爆发阶段、思想爆发阶段这两个阶段。

不过在这些爆发阶段产生之前，必然存在一个准备阶段。对我们而言是无法用肉眼看见这个准备阶段的，虽然如此，我们也无需对这一阶段进行猜测或假设，因为儿童为了表达自己的思想所做的一切努力都是我们能够看见的。由于成年人听不懂儿童的语言，因此儿童在这个阶段总会表现得易怒。对此，在前面我们就已做过讨论了。易怒生气都是这个时期的儿童具有的特点，想一下，在做了各种努力之后别人却无法理解他们的意思，他们自然会生气。就比如聋人很容易与被人发生争执，造成这种现象的原因就是因为别人听不懂他们说的话。其实有一股很大的潜能存在于儿童体内并等着发挥出来，正常发展的儿童也一定能找到发挥的方式，不过这需要通过很大的努力才能完成。

儿童在经历这个阶段时会遇到很大的困难，而他们自身能力的限制和环境就造成了他们面临的重重障碍。在人的一生中，这是他们在适应时期遇到的第二个困难阶段。在他们刚出生时，由于脱离了在子宫中一切由母亲代劳的状况，而且为了完成自身的正常运转，儿童就遇到了第一个困难阶段。第二个困难时期对儿童的影响非常大，如果这时我们没有给予他们适当的照顾并理解他们，很容易导致他们的心理受到创伤并出现衰退倾向。很好的生活环境能够成为儿童正常发展的基础。也就是说，有两个特征在这个时期都可能会出现，那就是在学习语言时，可能会艰难地逐渐走向独立，同时也有出现衰退的危险。

大家可能没有忘记另一个存在于这个创造时期的特征，也就是这个时期对儿童大脑产生的两种影响，其中另一种影响所产生的心理作用在儿童的大脑中会永远保留下来。正如存在于口语的发音和语法上的两种情况一样，儿童在这个时期，一方面记住了他们学习的东西，同时学习中出现的障碍对他们所产生的负面影响也留着了儿童脑中。这种双面性的影响不论在这种创造性活动中的哪一个阶段都存在，而且儿童会在记住那些好的影响的同时，也吸收了这些障碍的反应，因此这些不良影响很可能会产生难以估量的后果。也就是说，性格的发展在这个时期可能是正常的，也可能会不正常，并且严重影响到后期的成长阶段。

在这个阶段形成说话能力的同时，还形成了走路的能力。这种快速的发展直到两岁半时会开始减缓。同样，各种困难或障碍也会由于各种原因，在这种继续发展成长的过程中出现。这一点和心理学家说的"在幼儿阶段通常能够找到成年人出现心理障碍的原因"具有相同点。

这种困难是随着正常发展出现的，它属于"压抑"的范围。一般都在心理学中用到"压抑"一词，这与精神分析学说存在一定的特殊联系。这种"压抑"形成于婴儿时期。语言的使用范围绝大部分用在人类的活动领域，不过，在这个问题上通过语言就能得到大量例证。儿童在开始出现语言"爆发"期时，就一定要使用语言。只有完成这一步，儿童随后才能用符合语法形态的句子来表达自己的思想。自由表述在现代教育中很受重视，这对尽快使用语言机制有很大的帮助，而且也有益于个体未来的发展。有大部分孩子在成长到特定年龄时，他们的语言爆发期还未出现，比如，一些儿童到3岁甚至3岁半时，虽然他们的语言器官发育正常，但他们使用的语言还停留在更低年龄儿童常用词汇的阶段。这种情况被我们称之为"心理失语症"，因为这是一种心理病态，是由他们的心理导致的。

与此同时，心理分析学还研究了其他一些种类的心理障碍。他们发现，儿童会突然脱离那种迟钝状态，在一瞬间就能够开口说话了，更让人惊诧的是用词还十分准确、恰当，语法也没有错误。这说明，一些准备工作在儿童体内早就做好了，只是在通过外部表现时出现了一些障碍罢了。

在学校中，就有一些儿童虽然已经3～4岁了但还不会说话。即使是2岁儿童"咿呀学语"的话也没听他们说过。不过，他们生活在我们为他们提供的充分自由的环境以及激励中，然后突然就会开口表达了。为什么会这样呢？一定是他们的心理存在障碍，或受到了某种刺激，导致他们即使学会了语言也表达不出来这种现象。

对有的成年人来说说话也很困难，由此他们总是试图说些什么，而且为此做了很多的努力。这些人可分成一下几种类型：

1.缺乏说话的自信心；
2.没有勇气来组织语言；
3.感觉使用句子很困难；
4.说话较慢、不连续。

现在还没有解决这些困难的办法，这些是自卑心理外在的一种表现形式，会一直伴随他们的一生。

另外，还存在其他一些心理障碍会影响清晰的表述，比如出现口吃、发音不准等。在语言机制形成的阶段就产生了这种障碍，我们通过这一点明确得知，不同形态的衰退在语言学习的各个阶段中都会出现。

第一阶段：词汇形成机制的形成阶段。

相关的衰退表现：口吃、发音不准。

第二阶段：句子形成机制的形成阶段，即思想表达阶段。

相关的衰退表现：句子结构的形成速度较慢。

这些衰退形式和儿童的感知相关，儿童很容易接受那些具有创造目的以及能够提高他能力的东西。一旦他们的创造性遭到阻碍，那么，他们今后的生活中都会存在这种阻碍。通过这点我们一定要记住，重视儿童的感觉是很重要的。

然而，我们往往就是妨碍儿童发展导致他们不正常的罪魁祸首，所以我们一定要用很轻柔的动作对待儿童，而很多时候我们就是忽略了这点，动作会很粗鲁，这就提醒了我们一定要对此加以注意。在教育儿童之前我们应该先教育自己，比起让教师接受一些教育理论，对他们进行培训会得到更好的结果，个性培训就包括在这种培训中。儿童也会产生各种不同的感觉，即使在他们受到伤害时也是有感觉的。儿童很容易被伤害，当成年人对他们冷淡时，他们也能敏感地感觉到。保姆可能会说："宝贝，妈咪说的话你要牢牢记住！"对于保姆这种冰冷的、犹如下命令一样的口气，这一点应该受到那些习惯将孩子交给保姆的父母们的注意。特别是生活在上层社会的孩子更容易受到这种情况的影响。即使这些孩子拥有充足的精力，但他们也可能缺乏说法的勇气，出现犹豫、口吃的现象。

毫无原因的恐惧是成年人表现出来的另一种异常现象，而儿童时期遭遇的暴力事件可能是导致这些情况的原因。一方面可能是因为小鸡、小猫等动物遭遇的虐待；另外可能因为儿童有曾被反锁在屋子中的经历。若想通过讲道理或说服等方式来消除或缓解这种恐惧，根本没有效果。医学上称这种情况为"恐惧症"。其中同类型的一些恐惧症就有很多，也有相应的解释，例如害怕独处或被反锁在屋里的"幽闭恐惧症"。

医学上的例证还有很多，我之所以提到这些，是想对这个年龄段的儿童的心理类型进行证明，并让大家知道，成年人对儿童的每个动作都会影响到他们，而且这种影响是永久性的，不仅仅是影响儿童的现在。

我们要了解儿童的思想，就应该像心理分析学家们对成年人的潜意识进行研究一样，通过观察和发现来研究儿童。当然，由于我们很难听懂儿语，从而不知道儿童要表达什么意思，所以这件事情做起来会很困难。有时我们需要从整体上对儿童做一个了解，至少要了解刚刚发生在儿童身上的事情，这样，我们才能对儿童面临的困难加以解决。如果有一个翻译帮助我们与儿童进行沟通该有多好啊！而我希望自己能担当起这个翻译的角色，为此我一直努力去理解他们要表达的意思。不过，我的发现让我十分惊诧，因为在我为了理解他们的意思而努力的时候，他们就好像感觉我能帮助他们一样，转而向我求助。

比起那些爱抚他们的人，能够理解他们意思的翻译更能引起儿童的兴趣。翻译能够在儿童了解世界时给予他们帮助，因此儿童将打开世界大门的希望寄托在翻译身上。所以儿童对翻译的兴趣会更加浓厚，甚至远超过爱抚他们的人。由此证明，比起爱抚，帮助才是给儿童的最好礼物。

我每天都会早起工作，有一天早晨，一个不到一岁半的男孩来到我房里，于是我就轻柔地问他是不是饿了，不过他回答我说："小虫。"我感到很奇怪，他明白了我没理解他的意思后就又说道："蛋。"我这时明白他不是想吃东西，但他究竟需要什么呢？他接下来说："妮娜，小虫，蛋。"我瞬间明白了，可见理解儿童的话是很重要的。原来，他的姐姐妮娜在昨天用水彩笔画了一个蛋形的圆圈，他也想用水彩笔画画，但妮娜不给他，还赶他走开。想到这里，我就明白他的想法了。他为了不与姐姐作对，就等到现在这个机会才来要水彩笔。因此我就将一个水彩笔给了他，只见他立刻就开心起来了。不过如果我不指导他，他是不可能画出圆形的蛋的。之前他的姐姐采用直线画，但他似乎有更好的想法，只见他用弧形的波浪线开始画起来，画得就跟小虫子似的。直到别人都睡觉了，这个男孩还在等着，他要等我这个能明白他的意思人还没睡觉时，来向我求助，由于知道我理解他，因此很确定我能给予他帮助。

处于这个阶段的儿童普遍具有的一个特征就是有耐心，他们一般都会很耐心地等待，除非是他们遇到了障碍或无法正确表达自己的思想，否则他们是不轻易发怒的。通过我刚举的例子可知，年龄小的孩子总会努力去模仿大孩子的行为。比如，当一个一岁半的孩子看见一个三岁孩子做某件事时，他也一定希望去做。而且不论这件事会对他来说有多难，他也会去做。

我居住的地方有一个一岁半的小男孩，他总想模仿3岁的姐姐跳舞。女孩的老师曾经告诉我们："这么小的孩子我要怎么教他跳舞呢？"于是我们告诉她不论孩子能学到什么程度都要尽力去教，后来老师明白了我们的意思就同意了。这时，只见男孩突然大喊着"我也要"，就跑上前来。

在我们的要求下那位老师做了一个舞姿，不过她一直强调这么小的孩子是不可能学会跳舞的。在我们的劝说下，老师放下了身段并准备开始表演，可就在这时，男孩突然表现得非常生气，而且固执地站在那里不动。老师认为孩子的表现正如她所料，事实上男孩是因为老师将帽子放在沙发上这件事而生气。不过小男孩很生气地不断重复着"大厅"、"柱子"这两个词，而不说"老师"和"帽子"。其实孩子想表达的意思是"帽子应该挂在大厅的柱子上，不应该丢在这儿"。这时眼前这个不符合秩序与规矩的现状引起了他的注意力，并且他试图去改变从而忘了跳舞的事。当我们将帽子挂到柱子上后孩子安静了下来，并开始学习跳舞。由此表明，在很多方面的要求中，儿童对秩序的要求最强烈。

在我们研究儿童使用的词汇和他们的感觉时，从他们内心深处发现了很多东西，这些东西是心理学家发现不了的。

上面所举的儿童耐心以及儿童秩序感这两个例子引起了我们浓厚的兴趣，另外还有"儿童不同意说话者的看法"这个例子，我们从中发现，儿童的心理除了上述列举的情况外，还存在很多我们不了解的东西。

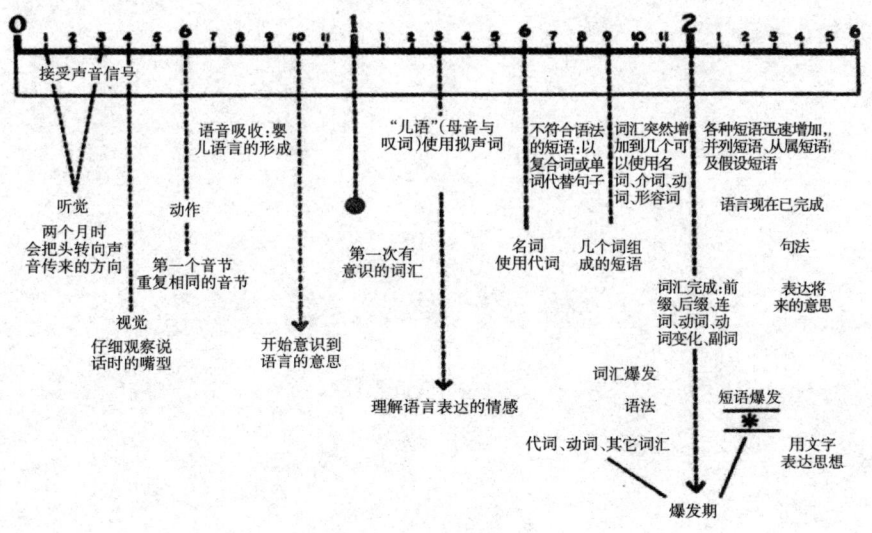

图 8 语言的发展

我们应该将对这个年龄的儿童心理的所有发现全都公布出来，这样对儿童更好地适应环境有很大的帮助。当然，这一工作可能并不轻松，不过对人类而言它有很重要的意义。为处于早期阶段的婴儿提供帮助这项工作意义重大，心理发展和性格形成的研究都将以此为基础，同样，就未来科学的发展而言，这是具有开创性意义的工作。在我看来，这个责任应该由我们担负起来，从而为儿童的性格健康形成与发展给予帮助。因此我们要切记以下几点：

1. 人出生后的最初两年会影响其整个人生；
2. 对于婴儿具有很大的心理潜能这一点，我们并未重视起来；
3. 儿童很敏感，哪怕是一点粗鲁的动作对他们的心理，甚至是一生都会产生影响。

Part 13
运动在儿童成长过程中发挥的作用

现在，我们应该对运动的相关教育理论重新做一番审视，因为我们对运动作用已有的认识是错误的，特别是运动对孩子童年时期时的作用。正是由于一系列错误的观点，运动真正的作用被我们忽视了。我们的学校教育不重视运动的作用而注重智力教育，运动仅仅被我们称之为"练习"、"游戏"及"身体教育"等，而运动和心理发展之间的紧密联系却没有得到我们的重视。

来看一看人类非常复杂的神经系统，我们首先具有大脑，这是神经系统的中心，其次具有各种感觉器官，通过它们搜集感觉信息，然后传递给大脑，最后就是我们的肌肉。

可见，大脑、感觉器官和肌肉是人体结构中的三个主要部分。通过这三个部分精密地组织工作，最终通过外部表现出来，这就是运动。事实上，人要想表达自己的意愿，就只有通过肢体运动来完成。就算是最伟大的哲学家，他们阐述自己的思想时也是通过说、写来完成的，而这些都涉及肌肉的运动。假如不能表达，那他们的思想就毫无价值，而肌肉的运动就是哲学家们表达思想的唯一渠道。

通过对动物的观察我们会惊奇地发现，它们表达自己时就只有通过运动来完成。可见，忽视运动的作用是不合乎自然规律的。

心理学家认为，肌肉属于中央神经系统的一部分，只有神经系统的各部分协调合作，人与周围环境之间才能建立起联系。事实上，人们通常也会将"大脑"、"感觉器官"和"肌肉"这三个部分称为"关系系统"，一个人与其他人，或外界生物、非生物进行接触这一工作，都是由它们来完成的。也就是说，正是在这些器官的帮助下，人才能与其他人或周围环境进行接触。

相比而言，只服务于人体本身的其他部分就没有这么无私了。由于这些部分的任务是为了保持人类的生命或说"成长"，所以也将这些部分称为"成长器官及系统"。成长系统只为人类成长及存活提供帮助，人体要想保持与外界的联系就只有靠关系系统。

成长系统为人体健康提供服务，并促进人体的生长，而神经系统的任务则略有不同。神经系统对我们来说非常重要，我们在神经系统的帮助下完善自我思想，通过它，我们产生了所有的灵感，并且看到了周围美丽的世界。因此，我们不能等闲视之，也不能仅仅从成长的层面上看待神经系统。假如我们仅将完善自我作为标准，仅仅为了提高我们的精神层面，那我们的精神世界就会陷入傲慢的状态，从而犯下最大的错误。动物们的行为就不仅仅只是为了让它们都获得美丽的躯体及优美的姿态，或许还具有其他意义更深远的目的。

另外，人的生命也不仅仅是要达到一定的精神境界或完善自身而已，也具有存在的目的。就自然的角度来说，人类在生理和心理方面追求更高的境界也并非不可，然而，假如这就是生命的最终目的，那么生命就没有意义了，其存在也是徒然。如此说来，神经系统和肌肉的存在就没有什么作用了。世界中的每一样东西都属于宇宙，而且都为宇宙能够有效而经济地运转提供服务。假如我们真正具备了高尚的道德、丰富的精神以及完美的情感，那么这些不应该只是为了满足人类自身，它们在宇宙的整个精神世界中应该占有一定的地位。

精神力量是一笔宝贵的财富，我们应该发挥出这笔财富应有的作用，并让他人感觉到这股力量的存在。人类之间的关系循环必须通过这种精神力量的表达和使用来完成。假如人类精神只服务于自身，那它就不具备存在的价值了。一旦人类只注重自己，那人生的目的及存在的重大意义就被忽略了。假如人类相信有来世的存在，那么，人们就会自私地告诉自己："这一世好好活，来世将会更好。"如果这样想，我们就只会将精神层面简单地看成生长层面。人类如果一味地只想到自己，那么一辈子都会自私地生活。我们应该摒弃这种观点，无论是在生活还是教育中，我们都要认识到，既然大自然赋予了我们那么多能力，我们就应该发挥出每一种能力的作用并发展它们。

为了帮助理解，我打了如下的比喻。大家都知道，只有心、肺、胃等器官正常工作，人体才能保持健康。同样，这种原理也可以用在中枢神经系统这个关系系统中。大脑、感觉器官和肌肉这三大部分一定要协调合作，这个系统才能正常工作，可见关系系统中的任何一个部分都不能被忽视。

我们要将大脑的作用发挥出来，同时也不能忽视了其他部分。因为任何一个动作都需要通过几个部分协调工作才能完成。也就是说，只有运动才能获得良好的精神状态。我们以此为出发点进行考虑，运动就是依靠中枢神经系统来完成的。关系系统是一个由三个部分组成的统一整体，因此，它们只能通过协作来完成一项工作。

将运功和其他功能分开看待，是我们现在犯下的最大一个错误。肌肉仅仅被我们当作是为健康服务的器官，因此，我们进行的一切体育锻炼仅仅是为了强身健体，达到改善吃饭、呼吸、睡眠的目的。而学校的体育教育正是基于这样的观点设立的。然而，这在心理学方面来说，就是一个非常大的错误，有如让一个高贵的王子去放牧一样。要知道，身体的高贵王子——肌肉怎么可以做"放牧"的工作呢？

　　这种错误可能会产生严重的后果，从而导致运动和思想脱节。在进行课程设置时，我们在考虑儿童的大脑时，也应该将他们的身体考虑进去。大自然赐予我们的每一样东西都应该运用起来，如果将身体和思想割裂开来，那么大自然赋予二者的连续性就会遭到破坏。对于运动来说，服务于整个大自然才是它存在真正的目的，而不仅仅是保持身体健康而已。

　　运动只有与大脑进行合作才能发挥出它的作用。而这并不仅仅表明两者是共同存在的，由此可知通过运动能够将更高的生命形式表达出来。设想一下，如果人的身体没有大脑，而仅由一堆肌肉组成，那么人体的发展就只停留在生长层面上，也不会有肌肉和大脑的同步发展。不通过肌肉是不能准确表达出思想的，这样的话，人也不可能走向独立，而大自然赋予人类的东西也不能物尽其用。

　　很多人在研讨心理发展这个问题时都会说："在心理发展过程中运动能起到什么作用呢？心理发展才是我们讨论的问题！"难道智力活动真如我们所想的那样静止不动吗？其实，心理发展不仅与运动有关系，而且还依赖于运动，因此，我们必须将这个问题考虑到教育理论及实践中。

　　截至目前，大概没有一个教育工作者不认为运动与肌肉系统的作用仅限于强身健体、促进循环系统及有助于呼吸等。如今认为运动对心理发展有很重要的作用这种新的观点出现了。通过这种观点可知，运动让心理和精神得到发展，假如没有心理上的运动，也不可能达到健康及发展的目的。

这一点在自然界中也存在很多例证。通过仔细观察儿童的发展，我们就更加相信这一点了。观察发现的结果就是，儿童正是通过运动达到大脑发展的。

例如语言的发展，语言能力会随着发音器官肌肉的成长而不断得到提高。我们在观察儿童时还发现，通过运动，儿童的理解力也不断得到提高。大脑在运动的帮助下发育，当大脑完成发育后又会帮助个体进行运动。正是由于大脑和运动两部分都同属于一个整体，所以这个过程是循环着的。另外，感觉器官也存在相应的作用。就那些感觉器官活动得少的儿童来说，他们的心理水平一般也会很低。

现在，我们把由大脑控制的肌肉称之为随意肌，它是由意志控制的，而大脑活动的最高表现形式就是意志。假如不存在意志能力，那么就不会有心理能力；假如随意肌受意志的控制，那么这些肌肉肯定会形成某种心理器官。

在身体的组成部分中，肌肉占了很大的比例。支撑这些肌肉的工作就是由骨骼来完成的。因此，骨骼和肌肉就促成了一个类似的系统。我们看到，不论是人类还是动物，其外在的表现都是由骨头与肌肉组成的系统。其中我们能够看到的绝大部分肌肉都是随意肌，个体身上有很大数量的随意肌，而且对随意肌之间的区别进行研究是很有意思的工作。各种有大有小、有长有短的随意肌也有对应不同的作用。假如朝着一个方向拉动一块肌肉，那么，另一块肌肉也必定会朝着另一个方向拉动。这两个相反方向的力量越大，运动也会越精细。当我们重复做某种动作或做出新的运动时，相反方向的两块肌肉之间会更和谐。这种和谐并不简单，它是一种矛盾的和谐。

对于这种相反的力量我们还未能了解透彻，不过我们发现，这些力量控制着我们的一切有意识的运动。动物内在的这种和谐都是大自然给予的。比如灵巧的松鼠、老虎跳跃时动作等都是由这种力量完成的。很多时候，我们会对许多机器精密的工作发出感叹，例如钟，它的运动来自于两个力量相反的轮子。

任何运动都存在一个十分精密、微妙的机制。就人而言，并非所有东西都是天生的，其中，很多东西的形成和完善都得来于儿童在生活中的各种活动。人不同于动物，人类具有的丰富的肌肉差不多能够完成所有种类的任何动作。这里说的是加强肌肉间的协调能力，而不是强壮肌肉，两者具有本质的差别。

我们是针对人来说的，起初人类的肌肉并不能协调运动，运动的完善必须通过大脑才能完成。也就是说，人类具有某种内在力量，它能使人达到和谐。当这种力量出现时，人就会一直练习以完善自身。当然，完成这个过程的主要因素就是人本身。

与只具有一种固定运动方式的动物不同，人类想要学习哪种运动就取决于他自己，这一点非常神奇。很多动物会爬、跑、游，而人本来不具备这些能力，但人却具有学习所有这些动作的能力，而且做得比动物还要好。

不过要想发挥出这些潜能，就必须做出很大的努力。人学会的这些动作得来于大量的、重复的练习。在此过程中，由于神经之间能够很和谐地就达到最佳的和谐状态，因此肌肉之间受意志的控制可以进行协调工作。

在现实环境中，任何人都不可能将大自然赋予他们肌肉的一切能力都发挥出来。好比一个出生时就拥有巨额财富的人，他不可能将每笔财富都用到可用的地方，不过他却可以选择每一笔钱财的用途。所以，一个人可能或已经成为专业体操运动员,但他出生时并不具备体操运动员的肌肉。同样,舞蹈演员也并非天生就具有跳舞的能力的。在自身意志的控制下,体操运动员以及舞蹈演员有意识地发展自己。每个人的肌肉可以完成各种不同的工作,但肌肉具体做什么就是由人本身自行选择的,这项工作是由人的大脑指导完成的。对人类而言,任何事情都不是与生俱来的。不过在将来,任何事情他们都可能会做,这是由他们的意愿来决定的。

与动物不一样,每个人选择的发展方向可以不同。即使是研究同一种艺术的人,在选择研究方向时,他们的选择也不同。好比写字一样,虽然很多人都会写字,但是字体就会因人而异。同样,每个人的行为方式也会具有他自己的风格。

一个人的工作通过运动得以体现,而他的工作又是其思想的外在体现,由此,可以将他内在的运动潜能挖掘了出来。假如一个人的所有肌肉组织得不到充分发展,或者只分配繁重的体力劳动给这些肌肉做的话,那么,他的心理一定会由于这种运动而仅仅得到较低水平的发展。

可见,一个人所从事的工作一定会影响到他的心理生命。从不进行工作的人就一定会面临很严重的心理生命状态,原因在于即使我们不能将肌肉的所有潜能完全发挥出来,但是假如不运动,就算是某些正在使用中的肌肉,也会受到影响,从而极大地减弱此人的生命力。所以,学校的必修课就增加了体育和游戏的课程,因为这些运动可以防止肌肉系统退化。

从这一点上看,遵循学校的计划很有必要,这样就能让孩子的脑力及体力活动有张有弛地交替进行。这样做并不是要儿童去学习某项特殊的技能,只是要让他们的整体肌肉组织得到有效的锻炼。注重书法的学习通常是现代教育的主要内容,这样做是为了培养这些受教育者将来成为合格的社会职员,而这有悖我们在上文中阐述的观点。从我们的了解中可知，专业化的教育训练不能让人得到运动。这一点不同于我们的观点，在我们看来，通过提高运动的协调能力，儿童能够完善自己的心理，反过来，完善的心理又对运动产生影响。

假如大脑在远离运动的情况下也能独立发展，看似不受运动的影响，而在不受大脑的影响下，也会偶然出现运动，那么这种情况会出现不良后果。任何一个人要想与周围环境接触，或与他人之间建立联系，其中运动起到了很重要的作用。而运动要得到发展，也必须以此为基础。

为人的整体发展，为人与外界建立联系而服务就是运动的任务。

如今，人们无论是观点还是原则上都过多偏向于自我实现和自我完善上，但因为运动的真正目的已经被我们所了解，因此不久就会摒弃这种以自我为中心的意识。我们要为发挥出所有潜能而努力，也一定要遵循我们所说的"运动哲学"。要知道，生物与非生物之间的区别就是运动。对有生命的事物来说是有所遵循而非随机运动的。生物都会有目的地遵循相应的自然法则去运动。

可做这样的设想，如果一切物体都静止不动会是什么样呢？假如每一种植物都不再成长了，那么花朵及果实也就不存在了，继而导致空气中的毒素不断累积。假设不再进行任何一种运动，甚至连小鸟也一动不动地停在树上，鱼儿不再游动，昆虫都趴在地面上，那么地球将变得让人十分恐惧。

保持静止根本不可能，假如一切运动都静止了，或者每一种生物的运动都毫无目的，那么整个世界就将变得混乱不堪。实际上，每种生物的运动都是有目的的，而且也都保持着各自特殊的运动方式。有一种和谐的平衡存在于各种各样的运动中，为了整体完成一个目标而共同服务着。

运动与工作密不可分，运动和人类以及人类生存的世界存在密切的联系。假如持续一个月中没有一个人工作，那么人类或许就会面临毁灭。所以，除了对健康有利之外，运动还具有社会性的一方面。如果说人类仅仅为了锻炼而运动，那么人类可能会失去自己的潜能，甚至一切的创造力。

运动的目的就是秩序建设，而社会秩序就是依赖于运动的。个体存在于社会中，既要为个体本身服务，也要为社会服务。对于我们所说的人和动物的"行为"，其实指的是有目的的运动。人和动物行动的核心就是这种"行为"，除了要满足例如打扫环境卫生这样的个人目的之外，服务于他人就是这种行为具有的深远目的。比如跳舞，可以说这是最个人的一项运动，不过舞蹈也需要观众欣赏，这就是它的社会目的，否则跳舞就失去了意义。

我们都应该知道自然法则，应了解任何生物都依赖于特定的运动，而为他们自身服务却不仅仅是这些运动进行的目的。在我们了解儿童时，这些都能够为我们提供帮助和指导。

Part 14
手为儿童智力的发展提供帮助

对运动的机械发展进行研究是很有意思的，一方面这种发展过程很复杂，但同时又能清楚地观察到发展经历的每个阶段。

我在图中用两条平行线对运动的发展过程做演示，在两条线的下面分别都有很多小线。在两条线上以粗、细两种线进行分段，一年的间隔就用粗线来表示，六个月的间隔用细线来表示。两条线下面的线用来表示手的发展，上面的线则用来表示平衡及步行的发展。由此，此表通过两组线老描述了四肢的发展。

人类与低等动物不同，低等动物的四肢在发展的同时也进行着工作，而人类的上下肢体则是为了达成各自不同的目的而分开发展的。换句话说，手和腿的功能各不相同。我们可能会认为，在人类发展的过程中，走路和保持平衡能力的发展都遵循一定的规律，这属于正常现象。因此所有人都可以毫不犹豫地说："将来婴儿必然能走路，人们也会对彼此间的走路方式进行学习。"不过手在将来会做什么却无人敢确定地说出来。一个新生婴儿将来会拥有什么特殊技能任谁也不知道。例如，我们的祖先就拥有多种不同的技能。

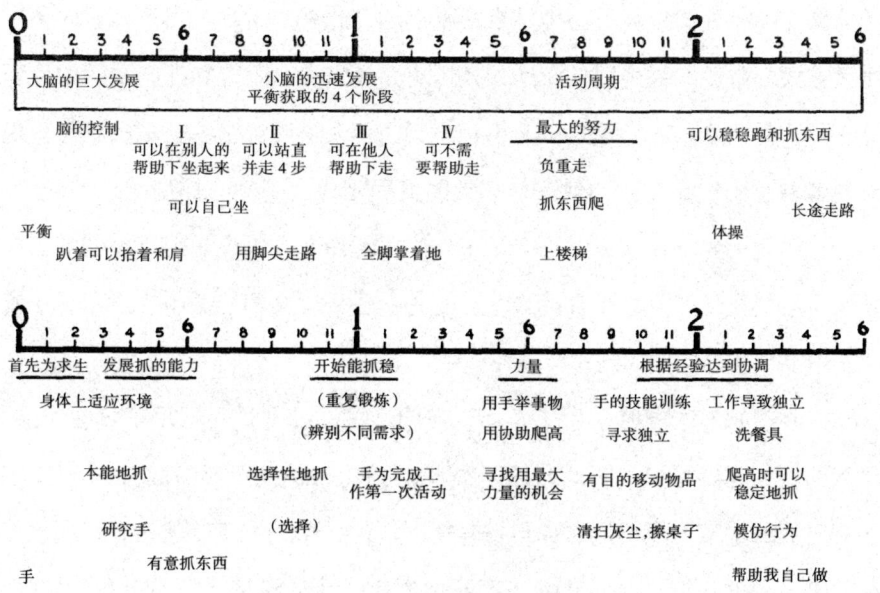

图 9 运动的发展

毫无疑问，脚的作用是具有一定生物基础的，它和大脑内部发展有关系。此外，在所有哺乳动物中，人类是唯一能够以两只脚走路的，而其他动物都通过四肢来走路。当人类能够掌握平衡能力时，就可以通过两脚直立起来进而行走。不过要想获得这种平衡能力并不容易，这种技能需要通过长时间的锻炼才能获得。人在达到这个目的之前会先将双脚脚掌完全着地，这与其他用足尖着地的动物不同。对于用四肢走路的动物来说，仅用足尖就能将身体的重量支撑起来。对人类的脚的研究可以从三个角度来进行：生理学、生物学以及解剖学。这三个方面都非常有意思。

对手来说，假如手的运动不是预先决定的，也没有脚进行生物指导，那么，缺乏心理和生理指导的手会是由哪个部位来指导发展的呢？这个部位就

149

是大脑。手和人类个体的心理是直接相连的，此外，当时、当地具有的不同生活方式都和手的技能紧密相连。就历史角度来说，手还和社会文明的发展存在紧密的联系。人类通过手来表达思想，在人类历史中，就记录了有史以来的各种手工作品。在任何一个伟大的文明时代，必然有典型的作品诞生。比如，印度历史上留下来的许多手工作品，即使在今天也是很难模仿的。在埃及也同样发现了众多精美的作品。另外，在低等文明社会中也遗留了一些手工作品，不过它们的制作会比较粗糙。

在心理发展的同时，手工技巧也在同步发展。不过，越是精致的作品，投入的智力也就越多。中世纪时，欧洲就存在一段心理觉醒时期，这时很多思想方面的手稿以及书籍制作得极其精美，这种精美程度都超过了远离世俗的精神方面的东西。当时，能工巧匠们建造的教堂建筑不得不令我们惊叹。这种教堂存在于每个有精神需求的地方。

阿西尼的圣·弗朗西斯可以说是一个具有最简单纯净的人类心灵的人，他曾说过："瞧瞧那些伟大的建筑，它们并非是简单的教堂墙壁，而是我们心灵的火种！"

一天，阿西尼的圣·弗朗西斯受到邀请后就与同伴一起去建造一座教堂，由于没有钱，他们就将现有的石头作为建造材料，通过双肩挑扛材料最终将教堂建成了。只要某种自由精神存在于人们心里，人们就会把这种精神寄托于自己的作品中表达出来，这个过程中就会用到手的力量。不论在哪一个地方，只要发现了人类的手工作品，我们就一定能从中感觉到属于那个时代的思想，以及建造者的精神。

假如追溯到远古时代，虽然我们已经不能找到生活在那个时代的人的遗骨，不过我们也可以还原出那个时代的样子，也能够再现出当时的生活情景，怎样做到这些呢？那就是研究他们的艺术作品。现在，我们也能够找到这些史前低等文明时代的遗迹，因为这些遗迹都是建立在力量的基础上的，当时的人们用巨石做成了这些手工作品。我们除了惊奇之外，还会很疑惑，当时的人究竟是怎样完成这些工作的呢？对于在其他地方找到的精美手工品，则是更高文明水平的体现。由此可以说明，人类的智力对手能产生影响，在一个时代，通过当时人们的感情、精神生活留下来的遗迹，就能将他们的生活状态反映出来。且不论心理问题，我们也会发现，人们用手来改变了自己的生存环境。如果人的思想和智慧都只是通过语言来交流与表述，那我们就不可能找到任何祖先遗留下来的遗迹。由此看来，人们是在智力的引导下用手创造出了作品。也因此我们要感谢手，它是大脑最好的搭档，通过它，将人类文明存留下来。在人类继承的财产中，手这一器官是最宝贵的。

手和心理存在紧密的联系，在古老的手相学中就认为，种族的历史都印在手上，手就是一个精神器官。所以，我们在研究儿童的心理发展时，一定要结合儿童双手的活动进行研究，因为控制手的是大脑。手与大脑紧紧相连，大脑活动最好的表征就是手的活动。

我们可以这样想，假如儿童得到双手的帮助，他们的智力就能得到正常水平的发展，同时，他们的性格也会变得更坚强。所以，就算我们想只对心理问题进行讨论，但客观事实并不允许，因为假如儿童在环境中不能将他们的运动能力发挥出来的话，他们的性格必然只能得到较低水平的发展。依照我已有的经验，儿童一旦不能用手，他的性格一定只能得到较低水平的形成，继而表现出叛逆、缺乏激情、情绪低落和懒惰。然而，能够使用双手的儿童发展起来就明显比这种儿童快，他们的性格也较这些不能使用手的儿童明显坚强得多。

我们由此联想到了埃及历史，当时的艺术、建筑以及宗教等领域都存在各种各样的手工艺品。据当时的古墓铭文得知，在那个时代，一个人如果被称为有性格的人那就是对他最好的褒奖。所以，对于那些具有很高的手工艺成就的人来说，性格的发展是非常重要的。从中还能表明，性格和社会文明的发展史与手的活动是同步的，也就是说，人的个性与手之间存在联系。

我们可以从相反方向来设想一下，假如每一个人的手没有用处，而只用两条腿保持站立和平衡，同时仍然只用双腿走动，那么人类无论是跳舞还是跑动就会与我们现在的状态有所不同。

可以从两个方面来看运动的发展，一方面运动是遵循生物规律来发展的，另一方面其发展与人的心理世界存在紧密联系。不论就哪一方面来说，运动都要依赖于肌肉的使用。在研究儿童时，我们一定要按照两条发展路线来进行：手的发展路线，走路或者保持平衡方面的发展路线。这两个方面的联系直到儿童成长到一岁半时才开始出现。一岁半的儿童会产生用手拿一些东西的渴望，要达成这个目的就需要用腿来支撑身体。腿是人进行活动的工具，它能带着我们达到每个想去的地方，不过他的任务就到此为止，当人到目的地后要完成具体工作就要通过手来完成。人能够走很远的距离，人的踪迹可以留在世界的各个地方。每个人出生到死亡都需要走路，对于一个已经去世的人来说，他能为这个世界留下的，或者能够证明他曾存在于这个世界的，就是他们的手工作品。

在研究语言时我们发现，人类的语言发展与听力之间存在联系。由于我们在考虑去何处的时候会先用眼睛来观察，所以人的行为是与视觉联系在一起的。同样，在我们用手工作时，也会通过眼睛来审视这些工作。在儿童的心理发展过程中，与之联系最紧密的就是听觉和视觉这两个感觉器官，因为儿童最开始都要对周围世界进行观察与了解，从而将自己的潜能发挥出来。很明显，儿童会在了解自己生活的世界之后开始学习走动。由此可见，人都是先观察再运动的。儿童还可以通过自己对世界的了解来指导他们的行为。他们对周围环境的认识及运动都取决于心理发展的程度。因此，新生婴儿出生时只会一动不动地躺着。当他们能够走动后，仍然由大脑来指导他们行动。

儿童学会运动时，最先学会的都是抓或拿的动作。在观察中我们发现，最先引起儿童注意的地方是手而不是脚。在他们会抓之前，他们的注意力都集中在手上。这时，原来潜意识中的理解能力就已经朝着有意识转变了。接下来，抓的动作会有进一步的发展，这些动作已经不再像以前那种出自于本能，而变成了一种有意识的动作。当儿童长到 10 个月大时，他们在对周围环境观察的过程中产生了浓厚的兴趣，从而产生做更多动作的强烈愿望。这时的儿童已经不再局限于"抓"等简单动作的现状了。为了表现自己双手的能力，儿童会去挪动一些物体。当儿童充分了解了自己周围的事物后，就开始投入到行动中。在接下来的日子中，儿童会翻箱倒柜地将东西弄得四处都是，他们不停地打开又关上抽屉或盒子、从橱柜中翻出所有衣服、从瓶子上取出瓶塞，然后又照原样将东西放回去……儿童正是在这些活动中，逐渐锻炼自己的双手，让手的控制能力变得愈来愈强。

在手发展的同时，儿童双腿的变化是怎样的呢？这时两条腿都还没有出现智力和意志的控制。从解剖学的角度分析，这时儿童的小脑，也就是控制肌肉平衡的器官正处于迅速发展的状态。

现在，儿童的身体就像一个闹钟一样，准备将他体内保持平衡的能力唤醒。在此过程中，环境不发挥任何作用，所有命令信号都是大脑发出的。儿童经过不懈的努力与坚持，逐渐从能够坐起来发展到蹒跚学步。心理学家分析认为，人在站起来之前都要经历四个阶段：第一阶段是坐起来；第二阶段是学会翻身和爬行；第三个阶段就是独自站立；第四个阶段是不需要他人的帮助就能走路。在第二个阶段中，假如我们将两个指头伸给儿童抓住，他就能用脚走路，不过最初只能用脚尖接触地面，然后慢慢独立站立。当他步入第三个阶段时，就能用整个脚掌着地了，不过，这时他还需要借助一些东西的帮扶，才能完成人正常站立的姿势，比如他会抓住母亲的衣角等。儿童在这些阶段中获得的成绩都是儿童内部成熟过程的结果。这时的儿童完全可以说出："我能够独立行走了，我自由了，再见。"

这时的儿童已然登上了又一个新的独立阶段，这种独立的意义就是他们自己可能完成某些事情。从哲学上定义独立过程就是："通过努力，人达到了独立。"独立其实就是在没有任何人的帮助下完成一件事情。若真是这样，儿童肯定要加快发展的速度，不然发展速度就会放缓。假如我们明白了这一点，该怎样对待儿童的问题就不会让我们困惑了。这些观点可以有效地指导我们该用什么方式对待儿童。虽说出自天性我们会去帮助儿童，不过通过前面阐述的理论可知，不要过多，或不必要地为儿童提供帮助。假如儿童想通过自己独立走路，我们就不要阻止，因为只有在实践中，儿童所有的发展力量才能发挥出来，即使他们具备了这些基本能力，也应该进行实践。当一个儿童长到3岁时，假如我们还抱着他，这样做就一定会限制他的发展，这样的情况时有发生。儿童如果达到了真正独立的程度，成年人再提供帮助反而是一种阻碍。

可见，我们应该让儿童自己行走，而不是成天将他们抱着怀里。当他们想用手做某件事情时，我们要提供锻炼他们智力的机会，并将这件事情交给他，只有通过自身的行为才能引导他们走向独立。

通过观察，发现另一个因素对一个一岁半儿童的四肢发展也很重要，它就是力量因素。当儿童具备一定技巧之后，他们对自己已有的力量很有自信。他们不断练习和实践，其主要目的就是将自己的能力最大限度地发挥出来，这一点上与成年人有很大的区别。

自然界似乎想让儿童知道"你已经非常敏捷，也拥有了很多技能。不过你还要变得更强壮，不然一起努力都是枉然"。

一旦儿童双手的技能与他们双腿保持平衡的能力相结合，那么，他们除了会要求走路以外，还会要求拿着一些较重的东西，并且走更长的路。事实上，拿东西就是很多人走路的目的。学会抓东西还不够，儿童的手还锻炼着负重，并试着搬动这些较沉的东西。一些儿童用小胳膊努力抱紧一罐水，并且他们会为了保持平衡而慢慢移动。而且，他们在这个过程中还需要克服重力。儿童喜欢借助某样东西提升自己，喜欢攀爬。现在他们已不像之前那样为了拥有某样东西而去抓它了，而是为了能借助这样东西爬到高处。这些过程都是锻炼儿童力量的过程，整个这一时期都会帮助儿童锻炼力量。这与自然逻辑是相符的，因此，到成年时身体就需要达到足够强壮。

此后，儿童除了能够独自走路外，对自己的力量也有很大的信心。然后他们会对周围人的各种动作观察起来，并进行模仿。他们这时候的模仿并非出自别人对他们的要求，这都源自他们内在的强烈需求。因此，我们能够将自然界的逻辑规律总结为以下几条。

1.让儿童学会站立；

2.让儿童学会行走，并具有强壮的力量；

3.让儿童融入周围环境中。

由此可以看出，在成长的过程中，儿童会经历很多准备阶段。他们必须先准备好自己以及身体器官。随后，他们的力量逐渐变得强大，然后就会观察周围的人，最终达到独立行事的阶段。这些都是儿童根据自然的要求，进行练习，例如爬椅子、梯子等。当他们将这些都做到之后，才能达到另一个新的阶段，并且在心理上产生做这些事的需求——"我已经做好了准备，我需要自由。"

这时的儿童有走路的需求，并且已经可能随意行走了。不过，心理学家并没有足够重视到这点。正常情况下，成年人会抱着儿童，或把他们放到学步车中。在我们看来，儿童这时还不能走路，需要我们的帮助。这样一来，当儿童与成人世界贴近时，我们只会让他们在这个关键时期产生自卑感。

Part 15
儿童发展过程中的模仿行为

在上一章中，我们讨论了儿童一岁半这一时期。我们对这个年龄段产生了浓厚的兴趣，因为它可能会是教育将面临的转折点。在这个时期，儿童的上、下肢的协调准备工作已经做好。随着即将迎接2岁这个"语言爆炸"期的来临，儿童的个性也将发展起来，同时他们将正式进入完全发展时期。在2岁前的这一阶段，儿童已经开始为了表达自己的思想而努力着。一岁半，可说就是一个具有建设性和不懈努力的时期。

当儿童发展到这个阶段时，我们一定不能将这种生命的自然规律打乱了。我们通过自然清楚地知道了这个时期，就是不断努力的时期，我们一定要做好帮助这种努力的准备。这种说法并没有进行细分，有人认为，这个阶段的儿童开始模仿周围人。这种观点早就存在了，因为我们都常说儿童模仿成年人这样的话。这显然不是一种深入透彻的解释。

我们已经知道，儿童在模仿行为前先进行理解。此前我们都认为，为了能让儿童更好地模仿，成年人一定要采取正常方式来行事。这就是成年人的责任。我们一再强调成年人，特别是教育工作者的重要作用，并要求成年人树立好榜样，我们自然而然地都会这样想。作为榜样就一定要有良好的品德，这就要求母亲也必须做到尽善尽美。不过，大自然的推理却不是这样的，这种推理与成年人是否完美无关。重要的是儿童在进行模仿之前，会先通过自己的种种努力做好准备。这是一个对每个人都适用的原理。儿童只不过是在成年人这个榜样身上找到了模仿的目标与动力罢了，从中不一定能收到好的效果。

事实上，只要儿童开始模仿，他们就会更好、更准确地做到榜样所做的事，而且一定会超越这些榜样。就一些行为来说，这个观点很明显地摆在我们面前。比如，一个儿童的理想是成为钢琴家，那他就不能只停留在会弹的程度，他还必须不断地练习，对自己的手指技巧加以提高。我们提高他的弹奏水平的方法，通常都是让他们进行这种单纯的模仿。很多时候，我们都会讲一些关于英雄和圣人的故事给儿童听，然后想象他们在某一天会成为这样的人。要知道，没有深入做好这种心理准备，这就只能是梦想。任何人都不可能通过模仿变成伟人。榜样是一股点燃儿童希望，并激发他们的兴趣的力量，儿童对模仿的渴望会让他们产生学习的动力，不过，他们只有通过大量的训练才能取得更好的成绩。就教育来说，模仿要进行准备。在刚开始时，儿童所做的努力是为了让他们拥有模仿的能力，那并不是模仿，这就证明间接的准备工作也是很重要的。我们不仅从大自然那里获得了模仿的能力，而且还获得了改变自己，让自己一步步贴近榜样的能力。身为教育工作者的我们假如真想帮助儿童完成这个目标，就一定要清楚给儿童提供帮助的程度应该有多大。

我们只要观察这个年龄段的儿童就能发现，他们会为了完成某件事情而做出努力。可能在我们看来，他们所做的这些事情非常好笑，但那又有什么呢？在他们内心需求的敦促下，他们一定会完成这件事。一旦他们的行为别人打断的话，一定会导致他们的性格发生转变，于是在面对很多事情时，他们会很盲目，而且会失去兴趣。让儿童做完这些事情尤为重要，这是我们的观点。要明确儿童的间接准备工作很重要这一点，因为他们所做的这些都是准备的表现形式，包括我们的生命都是为将来所做的间接准备。如果观察那些取得巨大成就的人就会发现，当他们处于这一阶段时几乎没有受到过打扰。要有恒心地做一件事情，这就是一种精神方面的准备。不论儿童的行为在我们看来有多么愚蠢可笑或有多么聪明，甚至他们的行为违背了我们的意愿（当然，我们这种意愿的前提是不伤害孩子），我们都必须允许儿童完成他们的行为。对此我们不能强加干涉，因为从儿童的心理需求方面来说，他们应该经常将自己所做的一些事情做完。

在上一章中我们也探讨过了，在满足自己的愿望时，儿童都会采取一种有趣的方式来达成。我们就经常看见，未满2岁的孩子会莫名其妙地去拿一些超出他们能力之外的东西。在我的一个朋友家中有很多较重的工具，有一个一岁半的孩子总喜欢将这些工具费劲地搬来搬去。另外，儿童看见大人摆桌子时也总喜欢去帮忙，他们还会去拿一屉高过他们个头的面包。就这样，儿童在感到劳累之前总是将东西拿过来又翻过去。害怕孩子累着的成年人就去帮助他们，不过心理学家认为，在这时成年人为孩子提供帮助只会妨碍儿童的行为，由此对他们的心理产生影响。很多儿童之所以出现精神上的问题，就是因为曾受到过这样的干扰。

爬楼梯是儿童常常会做的另一件事情。成年人都会有目的地爬楼梯，但儿童却相反。他们毫无目的地爬到楼顶后，还会不满足地重来，这样反复循环地进行。在学校的操场上，一般会有一些水泥或木制的滑梯，儿童们从反面的楼梯爬上去后,并不是想滑下来,爬到顶端,在劳累中找到快乐就是他们的目的。

绝大多数成年人都会干涉儿童的行为。心理学家们认为应该专门为儿童开辟一个工作的环境,那样他们可以不受干扰地在这个地方做任何事。鉴于这个要求,我们应该特别针对一岁半以上的儿童,建立托儿所或婴儿学校。所有属于学校中的设备都需要专门设计,比如设计一个在树顶的小房子,然后在下面安置一个能通往小房子的梯子。这个房子是为儿童设计的,并不是用来休息与生活的。往往当儿童需要那某件东西时,他总是挑重的东西拿,同样他们还总喜欢爬一些有难度的地方,例如椅子等。所以设计楼梯会让儿童从中得到很大乐趣,这些都是因为绝大多数儿童都具有攀高的内在需求。(关于这一方面的例子,读者在《童年的秘密》一书中也能发现很多。)

儿童并非为了一些外在目的而做这些行为的,他们是想通过这些行为找到锻炼自己协调运动能力的机会。只有儿童身上的很多肌肉进行协调运动,才能对成年人的行为进行模仿。这些行为本身不是儿童的最终目的,他们是希望自己内心的某种欲望得到满足。儿童如果想真正模仿成年人的行为,就必须完成准备工作。那样,儿童才能受到周围环境的激发。孩子的行为也能通过做一些新鲜的事情被激发出来,比如,当他们看见周围有人在做糕点或清扫卫生时,他们也会模仿着去做。

我们现在来探讨一下成长到2岁的儿童和他们对走路的需求。由于他们正朝着成人的方向成长,成年人具备的各种基本能力他们都应该学会,所以对他们来说走路就是一种很自然的需求。2岁儿童在心情好的情况下,就能够走上一英里路程。在走路时遇见的困难都不会使他们畏惧。我们应该知道,对于走路的看法,儿童是完全不同于成年人的。我们会很自然地要求儿童与我们步调一致，因此就觉得儿童走不了多远。这种想法非常可笑，这就好比让我们与一匹马赛跑，并奢望能追上马一样。我们担心马劳累，相反看着跑得很疲劳的我们马可能会说："让我帮帮你，骑到我背上来吧。"儿童走路的目的不是为了达到某地，他们只是单纯地想走路而已。由于他们的腿不想成年人那样长，因此我们不能要求他们跟上我们的步伐，而应该放慢走路的速度。我们不仅要在走路上迁就儿童，在其他方面也必须迁就他们。儿童自身的发展是具有规律的，即便我们要为他们提供帮助也应该根据这个规律来办事，而不应该强迫儿童遵照我们的想法去做。在走路时，儿童除了要用到双腿外，还要用到眼睛。正是由于他们看到了一些有趣事情才会受到吸引而走路，比如当他们看见地上的一撮青草，他们会蹲下进行观察，然后又会继续四处行走，当他们看见花朵时还会去闻，当看见树时他们又会走过去，先在树下转悠几圈，然后就产生了攀爬的想法，或者会坐在树下四处观察。儿童就这样被路途中的很多有趣的事情吸引住，然后不断地前行或不时地停下来休息一下，如此反复他们就能走上几英里的路程。假如儿童在路上遇到了石头等障碍物，就会兴奋不已。站在溪流边上，儿童会高兴地大喊："水、水！"然而与孩子们兴奋的想法不同，跟在他们身后的成年人则一心想尽快到达目的地，这就是成年人对走路的看法。

儿童们走路时就像地球上刚出现的原始部落那样，只是没有目的地游荡。部落族人不可能说"去巴黎吧"，他们也不会说"让我们坐火车吧"，因为那时既没有巴黎也没有火车。族人们往往毫无目的地游荡，直到进入吸引他们的有趣或有用的地方，这个地方可能是可以拾柴火的森林，也可能是可以放牧的草原等。儿童和这些部落是一样的，他们的本性就是一直走，然后不停地发现，这也应该被纳入我们的教育工作中。在儿童走路时，教育工作者应该把他们视为探索者，同样，他们的探索活动也应该成为学校教育的一个内容，而且这种活动应该在儿童很小的时候就开展起来。为此要多让儿童到户外去活动，从中对他们喜爱的事物进行观察，这种教育在学校中应该开展起来。比如，教儿童对各种颜色、树叶的性状及纹理、鸟类与其他动物的名称、昆虫的习性等进行识别与区分。儿童对这些都会产生很大的兴趣，这种兴趣越强烈，儿童在户外活动的时间也就会越长。我们要做的事情就是一定要开发儿童的兴趣，从而让他们不断地探索。

走路是一种强身健体的全方位的锻炼方式，这种锻炼可以改善呼吸和消化，走路可以取得与其他体育锻炼相同的效果。我们在行走的途中，可以发现很多有意思的事物，然后拾起它们或进行鉴别；我们还会有意跨越一条溪流，或者拾一些木材用来生火。这些运动需要身体的各个器官共同参与才能完成，所以走路和其他体育锻炼是差不多的。人的知识会逐渐积累增多，对事物的兴趣也会不断提高。人就应该多行走才能拓宽视野，所以，教育一定要按照进化的法则来开展。通过这样做，儿童的生命才能不断丰富起来。

现代社会的教育遵循这条原则是非常重要的。生活在现代社会的人们往往借助各种交通工具，变得很少走路了。生命的作用被分成两部分——肢体被用来玩游戏、大脑用以学习，这种做法并不好。生命本身就该是一个整体，特别是当儿童遵循成长规律慢慢长大成人时，这一点尤为重要。

Part 16
儿童既是创造者也是劳动者

在上文中我们讨论了儿童的一个发展阶段。在这个阶段，儿童的发展与他们在母亲子宫中时的情况很相像。直到儿童长到 3 岁前他们都会保持这种类型的发展。儿童一生中的很多重要变化都发生在这个很有创造性的发展阶段。不过当这个阶段过去后，这些变化也会随之消失。这个阶段仿佛是大自然划分的一条分界线，发生在这条分界线一边的事情我们会完全忘记，但在线的另一边开始发生的事情，儿童也开始有了记忆。我们把被遗忘的那部分称为"精神胚胎"阶段，另一部分就是"生理胚胎"阶段，分界线将两个阶段区别开来。

在精神胚胎阶段，例如儿童的语言、手和腿的运动等不同的能力都是独立发展的。在这个阶段还逐渐形成了一些感觉能力。我们由此想到他们出生之前的阶段，胎儿的各种生理器官也是独立生长的，这些生理器官互不考虑彼此的生长情况。我们在这个精神胚胎阶段还发现，各种心理控制能力逐渐独立出现。虽然我们都忘记了在这个阶段发生的事情，但也不必感到奇怪，因为在这个阶段我们的人格还没有定型，人的人格只有等到各种器官都发育完全之后才会定型。

儿童到3岁时，仿佛重新开始了一段生命一样，在这一时期开始出现意识，而且这些意识也开始发挥作用。在无意识和有意识这两个阶段之间好像被一条明显的界限分隔开来。在无意识阶段根本不存在记忆，儿童的记忆能力只有在意识出现后才能产生，也只有到那时才可能形成固定的人格。

3岁前是建立起各种功能的阶段，3岁后就是发展这些功能的阶段。这两个阶段之间的界限很明显，犹如古希腊神话中所说的遗忘河似的。我们发现3岁之前发生的事情没有人能够想起，当然更不用说2岁前的事了。心理分析学家们一直为唤起人们3岁前的记忆而努力，但几乎无人能够想起在这一时期发生的事情。每个人在这一阶段都从无到有地经历了一个创造性过程，然而当事人却把其中发生的每件事情都忘记了，这看起来是一件非常好笑的事情。

3岁之前的儿童，就是一个处于无意识状态下的创造者，人类仿佛从记忆中将他们做的事情彻底抹掉了。他们成长到3岁后，仿佛是另一个孩子似的以一副新形象出现在我们面前。自然割断了连接成年人和儿童之间的纽带，所以，我们对3岁前的儿童所做的事情可能都会带来破坏性的后果。我们要切记，儿童在他们生命的这个阶段中，由于缺乏保护自己的能力，他们依赖于成年人才能生活。因此，我们要想自己的行为不会成为阻碍儿童发展的绊脚石，那成年人一定要科学地遵循自然规律。

儿童在这个阶段结束后就获得了自我保护的能力。一旦成年人去管制他们，他们往往会以语言或恶作剧的方式表示抗拒。儿童这样做并非出自保护自己的目的，他们是想通过了解自己的周围环境找到适合自己发展的方式。儿童究竟需要发展什么呢？答案就是发展他们在3岁前那一阶段创造出来的各种能力。所以儿童在3~6岁这个阶段，已能够有意识地研究自己周围的环境了，这个阶段他们开始了真正的创造和建设。这时，儿童在有意识经验的帮助下，逐渐展现出在前一阶段中创造的潜在能力。这些有意识的经验除了表现为玩耍或诸多偶然行为之外，还为儿童的成长服务。儿童的双手在智慧的支配下，开始进行人类特有的活动。假如说儿童在第一阶段时观察周围世界的行为是处于被动的，然后在沉默中为心理发展打基础，那么他们在进入第二阶段后，一些个人的意愿就开始有效地发挥出来了。假如在第一个阶段他们就得到一些人为之外的力量的指导，那么，在此阶段中他们的行为就可以由自己来决定了。因此他们的手会不停歇地忙活。最初只能通过潜意识学习吸收周围环境知识的儿童，这时已经具备了亲自动手改变世界的能力了。

儿童这时进入了另一个发展类型，那就是完善他们之前获得的东西。语言就是一个很有力的例证，一直持续到5岁之前语言都处于自然发展的状态。虽说儿童在两岁半时就出现了语言，不过语言是在3岁后开始完善的，原因在于这时儿童这时除了能说一些单词外，还能说一些符合语言逻辑的句子。这时儿童自然也就具有了在上文中被我们称为语言敏感期的特殊感觉能力，儿童通过这种感觉能力，能够准确地记忆声音，还能丰富他们的词汇表达能力。

因此，这时儿童存在两种倾向：一种是强化他们对环境行为的意识；另一种是对各种已经形成的能力的完善。由此证明，在3~6岁这个时期，儿童通过行为达到"建设性的完善"。

在儿童的大脑中，仍然存在孜孜不倦地从周围环境中学习、吸收的能力，只不过在主动经验的帮助下，这种学习、吸收的能力变得更为丰富了。现在，儿童可以发挥感觉的作用，而且还亲自参与到了其中。手变成了执行大脑指令的器官，儿童此前都是在成年人的带领下观察周围世界的，并从中学习、吸收知识，而现在，他们会产生亲手摸摸各种事物然后加以区分的想法。孩子们这时总是显得非常繁忙和兴奋，并用手不断地做事情。儿童的智力现在已经从发生阶段转向了发展阶段。在这个阶段，儿童还会有更进一步的心理发展，因此他们就渴望用自己有目的的行动去探索世界。

通常我们称这个年龄阶段为"玩的年龄"。对此人们在以前也有一些了解，不过，将它作为一个科学研究课题是最近才开始的。

美洲和欧洲快速发展的文明，在人类和自然之间垒起了一道鸿沟。人们把满足儿童需要的工作寄予在大量的玩具上面，但这些都不是儿童真正需要的。儿童处于这个阶段时，他们需要与各种不同的东西接触，然而他们却不能真实地触摸到东西。当他们想触摸那些他们能看见的东西时总是被成年人阻止。现在，只有沙子是唯一允许儿童触碰的东西。玩沙子是较普遍的事情，有时他们还被允许玩水，但是由于担心孩子将衣服打湿，玩水就会有所限制。另外，一旦孩子将水和沙子混合起来玩，就会弄得很糟糕，成年人并不喜欢收拾这样的残局。

对于那些玩具生产较少的国家，儿童们就会表现出不同的一面。他们对外界事物仍然很敏感并且保持着快乐的心情。对于周围环境中发生的事情，他们只有一个想法，那就是加入进去。成年人做的事情，他们几乎都会做。比如看见母亲做蛋糕、面包，或洗衣服，他们总会跑来参与。他们的这些行为虽然也是一种模仿，不过这种模仿是聪明的，它具有选择性。儿童的这些行为是一种准备工作，以便让自己参与到周围活动中。做这些事的目的自然是想满足儿童的需求，这是一种满足自我发展的需求。我们在学校里为儿童提供各种各样的东西，让他们从中模仿周围事物。这些东西不论是大小，还是轻重都和适合儿童，因为这些东西就是为他们特制的。而且整个房间也是为他们量身定制的，他们在这个空间了可以自由玩耍，让儿童自由成长就是我们做这些的目的。

上述观点看起来显然没有错误。不过当我首次将这个观点提出来时，人们却显得十分诧异。我与我的助手特别为3～6岁的儿童准备了一间房子，我们还专门为他们准备了小桌子、小椅子、小碗筷以及小盘子等，儿童们可以像在自己家一样在这里嬉戏，周围的很多人对此都感到不可思议。孩子们在这里学会自理生活，桌子由他们自己摆设，碗碟由他们自己清洗，另外，他们还会打扫卫生、自行穿衣。我的这种教育改革在当时很少有人能理解。

对于儿童来说，即将融入社会生活是一件非常新鲜的事情。这些与现实生活中相似的东西在他们看来，比玩具更有意思。

约翰·德威教授是美国著名的教育学家，他认为在纽约这座美国的中心城市里一定能找到专为儿童设计的小东西。为此，他以纽约的各个超市为对象私底下进行了一次调查，他的目的是想找到诸如小凳子、小盘子或小扫帚之类的小物件。然而结果令他很失望，没有一个人会想到去制作这些东西，他因此诧异地说道："我们已经遗忘了儿童！"

我们不仅在这些方面遗忘了儿童，他们是社会公民的身份也被遗忘了。在儿童生活的世界里，成年人能找到满足自己的东西，但满足儿童的东西却没有。他们在这个一无所有的世界里只能漫无目的地游荡，然后他们将自己的玩具弄坏，并时不时地做一些恶作剧，其实这样做都是为了获得精神上的满足。对于他们这种真正的需求，成年人却没有注意到。

在我们开办的学校里，就将这种界限给打破了，我们将掩盖事实的面纱给揭开了。我们考虑到孩子们真正的需求，提供他们需要的东西，我们的目的就是为了能让他们感到快乐，然后我们发现收获远远超出我们的预期值。儿童的性格彻底改变了，具有独立的倾向就是最显著的标志。他们似乎在告诉我们："我不需要你们帮助，而要自己做事。"

儿童瞬间转变成为一个可以自理生活、无需帮助的人了，这完全超乎我们的意料。现在，成年人却变成了一个观察者。在这个小世界里，儿童们得到了很大的收获，他们渐渐朝着适应社会生活改变，而且他们的性格也在逐渐形成。

我们这样做除了能带给儿童快乐外，还把他们成长的大门推开了，而快乐只不过是教育的一个目的而已。一个人要想掌握自己的命运，就一定要在能力上以及性格上独立起来。这些东西就是童年要展现给我们的，当意识出现时，它就开始掌握着我们的命运。

Part 17
通过想象获得文化

在自然规律的影响下，儿童努力地从周围环境中寻找一些积极的经验。儿童在这个过程中使用手的目的除了满足他们实践的需求外，还能获得知识。假如儿童在我们为他们准备的这个新环境中生活，他们的表现一定会出乎我们的意料。他们从中能得到更多的快乐，对自己手上的事情，他们也会产生浓厚的兴趣，从而长时间不知疲倦地投入到这些工作中。他们的大脑因此变得更开阔了，渴望知识的程度也更加强烈起来。

这些是在"书写爆发期"之后出现的，它们最开始吸引的会是儿童的心理。

其实，"书写爆发期"并没有什么实际意义，就像"火堆上的一缕轻烟"一样，它仅仅是一种表征。真正的爆发仿佛一个还未爆发的火山一样，是通过人的内在个性体现出来的。表面看来，这些火山似乎保持原状，然而却在某一天突然爆发并迸发出剧烈的火山岩来。专家们可以通过火山喷发的火焰形态、固体物质及烟等，研究地球内部的形态。

我们提供给儿童的小物件，大小都非常适合他们。在使用它们时，儿童就可以感觉到自己是在真实地生活，他们对这些东西的反应也在我们的意料之外。毫无疑问，我们成年人也应该努力，为解释做这些事情具有的意义而努力，从而让这种教育方式得以付诸实施。

在以往那些我们已经接受的教育方式中，任何一种方法都未能取得现在这样的成果。随着这些成果逐渐展现在我们面前的同时，我们在它们的指导下也找到了教育儿童的方向。首先，我们应该提供可以满足生命需求的条件，因为不应该有障碍物阻挡儿童的成长，为此我们要放开手，让他们可以自由地选择我们提供给他们的行为方式。这一点可以说是儿童心理学上的一个重大发现。到北极探过险的探险家派利用"人类心灵的发现"来称呼我们的工作。在他看来，这个工作应该是对人类天性的呼唤，而不是一种教育方式。

刚开始时就出现了两个不同的现象，一种就是儿童的大脑对文化的获取早于我们预期的时间，不过，儿童是通过与运动相关的一些行为获取知识的。处于这个年龄的儿童需要在行为中获取经验来学习，他们发展自己必须经过做一些事情才能完成。我们现在已经了解了，3～6岁这个阶段的儿童具有很强的接受能力，这是毋庸置疑的事实。

另一种现象与性格的形成相关，我们会在后面的章节中具体进行讨论，现在，我们先从自发的活动吸收文化这个情况来探讨这个事实。

以前儿童从周围环境中学习吸收知识，他们对那些熟悉的东西至今仍然保持着特殊的兴趣。他们很容易就能把注意力集中在这些事物上，例如，这时出现的"书写爆发期"，就是和此前儿童对语言的特殊感觉能力相关。当他们能够说话后，这种感觉能力变得更强了，不过，这种能力持续到儿童五岁半或6岁时就会消失。由此可知，儿童只有在五岁半或6岁之前，才具有学习书写的兴趣和热情。一旦他们过了这个年龄，自然赋予他们的特殊机会也会随之消失，到时他们只能有意识地学习书写，而且要付出很大的努力。

此外，据我们已有的经验可知，儿童的书写能力除了从他们以前所经历的阶段中得来之外，他们此前所做的很多准备性练习都对书写能力起到了很大的帮助。那些练习是我们为了锻炼他们的感觉区分能力而准备的各种手工练习。由此，在我们的教育方法中就多出了"间接准备"这条新原则。

大自然会遵循她自己的原则工作，在胚胎阶段，她会按照个体未来的需求制造出器官，然后让长成后的器官开始工作。

儿童成长到第二阶段时，他们会将自己在第一阶段形成的东西的作用发挥出来。我们由此就能根据在第一阶段中形成的顺序来了解第二阶段。例如语言的学习，在第一阶段时，儿童会经历一系列小阶段，我们的语法书正是按照这些阶段进行编排的。儿童最先学会发音，接下来是音节的发音，然后就是学会名词、动词、形容词、副词、介词及连词等。当儿童长到第二阶段时，我们就能根据这些顺序为他们提供帮助。所以，我们就知道了应该先教他们学习语法。这种说法实在让人难以想象，我们怎么会让他们先学习语法呢？他们甚至不会读也不会写，我们怎么能先教他们语法呢？

不过，让我们先好好地想一想吧，语法其实不就是所有有意义的语言的基础吗？不论是儿童还是成年人说话时都应该和语法相符。一个4岁的儿童正在做扩大自己的词汇量、完善自我语言机制的工作。因此，在儿童长到4岁时，如果我们教给他们语法对他们学习语言能起到很大的帮助。我们教他们学习语法，能够帮助他们更熟练地掌握自己学习吸收的口语。经验也证明，这时儿童对语法也很感兴趣，我们可以利用这个最佳时机教授他们语法。在0~3岁这第一个阶段里，儿童完全是在无意识状态下学习语法的，但现在他们要通过有意识地完善语法的学习。此外，我们还观察到，儿童在这个阶段对词汇具有一种特殊的感知能力，他们会学到很多新单词，顺其自然地就积累了大量的词汇。

众多实验结果也准确显示，这个时期，儿童词汇量的发展速度最为迅速。他们在这一阶段对学习新词汇的渴望仿佛极其强烈。假如没人去帮助他们，那他们的学习会很吃力，所以我们应该考虑他们的需求，采取系统的方式教他们词汇。

因此，我们时常碰到的一个问题就被引发出来了，在我设立学校并开始工作的最初阶段，我雇佣的老师所受教育的程度较低。刚开始老师们将很多单词写在卡片上，然后教儿童们读。不过没过多长时间他们就向我反映，他们的词汇量已经用完了。他们只知道周围环境中的一些事物的名称，而不具备更多的词汇量，然而孩子们还想学更多的东西。于是我开始准备了一些比较专业的词汇，例如多边形、三角形以及梯形等几何图形的名称。当孩子们将这些学完后，我又将气压计、温度计等一些更加专业的词汇教给他们。接下来，我逐渐教他们学习一些植物的名字，比如花冠、花萼、雌蕊及雄蕊等。而孩子们在学习时都报以同样的热情，并且在学会后又要求学习更多词汇。在老师们带孩子们去户外时，他们会指着各种汽车告诉老师每一种车名。让老师们尴尬的是，有的汽车他们居然都不认识。

儿童在这个年龄段会强烈渴望学到更多词汇，而且他们在学习时都不知疲倦。不过，这种情况到下一个阶段时就改变了。到时儿童又会具有其他不同的能力，那时他们再学习新词汇就会存在越来越大的难度。我们观察到，儿童在这个阶段学到的词汇将会跟随他们一生。当儿童长到8～9岁进入学校以及此后的生活中，他们都会一直流利地使用这些词汇。我们因此得出结论认为，3～6岁是儿童学习语言的最佳阶段。要强调的是，他们的学习并不是机械式的。在我们教儿童学习新词汇时,要用实物或他们在户外进行的活动与这些词汇相结合,以保证儿童的实际经验与词汇同步增长。例如,教他们花或树的名称时应该将花和树的样子展示给他们看,在为他们描述如岬、湾、海岛等地理图形时,就结合地球仪讲解。儿童如果看见了实物、图片或图表,那他们就能轻易地记住这些单词。其实,在学习这些东西时儿童并不会感到困难,相反却是老师容易将这些难于记忆的词汇搞混淆。

我曾经历过一件事,有一个男孩已经14岁了,但他分不清花的各个部分,此时一个3岁左右的孩子跑过来说了句"这是雌蕊"后,就跑回去了。

还有一次,我正在教孩子们学习教科书中植物根的分类,并结合挂在墙上的图片为他们讲解,这时,一个孩子跑进来指着图上问我那是什么东西,于是我就讲解给他听。过了一会儿,这个小家伙跑到花园里并将所有植物都拔出来了。原来,他听完我的讲解后就被这些植物的根迷住了,然后就想拔出这些植物看个明白。在此前我们提出通过图片或实物教孩子词汇的建议,不过此时我们生出了担心,家长们很可能会对我们这样做产生不满。想想,如果家长们回到家后发现孩子居然将花园里的植物都拔了出来,那他们会怎么想呢?

儿童们看见的东西和他们的心理是否相符呢?不是的,他们具有丰富的想象力,儿童的感觉类型不仅仅是一种直观感觉。

对于没有见过的事物,儿童会通过一种非常有序的特殊心理能力把这些事物的形象在脑中勾画出来。假如大脑只对见过的东西产生记忆,那么,带孩子到户外就更有必要了。当然我们对事物的认知并不都是通过眼睛来看的,比如文化就是由看不见的东西组成的。当我们了解世界时,即使没有看到雪或湖,但我们能在想象中勾画出这些东西。只有具备某种心理活动能力,才能做东这些。

儿童丰富的想象力究竟到何程度呢？由于我们不知道答案，那就只好在6岁儿童身上开始试验了。我们开始不要从河流、海岛等某个具体位置为他们讲解地理图形，相反应该先让他们具有一种全局性概念，我们指着一个地图告诉他们："这是地球。"

对于世界的样子，儿童并不能通过周围环境中的事物想象出来。假如在他们的大脑中形成了地球的概念，那么他们一定是通过想象力这种未知的力量得出的。在我们展示给儿童的地图上，用深蓝色表示海洋，用发光的碎末表示地表。虽然地图上没有任何地名以及普通标记，但儿童却能辨别出来，他们会突然说：

"这里是陆地。"

"这里是海洋。"

"这里是美洲。"

"这里是印度。"

……

儿童们喜欢上了地图，在很多儿童的房间里，地图成了必不可少的物品。一个3~6岁的儿童除了可以区分事物间的关系外，对于没有直接见过的事物，他们还能发挥想象力想象出来。在儿童的心里，想象力是非常重要的一部分。所有人都喜欢讲神话故事给儿童听，仿佛特意锻炼孩子的想象力似的。但是既然大家都觉得儿童想象力丰富，那为何在锻炼儿童的想象力时只讲那些神话故事呢？如果儿童都可以对这些神话故事加以想象，那么让他们想象美洲的样子又有何不可呢？想象的东西和通过谈话得到的东西并不同，他们在观察地图时能够让自己具有更加直观的印象。一直以来，我们总是忽略了发现真理的力量其实就是想象力。思想并不是被动的东西，它让我们充满了灵感，而且永远都不会枯竭。

曾经有一次，我看见一群6岁儿童正讨论着面前摆着的地图，只见一个三岁半的孩子也挤进来，他说：

"让我也看一下，这就是地球吗？"

别人说："是啊。"看上去孩子感到不可思议，他就说："现在我知道了。我叔叔曾三次环游过世界呢！"可见他已经知道了面前的这个只是一个模拟的地球，真实的地球非常大，他一定是曾经听到别人谈到过。

另一个4岁的小男孩也是我们学校的，这时他也想看看地图，在仔细地看了一会儿后他突然打断别人的话问道："纽约在哪里？"这让其他人很惊讶，因为此前大家在讨论美国时他并不知道。后来大家在地图上把纽约的位置指给了他，不想，他接着又问道："荷兰在哪里？"这让周围人更是大吃了一惊，不过仍将荷兰的所在地指给他看了。

这时他说："我爸爸每年都去美国两次，就住在纽约。妈妈会在他走后告诉我'爸爸在海上'，连着几天她都会这样说。过了几天妈妈就'爸爸已经到纽约了'，等又过了几天，她又会说'爸爸在海上'。等到妈妈说'爸爸到荷兰了，我们将在阿姆斯特丹和他见面'时，我们期待的一天就要到来了。"

这个孩子以前多次听过美国这个词，所以当他听见别人指着地图说美国时，他会停下脚步上前去看，他的神情仿佛在说："我找到美国了。"

儿童把自己看见的东西形象化，就像他们之前认识物质世界时会经历一个困难的阶段一样。儿童最终会将自己想象中的词汇和与之相关的真实东西联系到一起。

很多人都认为，儿童在这个年龄时，玩砖头以及在故事中锻炼他们的想象力就是两个主要的需求。人们认为玩砖头能建立起儿童思想和环境间的直接联系，他们从中知道并了解世界，然后让心理得到快速的发展。丰富儿童想象力的另一种方法被认为是讲故事，然后他们通过玩游戏的方式将这些想象力释放出来。在亲手做一些事情时，还能锻炼儿童的体力，于是人们都很自然地认为这样做对儿童有极大的帮助，因为这些让儿童的大脑与外界建立起了一定的联系。

儿童们在这个年龄段时，总是要求成年人给他们解释很多事情。他们的好奇心非常强，而他们提出的问题就像炸弹一样轰炸着我们的大脑。不过，要是看见我们很有耐心，对他们的问题一一回答，并且我们也将此看作是求知的表现的话，他们就会非常开心。但是我们要切记，过多的解释反而会让儿童不耐烦，而成年人们恰恰就喜欢做长篇大论的解释。

有一个孩子曾经询问他爸爸，为什么叶子是绿色的。这个问题在他爸爸看来具有很高深的学问，于是他从叶绿素的定义和它吸收光线的方式等开始向孩子解释。不过孩子却嘟哝地说道："我只是想知道为什么叶子是绿的，并不想知道什么叶绿素、太阳光线。"

我们都清楚，这个年龄的儿童具有爱问问题、喜欢玩、想象力丰富等主要特征，他们不知道的东西有很多，有时他们的问题会很难回答。

孩子们一直希望弄明白一个问题，他们会问："妈妈，我是从何处来的呢？"对于一个聪明的妈妈来说，她会早就做好对孩子说实话的准备。一个4岁孩子的妈妈在孩子这样问她时，她回答说："你是我的孩子，自然是我生的啊！"

这个简洁的回答让儿童的愿望得到了满足。这个妈妈在一年之后对孩子说："我要生另一个孩子了。"妈妈从医院回到家里后，她让这个孩子看刚出生的婴儿，并告诉他："这是你弟弟，他和你一样都是妈妈生的。"

这个儿童这时已经6岁了，他非常不满地询问妈妈："你为什么不告诉我，我究竟是怎样来到世上的呢？我现在都长大了，这样的事情我应该知道了，你怎么不告诉我实话呢？你曾说要制作一个弟弟，可我仔细观察过，你没做什么事啊。"

即使用真话来解释，这也是一件困难的事，不过作为父母和老师，在满足儿童想象力这方面应该具有足够的智慧才行。

老师要接受特殊的训练，因为仅仅依照我们的逻辑是很难对这些问题进行回答的。我们一定要摒弃那些先入为主的观点，去了解儿童是怎样发展的。回答这些问题时使用的技巧，一定要适合于3~6岁儿童，但我们缺乏的正好就是这些技巧。幸好，儿童从我们这儿学习的东西远远少于他们在周围环境中学到的东西，虽然如此我们仍然要了解他们的心理，并尽力帮助他们。

不断问问题的儿童们总是不知疲倦，直到现在，在儿童心理学方面我们还存在很多误解。这就证明如果我们还用那些先入之见来指导儿童发展是不行的，因为我们都不够了解儿童。只有儿童才能教我们应该通过他们的行为方式去了解他们。

众多例子也表明，除了渴望一些有趣的事情以外，儿童还想掌握做这些事情的准确方式。他们被这种准确深深吸引住了，因此他们总是不断地去探寻。我们由此可以推断，儿童对事物的兴趣都出自一个有意识的目的。他们为了协调自己的运动而努力，并将它变成自己能控制的本能。

我们在观察中发现，一旦某一事物吸引了儿童，他们就会持续地重复做这件事。接下来的发现让我们更吃惊，儿童在重复做这些生活中的某件事情时，精力会高度集中。比如，他们会拿着一件铜器非常认真地磨，多次重复地直到磨得发亮为止。也就是说，一些表面的目的仅仅是一个刺激点而已，儿童满足自己下意识里的某种需求才是真正的目的。因为儿童一直反复做这些运动，就能增加控制他们精神系统的能力，而且一种新的和谐在他们的肌肉间建立起来。当然，这种和谐不是自然赋予而是后天获得的，所以说做这些事能帮助儿童成长。对成年人而言，不停地玩各种游戏、做运动也是一样的，把球打得更准确不是我们打网球、踢足球的唯一目的，我们在运动中可以锻炼之前没有的某种技能，我们运动的真正目的其实就是为了提高这些技能。

我们可能会将儿童的这些行为都称为游戏，不过对于儿童将来需要的能力来说，这些游戏有很大的帮助。

在本能的要求下，儿童要适应自己生活时代的需求。为此，他们的内部需要不断努力，仿佛有人这样告诉他："你将来会需要这些，所以你一定要培养这些能力。"这个任务在儿童时期是最容易完成的，所以，我们才将儿童的模仿能力称作他们完成自我建设工作的动力。

儿童本身具有建设自己能力的动力，对儿童来说，周围人的行为只是一种刺激，他们会在模仿这些行为后培养自己的能力。儿童培养的这些能力具体都有哪些呢？例如语言，语言犹如被纺织者放在织机上的经线，这些经线并不是放到织机上就成织布了，它们只是织布的基础。可以将这些经线比作词汇的具有韵律感的声音，而它们有序的排列方式就像语法的规律一样。我们从众多实际生活经验中得知，一个民族或种族的基础就是由这些行为的经线奠定的。儿童在3～6岁这一阶段就织完了"布"，由此可知，6岁前的这一时期是很重要的。儿童在此阶段中建立起来的各种能力将让他们终生受用。不论是走路方式还是行事风格都在这一时期定型，而且会成为儿童性格中永远无法改变的特征。儿童将来生活于底层社会或是上层社会也都是由这些东西决定的，由此就体现出了不同社会阶层的区别所在，这好比通过不同的语言来区分不同民族是同样的。

因此，一个出身于底层社会的人要想变成上层社会的人，就必须改变他的生活环境，不然底层社会的生活在他们身上留下的痕迹是永远都不可能消除的。假如一个贵族装扮成工人的样子，那么从生活习惯和处事方式上看，他一定会被识破。

学习语言也一样，儿童的口音也是在这个时期定型的。就算是习惯使用专业词汇的大学教授，他的口音也是没法掩盖的。

儿童在婴儿时期形成的东西，是所有高等教育也抹不去的。我们由此发现，对这个年龄来说社会教育具有很重要的作用。假如儿童的人格由于他们在3岁之前遭遇了某些障碍而发生偏离的话，在3～6岁这个阶段还可以有补救的办法，因为，在这一时期大自然正在对儿童的心理做收尾建设工作。只要我们采取适当的、科学的教育方法，那么，不同国家或种族之间的距离就会被缩小。也就是说，人类可以像改变自然环境一样，用文明来改变自己。因为人类具有大自然赋予的某种神秘力量。

在儿童的行为中，和指导儿童发展相关的儿童个性将得到体现，个性具有什么作用呢？这在我们为儿童安排的各种活动中就能发现。

那么，这种感觉教育该怎样安排呢？

自然与人之间的连接点就是这些感觉。通过感觉经验，儿童的心灵会变得非常灵巧，就好比一位钢琴家即使使用一架普通的钢琴也能弹奏出优美的旋律，一位优秀的纺织工用手摸也能分辨出是单线还双线织成了一块绸缎，生活在原始部落的族人能通过草丛中细微的"簌簌"声就能判断有蛇等。

虽然每个人拥有的能力不同，不过，这些能力却都会被日常生活所影响。

感觉教育正是在智力和运动的共同作用下出现的。

影响兴趣的内在因素决定了个体之间的差别，而每个人的内在因素是存在差异的。也就是说，我们的某种兴趣是与生俱来的，而我们正是在这种遵循自然规律而形成的兴趣的促使下成长和发展的。

这些生活在我们布置的小房间中的儿童，他们比起其他孩子具有更强的动手能力，而且对外界还有很强的感知能力。从这一点来说，若将这些儿童和其他理解能力差的儿童相比，他们能感觉到不同事物之间非常细微的差别，但这些差别却是其他理解力差的儿童所感觉不到的。因此，在这些儿童的眼中，外部世界会变得更加丰富多彩。

现在，学校的老师们经常安排被称为"物体课"的课程内容。在课上，儿童们针对某个特定的物体，必须将它颜色、形态、纹理等等的特征列举出来。虽然在世界上存在数不清的物体种类，不过，每种物体都只有有限的几种特征。好比组成单词的字母是有限的，但它们却能组成无限的词汇一样。

假如我们提供物体给儿童，而且这些物体自身具有很多特征，这时我们好比给了孩子们一个字母表，一把开启知识宝库的钥匙。因为儿童们了解了各种事物的特征，而且还掌握了这些事物发展变化的方式，这些工作为他们了解周围环境及世界奠定了基础。

外界的这个"字母表"是非常宝贵的。其实，就像我们在前面叙述的那样，文化不仅是信息的积累，通过文化还能体现出个性的发展。给一个受过感觉训练的儿童上课，与教一个没有受过任何感觉训练的儿童完全不一样。受过感觉训练的儿童能够很敏感地察觉到不同事物间的微小差别，所以他们对任一物体或某种想法都会产生巨大的兴趣，比如昆虫的样子、花的颜色、树叶的形体等。儿童接触的实物以及从中产生的兴趣都将决定儿童的发展，因为比起一位好老师的教授来说，儿童那颗时刻做准备的大脑对他们的发展更重要。

我们为儿童准备的所有小物件能够帮助他们的大脑发展条理性，因为这些小物件各自都具有不同的特征。

人们能够自然而然地区分出不同事物之间的特征，对于事物的形态及颜色差别，人们并不需要经过特殊的教育就能做到，这些其实都与人类的思维形式有关。大脑拥有丰富的想象力，同时它还能对思想的内容进行安排和整理。在观察周围事物时，大脑能将事物的"特征字母表"抽象出来，这些工作就是由抽象思维完成的。参照大脑的这种能力，字母表被发明出来，组成所有单词的字母就都出自于这个字母表。我们的口语的主要表现形式正是这些单词，因此，可以将抽象系统比喻为一个字母表。假如一个人的想象力以及逻辑思维得不到发挥，那么这个人必然不聪明。就像一个缺少变化的高等动物一样，这个人的智力发展极其有限，而且他的行为也都局限于某种特定的形式，这样他的发展必然会受到影响。

现在，我们还很少通过抽象思维来思考问题，不过，在现实生活中我们会面临众多事物。对这些事物，我们的抽象思维越准确，它的价值就越大。要知道，大脑中的抽象思维会对思想产生巨大的影响。

通过大脑的想象力和抽象思维这两种能力，我们可以将事物的本质挖掘出来。同样，这两种能力对心理的成熟也非常重要，在人类学习语言时它们也是必不可少的。参照精确的字母表、遵循语法规则就能演变出无穷无尽的单词，如果我们想丰富语言并增强语言的实用性，那么，我们就一定要以发音和语法规则为基础。这就是语言的构建规律，它对大脑的构建也同样适用。

当你用"非常聪明，不过思维缺乏条理"来评价一个人时，其实表达的意思就是，此人脑中虽然有很多想法，但却不能将这些想法有序地理出头绪来。有时你还会用"他的思维和地图一样精确，而且具有准确的判断力"去描述其他人。对他人的精确印象都来自大脑的一个精确部分，我们将这部分称为"精确的大脑"。法国哲学家、物理学家兼数学家帕斯卡是这个用法的发起人，由此可知，人的大脑与生俱来就很精确，通过这些准确的观察就有了知识的发展。

大脑作为人的想象力的基础，也是由一定的规律性来决定的，犹如在字母的发音及词汇的编排规则的基础上发展来的语言一样。在研究一些具有影响力的发明家的作品时我们发现，他们的想法在研究初期也遵循了一定的规律性。同样，在主要依靠想象的诗歌、音乐等领域，也是按照一定的韵律及节奏发展的。

因此，在我们的教育中一定要将这两种能力考虑进去。对某个个体的性格来说，虽然这两种能力有时是一个强于另一个的，但是它们一定是共同存在，并且是共同协调着将两者的作用发挥出来的。如果我们只挖掘想象力，两者间的平衡就会被打破，并且会阻碍个体在现实中的生活。

就儿童而言，他们会自发地通过许多明显的方式表现出他们追求准确的倾向。

事实表明，假如我们将准确地做某件事的方法告诉给儿童，他们也同样会对这种准确性产生兴趣。做一件事时达到此事的目的是最基本的要求，如果希望儿童做到准确，那么，他们为此需要付出努力，通过这种努力，能够促进儿童身心的发展。儿童在学校进行的一切活动，就是以规律性和准确性为主的。

为培养儿童注意力而用到的这些小物件，不仅在儿童了解周围环境时发挥了作用，而且还能培养儿童大脑的精确性。这一点在3～4岁的儿童身上，表现得最为明显。

针对这个问题，我们得出的结论完全不同于学校中的情况。对孩子来说，学校安排的数学课简直就是一种酷刑。很多人面对数学时都存在一定的心理障碍。不过，假如能够将这种"精确"的概念从早期就深深植入到儿童那颗"具有吸收力的大脑"中的话，现在的情况将会完全不同。

在一般儿童生活的环境中，有大自然中的花、草、树、木，也有动物，但却没有与数学精确相关的东西。因此儿童的数学倾向可能就发挥不出来，进而对他们今后的发展也产生影响。所以我们为儿童提供的这些小物件就可以充当基本数学或"物质抽象"的东西。在我的另外两本书也是关于儿童学习心理的，书中就讨论了很多关于数学教育的方法。

在出生后的第一个阶段，儿童根据周围的物质世界打下了基础。由于胚胎的发展是先天性的，所以这个阶段的发展和胚胎的发展存在着相似的地方。就像考格西尔的发现一样，决定胚胎类型的，不论是由基因决定的未来的身体器官，还是人类的行为，都与这个规律是相符的。

学习语言是儿童打下的另一个基础。由于声音和特定的词汇排列规则组成了语言，因此语言具有固定、准确的特点。儿童出生时并不具备这些声音和词汇的排列规则，而它们的形成与特定的人类群体有关系。语言和词汇的意义，只有在人们达成了共识之后才能理解这种意义。

除了语言之外，还有很多东西也是由社会群体建立的。比如，传统、习惯最后会被纳入道德力量的一部分。非常有趣的是，传统并没有如进化论阐述的那样，出现"传统会将人们的生活简化"的现象。而且寻求生命的最佳状态也不是人的"自卫本能"的唯一目的。在对生命的众多限制中，虽然传统只是一种无形的障碍，不过，人们仍然将传统看作一种天生就用来牺牲的本能，而且人们必须去适应它。也就是说，我们一定要将某些东西抛弃或者牺牲。根据对原始人类的生活习惯的研究证明，具有限制性特征的习惯或是禁忌等会损坏这些人的身体，而且这样的事并不少见。

人们对美的追求常常需要人们为之付出很大的代价，这种美不是被扭曲就是变形的。我们可以想想，中国女人裹出来的小脚，还有那些将珠宝穿在鼻子或耳朵上的传统行为。

限制最严重的应该是饮食方面，在近段时间，印度有成千上万的人虽然生活在牛羊成群的地方，但却都死于饥荒。在这些人的思想里，绝不屠宰动物的传统早已根深蒂固扎下了根，所以他们宁愿死也不愿用这些动物来充饥。

道德作为社会生活的上层建筑早已根植在人们的思想中，不过，我们也应该记住，全社会的共同认可才是道德建立的基础。

宗教也是这样，对宗教的崇拜也一定要得到社会大众的认可。当然，人们对宗教的认可，其实是出于人类的一种精神需求，因此，人们对于宗教的看法就不仅仅限于认可它那么简单，还处于一种崇拜的需要。原始人类总是膜拜自然界的一些现象，对大自然也怀着一种敬畏之情。逐渐地，人们就都认可了这种行为，于是人们将这些自然现象或事件当作自己虔诚膜拜的对象。

其实，这些现象不仅仅是因为人的想象力受到了这些东西的刺激，人的思想的主动性也占很大因素。人们的需求通过宗教偶像得到了满足，就好像人的大脑因为感知而产生抽象思维一样。通过某些心理活动，人们掌握了事物的特征，并且在潜意识的要求下，把他们的崇拜之情用一些抽象的人性化符号表达出来。这些人性化符号若想变成社会符号，那么，宗教偶像们必须先被人们认同。人们的这种膜拜和崇敬就是通过符号表达的一种方式，而且最终在社会群体中形成固定的方式。

经过长达数个世纪的时间，这些在人们的大脑中已经深深烙下了印记。和道德一样，宗教也形成了一个固定的系统，另外，它还肩负起了融合人类群体的使命。通过宗教将人类群体组合到了一起，同时将各个群体之间区别开来。人类群体间存在的差别与各个物种间的生物差别是相同的，不过，这些差别的来源不同，人类经过一代代将这种心理形态传留下来，而生物差别却是通过遗传天生具有的。

对于社会群体的特征从勾画、接受到固定，并不仅仅由想象力来完成的。这种特征是想象力和精神需求共同作用的结果，看似复杂，但随后这种抽象就会被简化，进而变得单一，这样，大脑在准确表达一种超越现实的想象时，就能通过某种特定的形式来进行了。

由于这些形式具有精确和稳定的特性，所以它们能形成了简化的符号，这样，人们理解也很方便，而且人们的行为会在这些符号的作用下变得稳定。

那么，在儿童学习吸收传统、道德和宗教时，他们学习的内容究竟是什么呢？

我们可以用语言的学习和这些作一个比较，人们对某种模式的接受，就是对通过抽象得出的一种准确性和稳定性的接受，然后，人们将这个模式变成了自己的一部分，就像生物结构属于胚胎一样。就如同个体特是由基因决定的一样，这个有效并具有创造性的模式就赋予了个体某种形式，这个道理是与神经中枢决定行为模式是相同的。

在出生后的阶段，即心理阶段，儿童会对自己周围的社会群体所认同的特定模式加以学习吸收。换句话说，儿童最开始吸收的是由心理决定的某种模式，而不是心理本身的东西。那些基本的、精确的、具有集中表现力的部分是儿童进行吸收的内容，在实际生活中这些东西是多次重复的。只要儿童吸收了这种模式，那么，它会像语言那样，变成儿童个性中的一个固定的部分。

人们此后的发展并没有固定方向，不过，他们的发展依然是建立在一定的基础上的。每个人对母语的学习也是同样的，后期都会变得不确定，不过，他们仍然会遵循在胚胎时期就定下来的一定的语音和语法规则来进行学习。

从出生开始，儿童大脑的这种精确性就体现出来了，除了对行为要求精确以外，在早期生活中，儿童对秩序及规则等的要求也非常严格。他们很敏感，对事物摆放的位置是否恰当、摆放是否有序等都能察觉到。这就说明，儿童在通过某些行为了解周围世界时，只有那些存在一定规律的东西会留在他们的记忆中，不然他们的注意力就不能集中。

儿童个性心理层面的基本形态通过上面的这些现象展示在我们面前，可见，精神的有机体是按照一种早已具有的模式自发形成的。如果不是这样，心理就只能依靠意志和推理来发展，照这样说来，儿童的所有能力都是后天获得的，显然，这种说法非常荒谬。

这就好比人的身体并非通过逻辑推理来创造的一样，推理并不能创造出人的心理类型。我们在此说的创造，指的是原本不存在的东西不仅突然很神奇地就出现了，而且它的生长还会遵循一定的规律。但事实上，任何生命都是从胚胎细胞发展来的，所有事物也都是从某种特定的类型开始的。

由此可知，人类思想的发展都是建立在一定基础上的，而这个基础具有一定的创造性。不过儿童出生之后，思想的完善都是通过从外部世界的学习、吸收来完成的。这样，一个基础就在大脑中形成了。在这个基础上，每个个体最终按照他所在种族的要求成为了其中的一员。所有群体内部都存在一定的连续性，正是通过这种连续性将人类文明一代代传承了下来。

这些并非与生俱来的东西要想得到发展，就必须等到新生婴儿具有某种创造性能力时才能实现，然后这些东西会像社会模式那样渐渐地发展。儿童真正的生物功能就是这些，而社会正是依赖它们发展的。不过，成年人能够对这个创造性过程加以控制，因此我们的重要作用就发挥出来了。

Part 18
儿童的性格及其形成

我们即将对另一个方面的问题进行讨论了，在婴儿出生后的几年内这些问题是很重要的，这个问题就是儿童的性格及其形成的问题。

以前的教育对性格的培养非常重视，虽然以前都没有具体的培养方法，甚至都不知道什么是性格。不过在旧式教育理论认为，用字母"X"来表示的性格也应该包括在教育内，如果仅仅进行智力教育和实践教育是不够的。这就表明人格这个重要部分已充分受到了教育工作者的重视。人们对诸如勇气、坚毅、责任感以及自己与他人的关系等美德是很重视的。可见，进行道德教育是非常重要的。

不过，关于道德教育的想法在人们的思想中仍然不清晰，他们还不能给性格下一个具体的定义。

以前，针对性格这个问题，哲学家和心理学家们都进行过讨论，但仍然没能为性格作一个准确的定义。从古希腊开始，就曾有泰奥弗拉斯托斯以及弗洛伊德、荣格等学者都努力探寻过这个问题的答案，然而，结果都像罗姆克所那样，"我们一直都在进行试验"。

到今天也没有出现一个能被所有人接受的定义，不过人们已经意识到了性格的重要性。近年来，人们主要从身体、道德、智力因素、意愿、人格及遗传等方面去研究性格。1876年由哈森将"性格学"首次提出来之后，一门以性格研究为主的新学科就逐渐形成了，不过，人们一直没能通过精确的理论对性格学进行研究，而仅仅停留在投机式的研究上。后来很多现代改革家及学生们为此投入了极大的精力，不过令人不解的是，他们不管是研究单个的人，还是从抽象的角度进行研究，一直只选用成年人作为研究对象。就连那些以教育为研究方向的人也是一样，不论是以经验还是宗教为出发点，儿童都被他们忽视了，即使他们偶尔也会提到关于遗传和出生前的影响的内容，但弥补这个遗漏的人却寥寥无几。

我们正是针对这个遗漏而进行的研究。儿童是我们展开研究的切入点，因为只有借鉴儿童的自然行为，我们才能另辟蹊径，找到解决这个问题的新的思考方法。我们从儿童的行为中得知，儿童性格的发展是由他们个人的众多努力促进完成的。他们做出的努力不受外部因素所影响，而是由他们的创造潜能，以及平时在生活中遇到的障碍来决定的。这时，观察和诠释人心理方面的建设就引起了我们很大的兴趣。我们应该从婴儿出生后，其性格和个性还未形成时开始进行研究，研究将持续到他们的性格和个性全部形成为止。人的心理发展自然是由在人们潜意识中扎下根的自然规律来决定的，所有人在这一点上都是相同的。每个人后期的不同生活决定着彼此间的差别，因为每个人后期的生活道路上都会不断遇到很多困难，这些困难最终对人的心理产生不同的影响。

应该说，这个理论必须能够解释人类从出生开始到成熟这个过程中的每一个阶段，不过，我们现在只有先以儿童的生活作为主要对象来进行研究，然后以此为基础，去研究个体在适应社会的过程中逐渐形成的不同发展形式。

也就是说，我们现在对人的性格的研究将通过研究人们的行为来进行。就像我在前面说的那样。将人从出生到18岁之前这个过程分成以下三个阶段：本书中主要研究的年龄段——0~6岁、6~12岁、12~18岁。我们又将每个阶段分为了两个小阶段。当我们分别研究这些阶段时发现，儿童处于这些阶段时的典型心理之间存在很大的区别，另外不同的个体也有巨大的差别。

大家都清楚，0~6岁是一个创造阶段，对于刚出生时还不具有性格的婴儿来说，他们的性格也正是在这一时期形成的。第一个阶段是人生最重要的时期，同样，它对性格的发展也有很重要的作用。谁都知道，要想对刚出生的婴儿施加任何外在影响都是不可能的，由此可见，婴儿性格发展的基础是由大自然给他们奠定的。成年人的道德观念对这些还没有好坏意识的婴儿来说，根本不可能产生任何影响。当然，我们也不能用坏或者不道德等词语来评价一个儿童，最多只能说他们很顽皮。因此，在这本书中也根本不会用到诸如"好、坏、道德"这样的词语。当儿童长到6~12岁时，他们的大脑中就具备了好、坏的概念，这时的儿童不仅可以对自己的行为是好是坏进行评价，同样也能用好坏去评价他人的行为。儿童处于这个阶段时的主要特征就是能够辨别好与坏。此外，儿童到第二阶段时还具备了道德意识，最终这种道德感会发展成他们的社会责任感。儿童到第三阶段，即12~18岁时，他们已经知道了自己属于哪一个种族，然后对自己所属种族产生一种荣辱感，并且懂得了热爱自己的祖国。

虽然通过我上面的阐述可知三个阶段之间彼此差别很大，但是每个阶段的发展都为下一个阶段奠定了基础，只有前一个阶段正常地发展，下一个阶段的发展才会正常。我们看毛毛虫和蝴蝶，两者不论在外形还是行为上都有很大差别，但是别以为蝴蝶美丽的外形的通过模仿其他蝴蝶得到的，事实上只有经过了毛毛虫的形态才会有蝴蝶美丽的外形。这种现阶段是创造未来的前提。在一个阶段中个体的需求得到越多满足，那么，个体到下一阶段时的发展就会越好。

人类的生命是通过妊娠来孕育的，一对既不酗酒也没有任何疾病的父母，生出的婴儿一般都会是健康的。另外，胚胎是否受到过影响也是决定儿童健康的一个因素。胎儿在子宫中成长的后期也会容易受到影响，这种影响来自母亲妊娠时生活的环境。假如这种环境良好，那么，婴儿生下来后就能健康强壮地成长。由此可见，婴儿出生后的成长情况会受到妊娠和受孕的影响。

关于出生创伤我们在前面曾提到过，婴儿受到的出生创伤很容易导致出现衰退倾向，衰退造成的后果是很严重的，与此相比，酗酒或者癫痫病等遗传疾病给婴儿造成的影响更是不堪设想。

我们在前面已做过了研究，婴儿出生后的几年是很重要的。儿童的一生很可能会因为他们在出生后2~3年里受到的影响而被改变。假如儿童在这个阶段遭遇暴力、受到伤害，或受到别的障碍影响，他们的个性就会偏离正常的轨道。换句话说，假如在成长过程中儿童遇到了困难，他们的性格就不会正常发展；假如他们没有遇到任何障碍自由地成长，他们的性格就会发展良好。假如从母亲受孕、妊娠到孩子出生以及出生后的整个时期里，成年人都采取的方法都是科学的，那么，婴儿长到3岁后就会长成一个正常的儿童。然而这只是假设的一种理想状态，我们是达不到的，且不论其他原因，遇到障碍就是不可避免的。虽然都是3岁的儿童，但每个人都有自己的特点。除了他们彼此不同的经验决定这些不同特点之外，儿童的年龄也是一个决定性因素。与婴儿出生后受到的影响相比，胎儿在妊娠期间所受的影响所导致的后果则更严重，因为在妊娠期时受到有毒物质的影响，后果是最严重的。

假如我们要治疗儿童在0~3岁时受到创伤所形成的缺陷，那么我们应该把3~6岁这一阶段作为重点治疗时期。原因就是在这个时期，儿童其他方面的能力正在大自然的帮助下形成和完善。

对于这个时期的研究，我们的学校进行的教育做出了很大贡献。在这些研究成果的指导下，我们就能给予儿童一些更有意义的帮助。也就是说，我们的教育方法是独有的。不过，假如儿童在0~3岁时形成的某些缺陷由于没有受到重视或治疗方法错误，而导致这些缺陷没有及时给予改正的话，那么，它们将会伴随儿童的一生，而且它们的影响会越来越大。儿童长到6岁时，这种在3岁前就形成的有如人格偏离等缺陷仍然。此时，进入6岁后的第二阶段，儿童对好与坏、对与错的认识就会受到这些缺陷的影响。

无论是哪一种缺陷，都对影响到心理和智力的发展。假如儿童的潜能发展受到了上一阶段的不良影响，那么，儿童就会出现学习困难的现象。也就是由于受到前期缺陷的影响，6岁儿童会表现出一些异常的特征。比如，儿童原本在第二阶段应该具有的道德感这些特征没有按照正常那样表现出来。而且这种儿童的智力水平也达不到正常水平。因此，他们很可能缺乏自我的性格，而且还不能进行学习。当儿童成长到最后一个阶段时，其他一些更多的缺陷有可能还会被这些缺陷引发出来，最终导致这个儿童成长为一个无用的人。

现在，包括我们学校在内的很多学校，针对儿童的身体和心理方面的成长准备了一个档案。老师们根据这些档案能够得到一定的指导。我们之所以采取这样的措施，是因为通过掌握儿童在每个阶段受到的影响，就能对他们的心理问题的严重程度进行预估，进而采取适当的解决方案。在档案中，将每个儿童出生时父母的年龄、父母存在的遗传疾病相关信息、母亲在妊娠期间的某些情况等记录在案，母亲妊娠期的情况指的是妊娠期间是否发生过什么意外、有没有出现突然跌倒等情况。另外，儿童出生的短暂过程中是否出现过异常、生下来后健不健康、有没有活力等问题也被记录在档案之中。再者，档案中还有关于儿童家庭生活等其他方面情况的记录，例如，父母管教孩子时是否过于严厉？会不会由于高期望而作过多要求？有没有什么事情惊吓过孩子？根据以上的这些记录，当儿童表现出反复无常或性格怪僻的情况时，我们就能通过档案找到导致着些情况的原因。那些在3岁时来到我们学校的儿童们，他们通常都会表现出各种各样的异常现象，不过通过一些方法是能矫正这些异常现象的。性格偏离具有哪几种类型，我们现在就来简单地回顾一下。

在讨论儿童每一个缺陷的同时，我们还想采取不同的方法来治疗这些缺陷。不过因为缺陷的种类过多，我们将其分成两大类来讨论：第一类针对那些可以克服障碍、身体强壮的儿童所表现出来的缺陷；第二类针对会屈从于不利条件的弱小儿童所表现出来的缺陷。

第一类儿童通常会表现出反复无常、愤怒和暴力倾向等性格特点，而且违抗命令是他们的典型特征，我们所说的"毁灭性的本能"指的就是这一点。这样的儿童非常自私，他们通常具有极强的占有欲并且对别人拥有的东西产生嫉妒心理，最后会导致抢夺他人东西的后果。其实，这种儿童并非出自什么目的而去做这些行为，在儿童中这种现象也很多，他们往往无法集中注意力，也不能自由地协调双手的活动，因此他们往往会拿不住手中的东西以致掉到地上被摔碎。这样的儿童不会安静地坐在那里，相反会狂躁地喊叫，他们充满幻想，而且心理错乱。另外，在别人做事谈话时他们喜欢去打扰，还喜好取笑他人，也不懂得友善地对待弱小儿童或小动物。在吃饭时，他们还表现出贪吃的一面。

相反，第二类儿童的表现则比较被动，他们的缺陷往往就是消极的心理。这些儿童的主要特征是懒惰和散漫，在需要别人帮助时他们总是通过哭的方式来达到目的，而且总是要求大人帮他们做事。他们容易烦躁不安，总想让别人来取悦自己；他们总是依赖于成年人，很多事情都会让他们感到害怕，另外还喜欢撒谎、偷东西等。对他们来说，撒谎是一种被动的自我保护形态，而偷盗则是另一种心理补偿形态。

这种弱小类型的儿童往往会由于心理缺陷而导致身体上出现一些问题。比如，他们会表现出缺乏胃口，因此拒绝吃饭；或者总觉得没有吃饱而不停地吃，最终出现消化不良的问题。这些儿童害怕黑暗，时常做噩梦，导致睡眠不好，其中还有的孩子出现贫血现象。事实上，心理问题确实会导致出现某些类型的贫血及肝脏问题。另外他们的神经上也存在某些问题，而用药物治疗这些由于心理问题导致的疾病根本就没有效果。

人格的正常发展和身体健康会受到某些条件的影响，最终就出现了某些缺陷或疾病。在这些缺陷和疾病的影响下，个体的性格和行为就不能正常发展。

不论是哪一种类型的儿童，都不会讨得大人们的欢心。父母们尤其对那些强壮型的儿童更是伤透了脑筋，因此这些孩子的父母就会将他们托给保姆看管或送到学校，从而摆脱他们。这些孩子就这样成为了有父母的孤儿。强壮型的儿童虽然身体健康但心理发展异常，他们的行为自然就会受到严重的影响。这些孩子的父母当中，一部分会希望通过自己非常严格的管教来解决问题，另一部分则向他人请教可以应付这些孩子的方法。不过，尽管父母们使尽了浑身解数，或打或骂，更严重的还不让吃饭，然而问题不但得不到解决，甚至出现孩子更加叛逆不听话或其他问题的现象。父母们实在没有办法，他们只有无奈地用诸如"你怎么总是惹妈妈不开心呢"这样的话来规劝教育孩子。

到最后，毫无办法的父母们就只能听任他们发展了。

相较而言，成年人们不会注意那些被动或消极的儿童，因为他们的行为不会成为让人伤脑筋的问题。由于他们不调皮捣蛋，不做错事，因此在母亲眼中他们都是听话的好孩子。在母亲们看来，孩子依赖自己并非不好。相反，母亲们为此还会说这是孩子喜欢她们的表现，假如她们不在身边孩子是不会去睡觉的。不过后来她们就发现了，孩子不论是说话还是运动能力的发展都十分缓慢，而且还走不稳。不过，母亲们会这样说："孩子这样做只是因为有些敏感，会害怕所有事情，但他很健康。虽说他甚至都不喜欢吃东西，不过他在吃饭之前一定要听我们讲故事，这证明孩子具有非常丰富的精神世界。这个孩子将来肯定会做一位诗人！"当然，最终，妈妈们不得不认清孩子病了这个事实，因此不得不向医生求助了。儿童专家们在最后也得出了孩子具有某些心理方面的疾病这个结论。

假如我们多少知道一些儿童创造性活动方面的知识，就能对这些问题加以解决了。现在我们已经了解了，成年人对婴儿的某些错误行为，是造成儿童性格上出现这些缺陷的原因。处于这一时期的儿童一旦没有受到我们的重视，他们将会由于没有机会去填充这个时期匮乏的内容，而出现大脑一片空白的现象，颗极度"饥饿"的大脑是导致很多问题出现的一个原因，儿童缺乏创造性活动则是导致问题的另一个原因。大多数弱小型的儿童常常独自被大人留在屋里，他们能做的只有睡觉。大人们几乎为他们做好了一切事情，几乎不让他们做一点儿事。因此，这些儿童几乎没有条件去充分发展他们的能力，而严重的后果也就此产生了。除了手中的东西会勾起他们的兴趣外，他们不会关心其他任何事情。在主观思想里这些孩子虽然很想做很多事情，不过他们是做不到的。比如，他们得到了自己渴望已久的花朵或小昆虫，但该怎么玩他们并不知道，结果只会弄坏它们。

我们从儿童生活的早期阶段入手，就能找到他们毫无理由产生恐惧的原因。

我们开设的学校成功原因就在于，这些生活在我们学校的儿童们，原来在他们身上存在的缺陷都消失无踪了。在这个环境中，儿童们会发现他们在这里可以自由发挥充分运用自己的潜能，由此促进他们的心理发展。许多有意思的事物存在于儿童们的周围，他们除了可以随意使用这些东西外，还能将注意力集中在吸引着他们的每一个东西上面。只要儿童达到了这个地步，将精力集中在一件有趣的事情上面就不是难题，而且他们身上的缺陷也会逐渐消失。以前被动做事的他们变得主动起来，很多不规律的现象也开始走向规律状态，孩子们不再调皮，而变得懂事起来。我们从这些客观事实中得知，儿童们的缺陷并非与生俱来的，而是后天形成的。每个孩子间的差别也不会太大。导致一切不正常现象的原因只有一个，就是成年人没能给予儿童的心理生活足够的滋养。

我们应该建议母亲们怎么做呢？他们应该给予孩子一个有趣的生活环境。在没有必要的情况下，母亲就不要为孩子提供帮助。如果儿童们开始专注于做某一件事情，父母就别去干涉他们。对于一个精神处于饥饿状态的儿童来说，和蔼或严厉的态度以及药物都无法帮助他们。我们如果骂一个饥寒交迫的人是傻瓜，甚至对他大打出手，并要求他心情豁然开朗，对他来说，这些都不再重要，因为除了食物才是他真正需要的，别的东西对他都不会产生任何刺激。心理方面的问题也是同样的，严厉或和蔼对问题都无济于事，人类拥有智慧，比起物质方面的营养，精神方面的营养才是他们更需要的。人类应该建立起自己的行为模式，这与动物是有区别的。假如儿童的心理能由自己来完善，并且他们自己的事情也能由他们自主决定，那么，任何问题都不会出现，儿童就不会再面临这些问题了。他们的睡眠会转好，消化也会转为正常，心理变得正常就是这些良好结果的源头。

  道德教育是不可能解决所有这些问题的，这个问题关系到性格的形成。不论儿童是个性缺陷，还是缺乏个性的问题，在不用成年人说教的情况下就能自行消失。我们成年人要做的是提供条件以便儿童可以正常生活，而不是毫无用处地进行威逼利诱。

Part 19
个性让儿童正常发展

有时，儿童的性格缺陷在人们看来也并非是坏事，就像我们在上一章中讨论强壮儿童及弱小儿童的缺陷那样，这些性格缺陷却得到了一部分人的高度评价。人们认为整天吵闹、具有丰富想象力的孩子智力超群，而那些消极被动的孩子则被当作乖孩子来看待。

儿童们或许会被我们的社会分为以下几类：

1.与其他儿童相比，那些吵闹的孩子更为出众；
2.其他儿童应该把那些行为被动的乖孩子当作学习的榜样；
3.存在缺陷的孩子应该进行治疗。

在三种类型中，人们更加认可前两种类型。这样的孩子即使与他们的伙伴合不来，特别是这些行为不主动的孩子更不得伙伴的喜欢，不过这两类儿童的父母却都很喜欢他们。

这一点是我一直在强调的，由于对孩子的这种错误分类已经延续了几百年的时间,因此,我要求大家对这种分类应该加以注意。我从开办第一所学校到后来的几所学校的过程中发现,一旦某项工作吸引了儿童的注意力,存在于他们身上的种种特征都被摒弃了。不论这些特征是被人们认为的好的、坏的,甚至是超群出众的,通通都会消失无踪,我们也彻底找不到这些特征了。

从这一点就能说明,儿童的性格是好是坏人们并不是可以正确区分的,人们以往习惯性的想法并不正确。我由此想到这句宗教格言:"真理只掌握在上帝手中,所有我们能看到的都只是幻影。"在观察我们学校的儿童时会发现,儿童们总想自己去完成一些事情。在以前,儿童想做一些事情这一点却没有一个人注意到。在心理的支配下,儿童就会开始做那些令他们感到快乐和静下来心来的事情。

另外,还有一些在以前从未发生过的事情,在这些儿童身上也发生了。在毫无觉察的情况下他们就学会了遵守一定的纪律,很多人对此都会感到震惊。通过给予儿童自由让他们具有纪律性,从而将以往人们认为无法解决的问题加以解决。我们之所以做到了这一点,原因在于儿童的纪律性是由我们给予的自由培养出来的。由于这些儿童有做任何事的自由,当自己选择做某件事后他们就能集中自己的注意力,他们的纪律性正是这样培养起来的。在40多年来,这已经得到了世界各地的种种事实的证实。通过事实可知,如果为儿童提供可以进行有序活动的环境,那么,他们的行为就会具有纪律性。也就是说,这种情况对世界上的任何人都是适用的。以前之所以没人了解这个问题,就是因为儿童身上的这些特点没有得到人们正确的认识。

在每一个儿童身上发生的这些变化是突然出现的,而不是循序渐进的过程。不论是哪一个儿童,都是可以集中注意力去做一件事情的。当然,这并不代表我们就具有强迫那些懒惰的儿童做事的权力。我们只需要做到给儿童提供一个可以自行有目的地做事的环境就行了。一旦他们集中注意力去做某件事，那些存在于他们身上的缺陷就会随之消失，只靠说教对改变他们的缺陷毫无作用。某些东西似乎突然之间在儿童的心理中产生了，并且被外界活动深深吸引着。在这些活动的吸引下，儿童会一直集中自己的精力，而且一直反复地做某件事情。

人是一个完整的个体，在现实生活中人会依照自然规律积极地获取经验，从而促成了这个整体的形成。

在出生后，婴儿的每个器官直到3岁之前都是独立发展的。在进入3~6岁这个阶段后，在大脑的指导下儿童就能用手做事了。所有器官在这个阶段不再独立发展而是成为了一个整体，它们为个体提供服务而相互协调地工作。

假如这些器官协同工作的状态由于受到外界原因的干扰而未能进行，那么，人体内部的其他部分会在某种力量的促进下独自成长，最终导致所有器官得不到平衡发展，进而彼此协同工作的使命就不能完成。

在这种情况下，儿童的手会毫无目的地运动。他们的大脑就会在一些毫无边际的问题上徘徊，身体最终变得懒散起来，而且儿童学习语言完全出自自娱自乐的心理。造成个体在成长中出现这些不正常的现象的原因是所有器官都单独成长，个体自身的需求根本得不到满足，最后出现冲突和绝望正是源自这个原因。

只有当人体的所有功能为了服务于个体而共同发挥作用时，这些问题才能真正得到纠正。

虽然儿童们具有缺陷，但由于受到新环境的吸引，一种推动他们进行创造性活动的力量就产生了。因此在结合了所有能力之后，儿童偏离正轨的性格被纠正回来，而且这种性格会逐渐稳定。事实上，让儿童最终回归正常发展的原因,都是他们自身真正的个性。

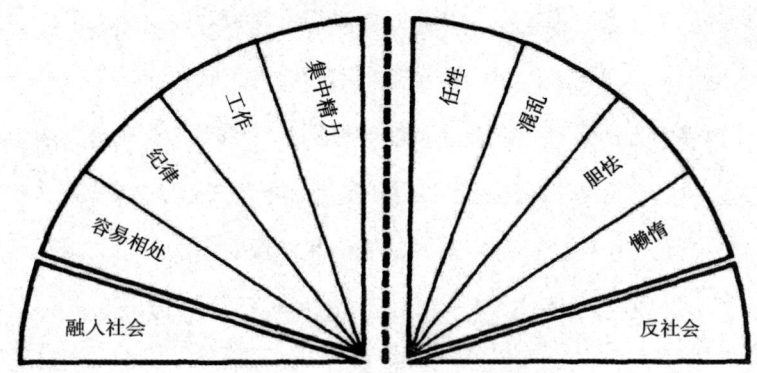

图10 儿童的正常和不正常特征

我们以图形表达的方式,将儿童的不同特性展现在大家面前。在这个扇面图形中,用向外辐射的线来表示每一种特性。中间垂直的线代表正常发展的线,我们用这条线来表示儿童将注意力集中在做某件事上的情况。当儿童的注意力逐渐开始集中时,所有位于垂直线右边的线都会消失,而左边的线却保留了下来。儿童自己是赶走那些缺陷的功臣,成年人并没有什么功劳。因为儿童之所以能穿越垂直线朝着正常方向发展,完全是他们在自己人格上努力的结果。

这种现象在我们开设的每一所学校中都有发现,来自于任何社会阶层、文明或民族的儿童都具有这些现象。

在我们进行的一切研究工作中,这是最重要的一个研究结论。

儿童需要动手做事,并且将注意力集中起来之后,才能取得这种转变。

心理分析学者们利用这种心理现象去治疗成年人,我们用"正常化"这个专业术语来表示它。

在经历了多年的时间和数不清的经验训练之后，这个事实在今天终于得到了人们的认可。这个理论在《儿童问诊指南》这本被普遍用来治疗"问题儿童"的书中，也得到了应用。按照这本书的要求，应该给予儿童一个可以自由做任何事的生活环境，以让他们能够按照自己的需求在这个环境中做自己想做的事情。不论是老师还是家长等成年人都不要去干涉他们的选择。

比起儿童在家中的选择范围来说，他们在"玩耍疗法"中的选择就要广泛得多。所谓"玩耍疗法"，是指儿童通过种种玩具模仿游戏进行选择的方法。

在家庭方面对儿童进行治疗这方面，在心理学家的某些理论以及以上理论的推动下得到了发展，同时，这对儿童的性格发展也起到了促进作用。不过前提是让儿童参与到其他孩子的游戏中，以在他们的环境中形成与社会生活相似的氛围。

这种做法离治疗的目标自然还有很大的距离，毕竟这只是治疗的方法之一。"成长中的缺陷是否能通过动手工作（即做事）与自由选择来治疗"这一点还需要我们作更深的理解。换句话说，儿童要正常发展，那么，工作与自由是充分必要条件。

在让缺陷已经被治愈的儿童回到他们此前的生活环境中后，他们就回到了治疗前的状态，原因就是他们没有找到正常发展的动力和机会。这样的情况，在现实中是时有发生的。

在某些国家的学校教育中，会为营造所谓的自由活动的氛围而努力，不过，在给自由及活动下定义时他们的理解却有所欠缺。

这些学校认为，自由就是摆脱权威的约束与束缚，这是一种处于较低水平的理解，这是一种反抗压迫的观念，是错误的。如果学校真正实行这种举措,那么,儿童们只会出现一种反应:正是因为以往成年人总以自己的意志控制着儿童的所有行为,一旦儿童从中解脱出来,他们就会把这种不再受控制的情绪完全发泄出来。"给儿童做自己愿意做的事情的权利",当然,假如儿童不具备这种控制自我的能力,那么,即使给他们自由,也并非真正意义上的自由。

儿童按规律做事,由于曾经被他人制止过,所以他们也变得做事毫无规律;由于在以前曾被强行让做某些事,儿童们由此变得懒惰;又由于曾经被强行要求听话,儿童们就变得叛逆了。

自由是在潜移默化的教育下发展来的,它是发展的结果。所谓发展,是个体借助个人经验在不断努力之下逐渐建立起人格的过程。这个过程具有主动性,每一个儿童都一定会经历过这个漫长的过程之后才能成熟。

学习的方式是不能获得这种发展的。对于一个弱者,我们可以通过压迫让他们屈服于自己,不过,他们是否成长和发展却不是用强制的方式能够进行干涉的。

假如允许儿童做他们想做的一切事情就是我们所谓的自由的话,且不论这种观点是否正确,对于性格存在缺陷的儿童来说,这种已有性格就会一直发展下去,结果只会让儿童变得更加异常。

只有专注于某项工作,儿童才能正常发展。所以,为了满足儿童的需求,并且能让他们将注意力集中在一件事情上,我们在帮助他们的一些行为时,应该有目的地为他们提供需要的工具。因为儿童依赖他们使用的东西才能正常发展,所以我们为儿童提供的东西都应该具有针对性。同时,与儿童的心理规律是否适合也是提供这些东西应考虑的因素。假如儿童能准确且恰到好处地对这些东西加以使用,就一定可以提高儿童的运动协调能力。

让儿童的心理得到正常发展、提高运动协调性、最终治疗儿童的缺陷等，都是集中注意力带来的良好结果。当然，让儿童毫无目的性地做任何事对治疗他们的缺陷并无帮助，因此，这里我们所说的"集中注意力"，并不是指"做某件事情"。

要对儿童的个性加以改善，最重要的是能借助某些方式去勾起儿童的兴趣。

刚进入我们的学校时，儿童的缺陷在短时间内是不能治好的，这个治疗过程是需要经过一段时间的。只有当儿童的个性开始发展，并且他们的"行为自由"稳定时，才能断定已经治愈了他们的缺陷。

正常发展的儿童具有这些力量：持续愉快地做事、自觉地具有纪律性、拥有社会道德感、有同情心、乐于助人。这些力量要想展现出来，就需要环境的影响。

儿童对自己的行为拥有自由选择的权利，这已经成了他们的生活中具有规律性一种方式。通过这些治疗，为儿童带来了新的生活。

我们主张让儿童自行选择做自己喜欢的事情，这个原则并没有任何改变。因为只有做这些事情时，儿童才会不知疲倦地做，并将精力集中在这些事情上面。这样对提高儿童的精力和心理能力有很大的帮助，最终让儿童来驾驭他们自己。

要达到真正帮助儿童发展的目的，我们给予他们的东西都应该经过仔细的挑选。而且我们必须将结合儿童的兴趣和完善他们的个性作为我们选择东西应遵循的原则。依照儿童发展的心理就是我们选择教育方法的标准。

儿童在我们的学校里，除了性格得到发展以外，还增强了求知的欲望。

这时我们或许会这样解释，他们在精神上正进行着锻炼，并且为了达到自我完善和净化心灵的目的，他们一直不断地探寻着。

有一本主要遵循儿童发展原则的书，在这本名为《吉塔》的书中这样写道：

"允许儿童做自己该做的事具有很重要的作用，因为大脑需要持续不断地工作。只有不停地将注意力集中的一些事情上，儿童才能发展他们的精神。某些不良事物会对一颗懒惰的大脑产生影响。一个懒惰的人，在精神方面根本不可能健康。"

纪伯伦说："爱的外在表现就是工作。"我们的观点与此也有相通的地方。

Part 20
儿童依靠自己形成了性格

儿童通过一些使成年人吃惊的方式对自己的性格和特性进行塑造，这一点在前面的章节中我们已经进行过讨论。儿童拥有的这些东西都不是我们教授的，他们做这些更不是受到我们强制性的要求。在3~6岁这个阶段，儿童经历了漫长的时间和一系列缓慢的活动获得了所有这些。

儿童的性格形成并不是成年人教授的功劳，用科学的方法教育儿童才是成年人应该做的事。为了让儿童能够有效地完成性格形成的过程，我们不要打扰或阻碍他们。

另外，我们要想直接影响儿童的思想，就只能通过此阶段的后期对他们说理和劝告的方式来进行。如果想我们的说教能产生效果，就要等到儿童长到6岁时才能开始，原因就是儿童只有成长到6~12岁时，才开始具有良知感和分辨好坏的能力。当儿童进入12~18岁这个阶段后，我们对他们施加的影响就更多了。因为儿童长到这个年龄时，他们已经拥有了诸如爱国、社会感以及宗教信仰等理想和观念。所以，我们这时就可以用与成年人相同的方式跟他们说理了。不过让我们感到有些惋惜的是，这些都必须等儿童长到6

岁之后才能进行，到时他们就不再像以前那样自然而然地塑造性格了。我们在此后的观察中就会发现，虽说我们自身也存在缺点，不过，我们的思想这时已经难以被儿童们接受了，再想影响儿童，就不能用直接的方法而改用间接的方式才能影响他们。

这些儿童的老师们不仅可以教授科学，还能教授文学等科目，不过他们却时常因为孩子们不学习而发出抱怨。当然，这并非表示这些儿童是由于智商低才不能学习的，不学习的原因在于他们没有良好的性格。只有性格良好才有学习的动力，能够学习到东西的人都是那些具有基本性格或者个性的人。不过，在绝大多数情况下，这时儿童的性格还没有形成。这时要想让没有性格的儿童集中注意力是不可能的，因为他们根本就无法做到。假如他们都不具备做事细致、认真的特性，成年人就不可能对他们提出仔细认真做好所有事情的要求。就像我们不可能对一个没有腿的人说"好好地走路"是一样的，儿童只有在实践当中才能获得这种能力，通过命令的方式是不可能得到的。

我们具体要如何做呢？人们往往会用这句话来回答："对年轻人要多一些耐性，我们要以自己个人的意愿去影响他们，并为他们树立起学习的榜样。"于是，我们就梦想用时间和足够的耐心得到我们期望的结果，可事实上我们一无所获，甚至我们等到老的那天也不能收获任何东西。正是因为用充足的时间和耐心等待也不会有什么结果，因此，当儿童处于那个备具创造性的阶段时，我们一定要好好利用。

假如人类能够被我们当成一个整体来对待，我们就会弄清楚另外一件事情：虽然儿童与成年人在具有的主要缺点方面各不相同，不过在两者的内心中，却存在一些相通的东西。每个人都有一种或者存在于潜意识中，或者模糊不清的自我发展倾向，在这种倾向的影响下，人们总会因为某些精神方面的东西而兴奋不已。虽然就人类的性格缺陷来说，这种倾向只具有非常小的影响，不过它早晚都会对人类的发展有所帮助的。不论就外界而言，还是从内心来说，人类个体都会下意识地向好的方向发展，因此，整个社会和人类个体一样，都会不断地向前发展。也就是说，人类的行为是不断发展的，而非永远保持不变，人类永远都渴望不断向前发展。

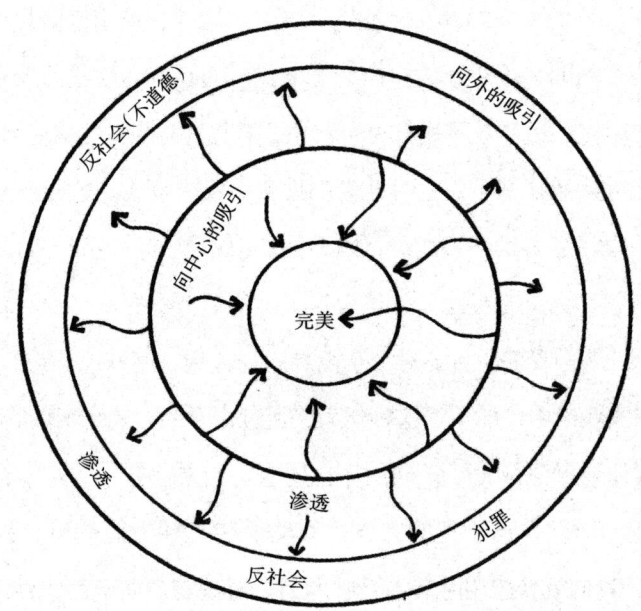

图 11　高等和低等社会类型的吸引状态示意图

假如我们用处于中间的圆环来表示完美状态。在接近中间部分的外围区域里，表示的是与理想或说"正常"状态最接近的人，这些人都是比较强壮以及相对较平衡的类型，从某些角度来说，这些人并没有达到"正常"状态。在最外圈区域较小的部分代表超出正常范围的人，这类超社会或反社会的人占绝少数，所谓超社会和反社会的人，指的是不正常以及容易犯罪的人。这部分表现痴呆或犯罪的人，都不能适应社会生活。而他人却能不同程度地适应社会生活。我们所进行的教育正是针对那些基本可以适应社会的人开展的。

　　婴儿出生后，他们在长到6岁之前会完成适应周围环境及生活的工作，人类的性格也是在这个时期发展的。是否适应社会是一个非常重要的问题，在中间的圆环里，都是发展基本达到理想状态的人。他们不仅拥有较其他两类人更多的精力，而且他们的生活环境也非常适合成长，因此这类人很强壮。对于第二个区域的人来说，他们的精力相对就少一些，而他们在社会中遇到的障碍就会更多。在社会上，往往都是那些拥有强壮身体，或具有刚强性格的人最有成就。相较而言，其他人就没有那么强大。具有刚强性格的人都会强烈地渴望自己的发展趋于完美，而那些较弱性格的人则会趋向于超社会或反社会的方向发展。这类人一旦懈怠，很可能就会堕落，因此，为了不被堕落所诱惑，道德的支持必不可少。当然，不可能有人希望犯罪或做出不道德的事，所以这些诱惑并不会让人感到开心。不过就像地球引力一样，人们没有办法抗拒这种诱惑，为了抗拒这种力量，我们需要不断地努力。这种与不良诱惑进行斗争做出的努力被人们认为是符合道德的行为，从而达到防止逾越道德底线的目的。那些具有堕落倾向的人为了不让自己堕落，他们会努力地约束自己的行为，并向那些优秀的人学习，他们期望在抗拒这种诱惑时上帝能助他们一臂之力。在付出巨大的努力之后，他们渐渐地穿上了道德的外衣。我们打个比喻，就像为了保持平衡，登山者们会努力去攀住硕大的石头一样。在这一点上，为了帮助感到空虚的年轻人，教育工作者总会努力地对他们进行说教。其实，这个问题也常常困扰着教育工作者，但他们仍会将自己打造成别人学习的榜样。他们总会说："如果我自身都不能树立起好榜样的形象，那我的学生们将会发展成什么样啊？"为了实现这个承诺，老师们背上了很重的负担。图中,第二个圆环所表示的就是老师与学生这类有道德的人。我们开展的性格和道德教育,就是在这种具有道德约束的氛围中进行的,而且人们也接受了这样的教育,原因就是大多数人都在这种制约下生活。人类这种防止堕落的行为也就被看作一种自然而然的事情了。

中间那种性格刚强、趋向于追求完美的人,他们并没有受到任何力量的强迫,他们追求完美的愿望是发自内心的。即使这种完美不是绝对的,但他们追求完美的愿望是确实存在的。这种意愿不是人为努力的结果,而是一种自然产生的现象。这些人不偷不抢并非因为他们惧怕坐牢,哪怕是一个瓶子,他们都不会去抢别人的,他们远离暴力也不是因为受到道德的约束,这样做只是因为他们不喜欢抢占属于他人的物品和动用任何武力。这样的人出于天性而追求完美,这种追求完全与某种牺牲不相干,而是出于他们内心的需求。

两者的这种差别与素食者和非素食者之间的差别相似。在一周之内一些非素食者可以坚持几天都不吃肉,而且他们还能在四旬斋到来时斋戒长达40天,此期间任何奢侈或肉类食物都不吃。相对来说,这种行为是一种漫长而艰苦的修炼,此时抗拒诱惑就被这些人当作了一种美德。

有些人会按照别人制定的戒律,或者在精神导师的指导下做事。不过,这些人并不在圆环中间所指的范围内,而圆环中间的人都是素食者或根本不会被诱惑引诱的圣人。由于这部分完美的人出于天性本身就能完全地遵守种种戒律,因此,他们不是我们要说教的对象。

另外,那些身体状况不同的人也能说明这一点。比如,那些患有慢性支气管炎的人,从表面看来他们的身体没有任何异常,不过,由于循环系统较弱,这类人在很多方面都要多加注意,就像他们洗澡时必须保证用热水、胸口也要保暖等,而且他们的消化系统有可能还不太好,那么,他们吃东西时就要遵循一定的时间规律，并且要吃一些特殊食物，否则，他们连站都可能站不稳。去医院对这些人来说就像家常便饭一样，家人给他们的照顾将会更多。如果他们希望像正常人那样生活，那他们需要注意的地方就更多了，而且还总担心会随时住院或离开人世。与这些人比起来，那些身体健康的人则无需多虑，他们想吃什么都不受限制，也不用担心，无论天气怎样他们都可以任意到户外活动，甚至还可以砸开冰层冬泳。看看那部分身体虚弱的人，他们足不出户，就连头和鼻子都不想与户外空气接触。用第三个圆环表示的人群，由于脆弱就需要对他们的每个方面给予精神安抚。这类人总担心受到诱惑而心怀戒备，与之相比，圆环中间的人则能轻松应对，其他人是不能想象到这样的人从生活中得到的乐趣的。

　　我们现在就针对代表完美的中间圆环来进行讨论。我们要研究人的性格，一定要以事实为基础。首先，完美的定义是什么呢？它代表的是不但具有一切美德，而且达到了极高的境界吗？如此说来，这种境界究竟是什么境界呢？这个问题我们一定要弄明白，我们认为，按照自然的规律，人的行为在性格的驱使下不断发展。当然，我们现在说的主要是人类完美的中心问题，其实就是对人类发展的探讨。可能某些人会有所发现，然后社会就向前推进了一步。精神领域也是同样的，当人的精神提升到很高的层次时，就推动了人类社会的进步。如今不论是我们精神的还是物质层面的东西，都是在人类的努力下创造出来的。正如地理、历史的发展就是不断前进的，这些都是因为人类的成长需要不断地前进。人的前进正是因为受到了不断追求完美这种倾向的吸引。用中间圆环表示的人群，由于充满自信而无需为了抗拒种种诱惑而花费过多精力。就像那个为了去南极探险，而恬毫不知耻地不断敛财的伯尔德将军一样，虽然他到南极探险时历经种种艰难险阻，不过受到这份尚未有人做过的事情的吸引，他仍坚持去做这件事。因此，他就属于一个完美的人。

总而言之，我们若从性格的角度进行阐述，那么，第三个圆环代表的人会具有多种多样的人性。给予这类人的帮助会更多，假如我们以后仍然沿用现有的教育方式，必然会导致这些人走向没落。

设想一下，假如让第三个圆环中的成人去教育生活于第二个圆环人群中的儿童，他们或许会这样告诉儿童："吃肉是罪过，所以不要吃肉。"这时，儿童或许会回答："当然了，肉不是我们喜欢吃的食物。"同样，第三个圆环的人与别人交流时会说："你应该多穿点，穿这么少会感冒的。"对方的回答可能是："我们觉得很暖和，并不冷。"可见，这种教育儿童的方式，并不能让儿童逐步达到完美，相反，这种教育或许起到不好的作用。

假如我们去研究那些具有代表性的学校教育，就会发现现在的教育存在棘手的问题。在这样的教育下人不但会退后，能力也会被削弱。人的自然要求是目前这种教育教授的知识远远不能满足的，这就像教一个原本已经会跑的孩子走路一样。这种教育是以人的低等能力为基础展开的，而没有考虑到人的高级能力。假如儿童的性格在成型时被阻碍，那也只能由人类来背负责任了。我们一定要弄清楚什么才是人类真正的需求，并创造机会让儿童将他们的创造性能力发挥出来。这样一来，用第二个圆环代表的那类为达到完美而努力的人，一定会攻击第三个圆环所表示的人。当然，这并非防御式的攻击，它具有征服性。如果说人的心理在其一生中只需一段时间就能完成构建工作，那么一旦这种工作完成得不好或未能完成，我们就不会因为存在那么多发展不完全的人而惊诧了。不过，假如性格的成型是在自然状态下完成的，假如我们为了创造性格形成的机会，并且不仅仅进行道德教化，那么，我们需要的教育方式将会与现在的方式模式截然不同。

那些人为的制约都应该被取消，我们应该做有益的事情。一个十分了解哲学和历史的人，并非就具有能力。我们应该为唤起人类激情而采取一些措施，那样一定会出现不同的结果。我们必须采取能够激起人类反应的方式来达到这个目的。在创造性阶段，形成了人的性格。一旦在此阶段中未能形成性格，它就永远都没有形成的机会了。不论用什么说教，都将无法形成性格。

旧式教育与新式教育的差别就在这里。我们进行新教育，就是为了在恰当的时间帮助人类完善自我，以让人类能做更多更伟大的事情。这个社会早已建立起了很多屏障和墙壁，现在为了让人类重新拥有广阔的视野，将这些屏障拆除就是新式教育的任务。一旦这次教育变革能够成功，在地球上也就不会再存在暴力革命了。

Part 21
儿童占有心理的产生及其变化

我们此前通过实验得到了一些成果，在对此有一个大致的了解之后，我们即将开始进行研究它们的工作，然后一一进行解释。我们通过儿童的年龄和每个年龄段里儿童表现的兴趣的观察，得到了很多研究材料。由此发现，儿童的行为与人类的最高特征存在很多相似的地方。

在这些现象中，我们发现了一个正在进行中的建设的过程。犹如毛毛虫的发展一样，当毛毛虫发展到一定阶段时，它会爬到树叶上，然后在两根茎秆之间开始工作。我们在一段时间后就会神奇地发现，一条细而透明的丝线从毛毛虫嘴里不断吐出来，然后开始结茧。在观察儿童时，我们最开始会注意到他们可以专注地做某件事情。在我们的学校中有一个三岁半的小女孩，我们对她高度集中的注意力都感到惊讶。不管她身边发生了多么有趣的事，她都不会受到丝毫影响，而继续将注意力集中在自己手头的工作上。在儿童中鲜少拥有她的这种高度集中的注意力，就算是成年人，能这样专注的人也只能是某些个性鲜明的人。这常常被我们当成天才具有的特征，因为这发生在一个年龄很小的儿童身上，我们自然把她当成天才看待。而这个情况如果在很多孩子身上都发生过，那么，摆在我们面前的一个重要事实是毋庸置疑的。好比我们用罗盘导航那样，对儿童来说，专注地做某件事对他们的成长具有重要意义。我们的意思并不是说一定要他们都用相同的方式将注意力集中在某件事上，假如儿童做事时都不能专注地工作，那么，他们的成长就不能正常完成。这样一来，周围事物就能轻易地左右他们的思想。儿童对各种各样的事情都很感兴趣，而其会逐件地做这些事。不过当他们把注意力集中在一件事上后，他就会静下心来沉浸在自己的世界里。

大家都知道，一个不停跳槽的成年人将永远停留在所谓的"事事通，样样松"的状态，而一直找不到适合他的工作。但一个具有明确目标的人，就能将自己的工作安排得井然有序，最终获得成功。这个问题已引起了我们重视，因此在劝告大学生们的时候，我们总是反复对他们强调：一定要具有专注的精神。然而建议终究只是建议，这种办法毫无作用。我们都无法让成年人接受建议而集中精力，更别说仅仅三岁半的孩子了。显而易见，儿童们集中自己的精力做事并不是有意识的。

儿童心理学通过儿童能专注做事这个事实又增添了新的内容。在这一情况的展示下，我们了解了大自然让一个人的逐渐形成性格的方式。让儿童萌生某种特殊的兴趣就是大自然采取的方式，儿童在这种兴趣的帮助下，他的个性发展所必需的创造性工作就能得以完成。

一旦儿童拥有了这种集中精力在某件事情上的能力，他们就开始拥有了韧性。我们又将韧性称为持久力，这是人类性格的特点之一。韧性会随着专注能力的出现而出现。我曾说过，儿童常常会一直重复做某些事，他们并不是出于某些目的而反复做这些事，显然，有一种内在的目的在驱使着他们。一旦儿童专注于某件事，他就会不知疲倦地重复着做此事。这种重复的行为具有巩固的作用，它是另一个人类性格形成中的阶段开始的标志。此时，并非出自儿童的意愿，而是自然的意愿在发挥着作用，人类正是在大自然这种方式的帮助下，得以健康地成长。

事实上，儿童不断重复做某件事这一情况，还说明了他们有能力去完成自己想做的事。生活在我们学校里的儿童都有选择自己想做的事情的自由，因此他们的这种能力就可以准确地表达出来，他们就这样一天天地重复着这些行为。让我们看看成年人，如果一个人对自己需要什么、想做什么都非常明确，那么我们会认为他的意志力、能力都很强。

儿童的行为是遵循自然规律发展的，但成年人的行为却受他们思想的控制。假如儿童的某种能力需要锻炼发展，那么，他们是不会根据他人的要求做事的。他们的选择是由内在力量决定的，一旦制约了这种力量的作用，儿童的专注力和意志力也将会被限制而不能发展。由此可见，我们必须让儿童尽量不受成年人的影响，这样他们才能获得这种能力。而且，在大人们试图控制儿童时，他们也会出自本能地摆脱这种束缚。当我们研究儿童的这些能力时会认识到，这些并不违背逻辑。不过，儿童是在自然规律的影响下做事的，并不受以逻辑推理为行事的根据，儿童的发展道路早已由自然指定了。人和动物在发展上颇为相似，两者都是按照指定的道路发展的，而且都为了不受成年个体的约束而努力着。两者的成长和发展都是由自然规律进行指导的，无论何人，都必须遵循这个规律，只有这样，才能建立自己的性格并完善自我。

人们或许会认为人类心理的各个部分都有成型的时候，在观察中我们发现，这个成型的过程是自然规律支配的功劳，而不是教育的成果。这项工作不是由教育来完成的，它是一项创造性的工作，是由大自然而不是人类做出的贡献。另外，儿童身上还出现了一个能说明这个问题的显著变化，那就是儿童即使由于受到阻碍而未能完全发展，但他们只要做出努力，就会逐渐步入正轨，在他们身上一度消失的性格特点就又会再次得以显现。

儿童的占有心理就是一个非常明显的例证。对于一个能够自由选择做自己喜欢的事的正常儿童来说，他们会专注于事物具有的知识方面，而不是事物本身，所以，儿童的占有欲已经历了一个变化阶段。这种发现令我们感到不可思议，只要儿童得到了他们渴望已久的东西后，他们不会珍惜而是弄坏或扔掉，就好像在具有占有欲的同时，也伴随有破坏欲似的。当然，我们也是可以理解儿童的这种做法的，因为无论是谁都不可能永远被一样东西吸引着。就说手表吧，我们在手表的指示下能够知道时间，这是手表存在的价值。不过对于年龄小的儿童来说，由于他们不知道时间所代表的意义，因此他们很可能会摔坏手表。而一个年龄较大的儿童，由于知道手表的用途，所以当他拿到手表后就可能尽力弄清楚手表的构造。他会非常小心地拆开手表，然后看看齿轮和指针的工作方式。同时，这还表示，手表本身已经不能勾起他们的兴趣了，而手表工作的原理才是他的兴趣的集中点。物体本身不是儿童需要的，他们想做的就是更加深入地了解物体。

人的占有心理还具有第二种类型，那就是不懈地了解物体是怎样工作的，这一点的表现形式就有很多种。比如，儿童为了弄碎或丢掉花朵而去摘花朵，这时，破坏欲是伴随占有欲同时存在的。不过，假如儿童已经了解了花的结构、花的每个部分的名称及作用，他们就不会将花朵摘下来扔掉或弄坏它了。相反，他们会用心地研究花朵，这时在他们想知道与花相关的知识，一定的知识性已存在于他们的兴趣中了。与此相同，儿童也会捕获蝴蝶并将它弄死，不过一旦昆虫本身或昆虫在自然界中充当的角色及作用等知识引起了儿童的兴趣，他们就不会将蝴蝶捕获后扼杀它的生命，而会仔细地观察它。儿童的注意力完全集中在周围环境中的事物上就是这种知识占有欲的集中表现。对此我们或许会说，孩子们"深深地热爱着周围环境"。儿童正是出于这种对周围环境的热爱，所以会非常仔细、小心翼翼地对待每一件事情。

假如获取知识是这种占有的热情的出发点，那么，这种热情就会带领儿童去打开知识宝库的大门，从而逐渐达到更高的层次。只要某件事物将儿童的好奇心勾起来了，那么，这种好奇心还会延伸到其他事物上。在观察我们学校的儿童时，我们会发现儿童的这种占有心理朝着爱护心理转变的过程。此后，孩子们学习用的练习本就没再被弄脏或被撕掉，也不再有擦痕，而是保持得非常干净。

有史以来的那些获得了一番成就的人，他们都会出自本性地去追求美好。他们用不同的方式阐释生命的意义，然后保护生命使之得以发展，最终他们运用自己的智慧去帮助生命。比如，多少年来农民不都一直饲养动物并照料着农作物吗？为了进行科学研究的科学家们不都一直夜以继日地工作着吗？为了毁坏而占有是人性的开始，服务并施与爱心给他人就是人性的结束。儿童们从刚开始破坏花园植物，发展到开始对植物的成长进行仔细的观察，这时，他们对植物已不再具有占有欲了，他们不会再称植物是"我的……"，而称之为"这个……"了。儿童的心理这时已经出现了一种新的意识，这种意识是以上种种的升华以及爱的根源。

成年人用说教的方式是不能达到阻止儿童破坏东西的目的的。当一个儿童是为了防止他人得到某件东西而去占有这件东西时，我们往往会对他们晓之以理，但是这种说教的效果不会持续太长时间，他们在不久之后就又会再这样做。要想儿童获得知识和爱心，工作和专注才是唯一的方法，只有通过这些方法才能发掘出儿童内心深处潜藏的美好东西。不论哪一种宗教，都具有学习、爱和服务他人这些主要特征，不过，儿童才是人类精神真正的建造者。我们通过儿童就能获知大自然教授人类行事做人的过程，同时，我们还能了解到大自然在安排人类的成长与发展时，是怎样遵循一定规律完成这个工作的。对我们而言，研究物理学、植物学或人类的手工艺品都不是最重要的，重要的是能够一直完善我们的意志和精神。是儿童创造了人类的精神，如果有任何障碍阻止了儿童的自由发展，那么，人类的心灵就会像被绳索严重束缚了一样。

Part 22
儿童的发展与社会的关系

集中注意力是儿童在发展中的一个最重要的问题，儿童的社会行为以及他整个的性格形成，都是以此为基础展开的。怎样才能集中注意力是每个儿童都一定要学会的，当然，儿童首先必须得找到可以集中他们注意力的事物，这样才可能做到集中注意力。这样一来，儿童周围的每件事物对他而言都具有重要的作用，因为除了这些东西没有人能让儿童做到专注。儿童的心理只有他们自己才能进行调节，这些事情是任何人都不能代劳的。其实，我们开办学校，就是为了给儿童提供一个可以集中精力做事的环境，这也正是我们的教育目的。

当然，要帮助儿童集中注意力，封闭的地方是最好的。生活在世界上任何地方的人，一个安静封闭的地方往往是他们想要集中精力时的最佳选择。比如神殿及庙宇等，就是创造集中精力氛围的绝佳地方，而且在这些地方，能促成我们某种性格的形成。绝大多数儿童在 5 岁之前都还没有进入学校，而此时却是他们性格形成的最佳时期。为了不再错过性格形成的最好机会，孩子们可以在我们提供的封闭场所中，逐渐完成重要性格的形成工作。

创造这样可以满足儿童需要的环境,当我第一次将这个观点提出来时,建筑师、艺术家及心理学家都表示有浓厚的兴趣。在他们中间的一部分人和我一起探讨各种对集中注意力会产生影响的因素,诸如房屋大小、高矮及装修等。建造庇护场所并不是我们建造这种建筑的目的,心理学的意义也被考虑进来。当然,房屋的价值并不是由这些形态及颜色体现出来的,这种价值主要由屋子里我们为儿童准备的东西来决定,因为对儿童注意力是否集中产生影响的正是这些他们触手可及的东西。而且,我们并非随意安排或摆放这些东西的,这些工作需要对儿童进行长期的观察后才能总结出来。

起初,我们只是将一些小物件摆放在儿童的生活环境中,然后让他们自行选择。在观察到儿童喜欢使用哪些东西后,我们就留下这些东西并将他们从未使用过的东西拿走。现在,我们的学校提供给儿童的所有东西,都是根据世界各地的学校进行观察得出的结果而提供的,并非只是以哪一所或几所学校的总结为依据。所以我们可以非常肯定地说,我们提供的东西都是由儿童们自己选择的。在这些东西中,我们又有所发现:其中有一些东西是儿童非常喜欢的,这些东西在我们看来具有重要的作用;而另外又有一些东西几乎很少有儿童去关注,这在所有国家都是相同的,这甚至在我们的意料之外。假如我们让一个一切发展都正常的儿童自行选择,我们也有同样的发现,比如,昆虫、花朵此类东西往往都是他们愿意选择的。显而易见,这些东西是儿童需要的。每一件由他们自行选择的东西,都能为他们的成长提供帮助。刚开始时我们就曾将一些玩具提供给他们玩,不过,他们几乎不会对这些东西产生兴趣。后来我们还给了他们很多能显示颜色的东西，然而他们一般只从中选择像我们常用到的扁平线轴这样的某一种东西，这种现象在任何一个国家都会出现。让儿童根据自己的需要自由选择东西这个实验，我们还在一些有色人种地区进行过。不论是哪个地区的儿童，他们的选择都有多相同点，由此将社会生活上的某些问题反映了出来。

由于儿童在面对过多东西时，会出现混乱的局面，因此，在为孩子提供东西时，就算有很多孩子，我们提供的东西也非常有限。同样的东西我们不会提供两个，假如另一个儿童想要使用其他儿童正在使用的东西，那么，这个儿童就必须学会等待，这样，一种非常重要的品格就会在儿童身上逐渐养成。儿童们会懂得，他们出于对日常生活经验的需求，就必须重复别人已经做过的事情，这种工作并不是他人要求他们做的。正是因为同样的东西没有第二个，所以儿童要想得到这个东西就应该等别人先使用完。日复一日、年复一年地发生着这样的事情，儿童们就会逐渐养成重复别人工作以及等待等生活习惯，这样，儿童就能很快地成熟起来。

同样，儿童在这样的生活中慢慢会适应社会。要知道，社会这个整体是以各种行为和谐发展为目的的，其运行并不会按照某个人所想的方式进行。儿童在做这些行为时逐渐形成了耐心这种优秀的品格，他们身上的其他性格特征在这种品格形成后也会顺其自然地形成。一个年仅3岁的孩子所获得的这种品质不是我们教育的结果，而是他们通过自身的经验形成的。除此之外，儿童并不能在其他外界条件下正常发展，所以不论在世界上的任何地方，儿童都会互相争抢自己想要得到的东西。因此，人们在看到我们学校的孩子非常具有耐心的情景时无一不感到惊奇，然会就会问我们："你们是用什么方法教这些小家伙变得如此听话的呢？他们怎么会那么懂事呢？"事实上，这些并不是因为教育得好,而是得益于我们精心为他们安排的环境,一切都来源于我们给予他们的自由。当3~6岁的儿童生活在这样的环境中时,就逐渐显示出以前不具有的各种品质来。

在儿童出生后即将融入社会生活的第一个时期,一旦遭到成年人的干涉,将会对他们的成长造成负面影响。比如,一队排列有序的儿童队伍正在前行时,队伍中的一个孩子却突然跑出来朝着相反方向跑,结果必然会引发矛盾。作为成年人的我们就会想方设法抓住孩子,并让他回到队伍中。事实上,儿童们是可以自行解决遇到的问题的,也能很好地照顾自己,只是他们采取的可能是不同于他人的方法,但不管怎样,这些方式最终都是以满足儿童自身需求为目的。类似这样的问题不论是儿童成长的哪一个阶段都会碰见,做这些事能让儿童感到很快乐。一旦他们的这些行为遭到来自成年人的干涉,他们就会生气。假如我们不干涉而让他们自由选择,他们就会用自己的方式去做事。儿童所具备的社会经验正是通过这些行为获得的,他们不断地积累经验,一旦遇到问题他们就能运用这些经验做出正确的处理。这一点是老师们用任何方式都无法帮助儿童做到的,老师们不仅做不到,反而还干预儿童的行为。老师的做法不但背离了儿童的想法,还将儿童群体的整体和谐给破坏了。如果没有什么特殊情况,我们都应该给儿童自行处理的自由。儿童的行为还有很多都是我们不了解的,在研究他们的行为时我们必须遵循客观实际,因为正是由儿童通过行为积累的这些日常经验,才形成了社会秩序。

对于那些采用直接方法教育儿童的老师来说,并不清楚在蒙台梭利学校在培养孩子们的社会行为时采用了什么方式,因此,学术方法就被他们认为是蒙台梭利学校所采用的方式,他们不会认为是社会方法。于是他们会这样说:"一旦让儿童都自行选择喜欢做的事,社会不就变得一团糟了吗?"不过要知道,假如我们连社会问题都解决不好,那么,社会生活就更不用说了。这样一来,儿童解决不了社会问题,他们的行为不可能正常发展,大多数人就会受到他们的追求目标的影响。在这些老师看来,要求儿童听从别人的话,并且遵守秩序地坐着就算所谓的社会生活,然而,这与事实却正好相反。

那些普通学校里的学生们又是旅游又是玩耍,这才能称之为真正意义上的社会生活,因为大家生活的集体是一个充满活跃气氛的团体。

在相对更大的班级里,就能更加明显地体现出各种各样的性格来,儿童生活在其中就能得到更多的经验。这一点在一个很小的班级里是很难实现的。只有通过社会生活,才能获得完美。

在我们的学校中,给儿童分班时是按照什么方式进行组合的呢?方法就是经过一定筛选,然后随机进行组合。生活在这个环境中的孩子处于3~6岁这个年龄段,会存在年龄差。这种现象在普通学校中非常少见,只有一种情况,那就是由于智力问题年龄大的孩子会留级与年龄小的孩子一起学习。年龄是我们学校组合方式的基础,这种以垂直方式进行分班的情况很少出现在普通学校中。

此前,我们的老师也有建议将相同年龄的孩子安排在同一年级,然而经过实践后极大的问题就显现了出来。有孩子的家庭就能体会出来,当家里只有6个年龄不同的孩子时,母亲应付起来比较容易。然而,假如家里有一对双胞胎的话,母亲就会非常辛苦。想象一下,当年龄相同的两个孩子向母亲要求要相同的东西时,母亲有多为难啊!同样,母亲在抚养6个年龄不同的孩子时也比只养一个孩子要感到轻松得多,因为一个孩子会由于缺少伙伴会感到孤单，虽然他们并不烦人，但父母仍会觉得难以应付他。有多个孩子的父母往往会觉得养第二孩子时比养第一个孩子要轻松，原因就在这里。不过他们总以为养第一个孩子时缺乏经验是主要原因，事实上都是因为第二个孩子有老大做伙伴的原因。

我们在社会中可以和各种各样的人接触，这是我们被社会生活吸引住的原因。由此可以想到，生活在老年人之家的老人感到无聊是符合情理的。以年龄为依据将人群进行隔离，这种事情不但缺乏人情味，也与人性不相符，不仅大人，儿童也同样。因为在分组的同时也将人类彼此间的联系给隔离开来，这样，人们也就不能互相交流学习了。性别首先是大多数学校分班时最先考虑的因素，此后会考虑学生的年龄。这种做法不仅是错误的，还可能引发很多罪恶。这种隔离是人为造成的，它在社会感觉的发展中起到了严重的阻碍作用。我们学校里的孩子通常都不分性别地让他们在一起生活学习。其实，我们的教育中最重要的，并非不分性别将男、女孩安排在一起这一点，年龄不相同这一点才是首要的，因为他们都能进入不同的学校。我们学校的孩子，年龄不同但却能相互帮助。年龄小的孩子会观察比他们大的孩子的行为，对一些他们不懂的问题也总会请这些大孩子进行解释，年龄稍大的孩子也会耐心地进行讲解。比起我们成年人来说，一个5岁的孩子和一个3岁的孩子在思想上会更加接近，3岁孩子将更容易吸收大孩子讲解的知识，因此年龄大的孩子进行的讲解是非常重要的。有一种交流与和谐无形地存在于年龄不同的孩子之间，但在成年人和儿童之间却很难发现这种交流与和谐的存在。

老师不能轻易地将很多事情教授给一个3岁的儿童，但让一个5岁儿童去做却能轻易地做到。有某种很自然的心理联系存在于3岁孩子和5岁孩子之间，而且两者之间具有的能力相差不远，因此，5岁孩子做的事情总能吸引3岁的孩子也想去做。对于年龄小的孩子来说，他们心中崇拜的英雄和老师或许就是这些年龄大的孩子，他们也会非常仰慕这些年龄大的孩子。而且在大孩子行为的激发下，年龄小的孩子还会继续做大孩子做过的事情。对于其他那些差不多每个孩子年龄都相同的学校来说，"大孩子"的角色可能会由一些较聪明的孩子来扮演，不过，老师几乎不会允许聪明孩子去教其他孩子。因此聪明的孩子能做的，就只有在那些不够聪明的孩子不能回答老师提问时代为回答。然而，这样就会导致其他孩子嫉妒这些聪明的孩子，在没有年龄差的孩子中出现这种情况是必然的，不过存在年龄差距的孩子之间就不会这样。年龄小的孩子会认为，现在都是因为年龄小，将来自己也一定会知道答案，因此当年龄大的孩子能够回答问题时，年龄小的孩子并不会感到自愧不如。真正的兄弟感情会在年龄不同的孩子之间产生，从而让两者之间充满一种爱和敬仰的感觉。在与此不同的老式学校中，只有竞争才能升级，然而嫉妒、怨恨就羞愧等情绪却时常在这唯一的升级途径中产生。在这种方式中成长起来的孩子会以自我为中心，喜欢操控一切。而我们学校的孩子都会产生年龄大的孩子理应保护年龄小的孩子这种想法，在我们的学校里，就具有很浓厚的大护小、小尊大的气氛，一个班集体在这种氛围里就更加团结了。相处到最后，每个孩子都会彼此了解，而且也懂得相互帮助。"某某考了第一"、"某某学习最差"等，我们经常听见老式学校的孩子们说这样的话。孩子们生活在这样的环境中，彼此之间是不可能培养出真正的感情的。儿童的各种性格在环境中形成时，最重要的因素就是年龄。

当然这可能会引起人们的担心，他们不知道让一个5岁的孩子解答3岁孩子的问题是否会对孩子的成长不利。答案是否定的。第一，年龄大的孩子只不过利用很少的时间来解答年龄小的孩子的问题，而且年龄小的孩子懂得尊重年龄大的孩子的自由。第二，年龄较大的孩子通过讲解还能更深层次地理解这些知识，因为年龄较大的孩子会先分析并整理自己所学的知识，然后才开始给年龄小的孩子做讲解，所以对年龄大的孩子来说，他们做这种讲解对自身有很大的帮助。

在为3～6岁和7～9岁的儿童安排教室时，我们并没有完全进行分隔。这样，与高年级孩子接触时，6岁的孩子一样能学到很多知识。我们用仅有腰那么高的墙将每个班级之间隔离开来，这样，孩子们要想到另外的教室时是很容易的，而且作为老师的我们也不会阻止他们。当一个3岁的孩子进到7～9岁的孩子的班级里时，他在那里由于找不到任何对他有用的东西，所以他待不了多长时间就会回来。这就是我们仅仅用一堵矮小的墙隔离班级的原因，而同时，这还不会妨碍不同年龄段的孩子进行沟通交流。

我们会安排一个固定的地方给每一个孩子，不过并不会完全将他们隔离，他们就能进入其他教室，并学习新的知识。比如当一个3岁儿童跑到高年级教室时，发现一个正在用算珠求解平方根的9岁儿童，他或许就会这样问9岁孩子正在做什么事。一旦他不能理解9岁孩子的回答，他就会回到自己的班级里。因为能够引起他兴趣的东西就只有在他自己的教室里才能找到。而相对来说，6岁儿童或许多少能够理解9岁孩子正在做的事，他会跟着9岁孩子学点东西，并在这个教室里多逗留一些时间。允许儿童自由地穿行于各个教室，可以帮助他们或多或少地了解年龄不同的孩子间的不同理解能力。实践证明，对于八九岁的孩子能够理解求解平方根这种事情的意义这一点，我们也是在进行这种安排之后才发现的。事实表明，在观察 12~14 岁的孩子进行平方根求解时，这些孩子就能表现出充足的耐心。我们还观察到，8 岁的孩子对代数也具有同样的兴趣。儿童年龄的增长并不是促进儿童发展的唯一因素，在儿童进行观察时，我们是否能给予他们充分的自由对他们的发展也非常重要。

我们学校采取的是一种非常灵活的教学方式，年龄小的儿童在理解年龄大的儿童的行为时，能增进他们的兴趣，而年龄大的孩子也会充分运用自己所得的知识，很开心地去解答年龄小的孩子的疑问。儿童们在这种不分贫穷贵贱大小的环境中，相互学习并最终促进他们都健康成长。

一切事实都足以证明，自然规律的作用是让我们的学校取得这番成就的功臣。

我们在观察儿童的行为，并研究他们在自由气氛中的关系之后了解到社会的真正秘密究竟是什么。我们要了解这些微妙的秘密，就要从心理角度出发做细致的观察。当然，由于这些秘密能把人类的本性反映出来，所以我们就会对这些秘密本身产生浓厚的兴趣。我们由此就将我们的学校当成一个进行心理研究的实验室。我们用这个实验室来观察儿童，而对具有常规意义的研究是不适用的。

在此，还有一些有必要提出来的情况需要说一下。儿童能自行解决自己遇到的问题这一点我们已经提过了，不过，我并没有做出解释。我们只是单纯地在一旁观察儿童，而且不要打扰他们，我们会发现，儿童在相互帮助时会采取一些与我们成年人不同的方式，这些事情令人感到不可思议。比如，别的孩子看见一个孩子拿着一个很重的东西，他们刚开始都不会伸出援手，而是尊重这个孩子做出的努力，除非情况很有必要，不然，他们是不会过来帮忙的。我们从中就能得到一定的启示，可见，儿童一定会在有必要时才会给予别人帮助，在他们的潜意识中，非常尊重他人的需求。有一天，一个孩子不小心将大约100件木制的几何图形以及卡片都撒到了地上，正在这时，一个乐队来到了学校外的大街上，孩子们都跑到窗户那儿去看乐队，就剩下这个孩子在那里，他没过去看，是因为他还没有将这些东西整理好。为了去看乐队，他努力地想把每一件东西都放回原处，而其他孩子看上去都不打算帮他。由于想去看乐队，这个孩子情急之下哭了起来。其他一部分孩子看到之后，就都回来帮助他一起整理。对于成年人来说，在紧急的情况下就缺乏辨别何时该提供帮助的能力，很多时候成年人的帮助都是没有必要的。有一些场景我们就经常看到，比如男性礼貌性地会为即将入座的女士挪椅子，搀扶下楼梯的女士，其实，女士真正需要的并不是这些。不需要时提供没有必要的帮助，但在他人真正需要帮助时却没人伸出援手。由此看来，成年人在这方面并没有值得儿童学习的东西。在我看来，儿童早期的某些东西会存留在他们的潜意识里，这就是只会为他人提供有必要的帮助，因此，儿童在帮助别人时，会考虑到自己的这种帮助一定不能妨碍到别人。

另外，在儿童身上还会表现出另一个很有意思的现象，那就是如果有孩子打乱了上课的秩序的话，其他孩子对待这种行为的方式是很特别的。比如当班级里来了一个新同学时，或许是因为对新环境还不适应，这个孩子总是不能安静地坐着听课，他试图以一些行为去打扰他人。这时，老师们往往会批评他说"你不能这么做，这是不好的行为"或"你这个孩子真淘气"。

与老师的做法相比，儿童们的反映可就大有不同，这种时候他们或许会走到新同学跟前告诉他："虽然你很调皮,不过也别害怕,我们刚进来时也像你这样。"

其他孩子们虽然也认识到新同学的行为不正确,不过,他们并不认为新同学是故意犯错的,因此他们会努力安抚他,并希望将新同学潜在的优秀品质挖掘出来。

假如我们也可以安抚那些缺乏道德的人,并能用教育来对罪犯进行说教的话,这个世界就会发展得越来越美好。其实,那些人都是由于心理上存在疾病才会做出缺乏道德的行为的,引起这些行为的原因可能是出生时受到了不良因素的影响,或者是家庭条件不好导致的。对于这些人,我们要拿出怜悯之心去帮助他们,这同时对净化社会也有帮助。

当儿童们犯错时,他们会感到很羞愧。例如他们将一个花瓶打碎了,这时他们会因为自己打破了东西而难过,他们感到尴尬是因为他们觉得自己没有保护好东西。父母们往往会出自本能地大声呵斥他们："你看你把瓶子都打碎了,我不是多次告诉你不要碰这些东西吗?"为了能让孩子记住教训,家长们至少会让孩子捡起花瓶的碎片。

这时其他孩子见状会有什么反应呢?他们或许就会跑过来帮助犯错的孩子,并且安慰他说："没事的,我们再去找一个花瓶吧。"这样的声音虽然很稚嫩,但却能鼓舞这个孩子。然后在大家的帮助下,一些孩子帮助捡碎片,一些孩子则将地上的水擦干净。儿童们出自本能,都会去帮助、鼓励并安慰比自己弱的人。社会在这种本能的促进下得以发展。事实上,对待穷人或弱者时,不是去压迫他们而是为他们提供帮助就是人类在发展中取得的最大进步。

这个原则就是医学出现并发展起来的基础,医学除了可以帮助那些身体弱的人之外，对人类自己也有很大的帮助。帮助弱者并鼓励他们是一件非常好的事，它对整个社会的发展都起到了促进作用。这些优秀品质在一个才开始成长起来的儿童身上就已经体现出来了，他们的这种品质在行动上表现为鼓励并帮助弱者，另外，他们对动物的方式也能体现出来。

人们一般会这样想，人只有接受过教育才会尊重动物，这是因为儿童从出生后就被人们看成是缺乏感情的、冷酷的对象，然而这却是一种错误的观点。每个发展正常的儿童对动物都会产生保护的心理。在拉伦（荷兰的拉伦。蒙台梭利博士在1939年战争爆发时，曾在这里建了一所实验学校和一个心理教育研究中心。）时，我在我的学校里饲养了一只山羊，当我每天给它喂食时，总是高高地将食物抬起来，山羊就必须抬起前腿才能吃到食物。后来，山羊养成了以这个姿势吃食，而且乐此不疲。不过有一次，一个儿童跑到正在吃食的山羊旁边，他把双手放到山羊的肚子上，试图帮助它站立。我从孩子的脸上读到了一个讯息，孩子因为担心只用两条腿站立的山羊会累。毫无疑问，孩子们善良的心地和自然的一面，在这种行为上都表现了出来。

儿童还有一些平时不常见到的行为，在我们的学校里也能经常看见，我们指的就是尊重强者的事情。这些儿童不会嫉妒别人，相反，他们还会热情地赞扬那些能力强的孩子。在孩子学会写字后就会发生这种事情，当某个孩子最先写出首个单词时，其他孩子也会和他一起开心，并且在看这个孩子时会投以一种崇敬的目光。然后其他孩子学习起来会更加努力，他们会说："我也会写。"就这样，在一个孩子的带动下，其他孩子也拥有很高的学习热情。这种情况在孩子们学写字母时也会发生，我们总能看见所有孩子都争先恐后地举起练习本，以让老师看自己写的东西。他们会写后就表现得非常兴奋，并大声地高喊着。由于我们的学校开设在顶层，因此我们楼下的人都会跑上来看发生了什么事，这时老师们只得这样解释："孩子们由于学会了写字母，因此十分高兴。"

儿童们会拥有一种非常强烈的团队感，这种团队感是建立在高尚情感的基础上的，它能让一个集体变得更加团结。我们通过这个例子得知，当儿童的个性得到正常的发展、情感上升到够高层次时，他们彼此间就会相互吸引。例如年龄大的孩子照顾年龄小的孩子、新同学受到其他已正常发展的孩子的善待，以及这些儿童之间对待彼此的方式等都是这种情况的具体体现。

Part 23
有吸收力的心灵能凝聚社会

与有意识的行为相比,有吸收力的心灵更能将整个社会凝聚起来。我们通过肉眼就能看到凝聚社会这个过程的建立方式,在此,我们就拿组织器官细胞的成长过程与其做一番比较。很明显,就像儿童胚胎形成的成长过程那样,社会也会经历一个胚胎形成阶段。我们观察到的现象很有意思,儿童对于自己的行为正不断地促进社会发展这一点也逐渐认识到了,他们也会慢慢地意识到自己的行为正在融入社会行为当中。这让他们产生了浓厚的兴趣,然后对自己做的事情就更加投入了。只要达到了这个层次,儿童就会有目的地做一些事了,并且他会先考虑集体的利益,并且站在集体利益的高度,结合自己的利益行事。

儿童在刚开始产生社会意识时,与大家都知道的在原始社会中的"家庭或部落意识"颇为类似。原始社会中的人们,他们的生存目的就是确保群体的存在。当我们发现在儿童身上也开始出现原始社会现象中的一些迹象时,感到非常惊讶,原因就在于其他任何行为都不能影响这些迹象的发展,而且这种发展过程是完全独立进行的。如同儿童身上其他方面的发展那样,这些迹象的出现很突然，就像成长到一定年龄后儿童会突然换牙一样。社会意识会激发儿童，让他们的潜意识以及自然需求控制他们形成了整体意识，我用"社会单位的凝聚力"来为这种现象命名。

成年人由于受到儿童自然行为的驱使，形成了这种观念。我们时常因为他们的行为感到瞠目结舌。下面我就举一个例子，在我们的学校里，那些仅有四五岁的儿童能独自读书、写字，而且他们在不需要老师管理的前提下能够自觉遵守纪律，后来阿根廷大使听说了这件事，他感到难以置信。因此他没有提前告知我们就突然来到了学校。不过很遗憾，因为他是在节假日来的，那天学校没开门。他去的那所学校名为"儿童之家"，开设在工人集聚区，因此在里面上学的孩子都来自工人家庭。当时正巧有一个儿童在院子里玩耍，他听到了大使正抱怨来得不是时候，于是孩子误将大使当成了参观者，他对大使说："您别担心，学校虽然关门了，不过看门人有钥匙，学校的同学们都住在这个街区。"当孩子跑出去后，没过多长时间所有孩子都集拢来了，并为大使打开了大门。这个例子就体现了非常强的集体意识，这些孩子们并不希望得到什么回报，他们就是想为集体做一些自己力所能及的事。直到第二天，学校老师才知道这件事。

通过思想灌输的方式是不能让儿童具有这种集体意识的，而且这种意识是自然的产物，它不会依附于任何形式的竞争行为而存在，它是儿童自己努力后获得的。考格西尔曾这样说过："自然决定了儿童早期的所有行为，不过他们必须持续与周围环境进行交流，这样这些行为才能得到发展。"很明显，儿童的个性及社会生活的建立取决于自然规律，不过这种自然规律要想在儿童的行为中得以表现，就必须借助一个适宜的环境。在自然发展的过程中，儿童将社会生活必须经历的阶段展现在我们面前的方式，就是他们的行为。美国教育学家华什伯恩提出过"社会综合体"的概念，这和指导并凝聚社会群体生活之间具有密切的联系。在华什伯恩看来，在社会变革的过程中"社会综合体"是一个非常重要的因素，一切教育都应该以它为基础展开。当个体意识到自己是社会群体的一分子时，"社会综合体"就出现了。这时，个体对自己利益的考虑就会少于他们对群体利益的考虑。

华什伯恩在说明这个理论时举了牛津和剑桥大学进行赛艇的例子，他这样说道："每个参与的人都尽全力地划着，虽然他们知道自己付出的努力并不会得到什么特别的回报或殊荣。假如在社会中这种心理能成为一种共识，集体中的所有成员都会将自己的力量贡献给集体，那么，人类现在的面貌肯定不是这样的。如今的社会就是缺少这种集体凝聚力，因此学校一定要为培养学生具备这种凝聚力而努力。一旦社会缺失这种凝聚力，那么人类创造的文明将会毁于一旦。"

在人类社会中，儿童是唯一不缺乏这种集体凝聚力的群体，自然的神秘力量指引着儿童产生了这种凝聚力。在儿童身上，无论是他们的社会情感还是性格，都是他们生命本身的产物，而不是老师教授给他们的，因此，我们应该更加珍视这种宝贵的凝聚力。

对于自然赋予儿童的这种社会凝聚力，我们应该将它与成人世界的组织分辨清楚。儿童具备这种自然的社会凝聚力意味着他们进入了发展的最后阶段，儿童们在社会胚胎奇妙而神圣的创造下获得了这种凝聚力。

当儿童成长到 6 岁之后，他们就会进行另一个阶段的发展。此时，儿童以自我意识为基础，自然地呈现出另一种存在的形式。他们开始产生一种渴望，那就是想弄清楚人们是遵循怎样的传统和规律行事的。因此，他们希望出现一个可以带领他所在群体的人，引领他们去寻找答案。能将社会各个组织连接起来的桥梁，无疑正是这种遵循规律、听从领导的行为。我们都清楚，儿童在此前的胚胎阶段中就已经形成了这种遵从意识。

关于由六七岁的儿童组成的这种社会群体，英国的心理学家麦克道盖尔曾做过相关叙述。仿佛有一种群居本能，促使这个年龄的孩子们服从比他们大的孩子。而那些遭到父母遗弃或没人管的孩子们，为了与所谓的权威及成年人制定的规定相抗衡，则自动地形成一个群体，最终，这种自然的需求就会朝着叛逆心理过渡。例如童子军运动，就是一种青年人本性的反映，同时也是一种社会发展需求的体现。

不过，在婴儿社会中已经深深扎下根的凝聚力，与麦克道盖尔提出的"群居本能"是存在一定差异的。婴儿从出生到长成成年人的过程中，于后期发展而来的社会形态在组织完善时都是有意识进行的，这个过程的完成需要一个人按照一定规则来领导，领导的人可以是受人尊敬的人，也可以是首领。

人类出自本性的需求与群体一起生活，这是一种自然现象。这种现象就像某个机体那样，将人类的各种性格类型具有的联系性在成长中展示出来。它和印度农村的村民们进行的家庭手工织布有些相似。

首先是摘取棉花。此时我们要考虑怎样将棉花种子与它周围所长的棉花桃分离。然后清洁棉花，让黑色的种子从棉花中脱离开。对于婴儿的社会生活来说也经历同样的过程，我们一开始就要对婴儿以及他们身处的家庭环境做一番考虑，在甘地的乡村学校里往往都会对孩子做这样的教育。这一点就像我们将来自不同家庭的孩子聚拢在一起，然后纠正孩子的缺点，帮助他们将精力集中在某件事上，最终正常发展的教育方式颇为相似。

接下来就是线的纺织。如果纺织线时就做得很好，纺织得很结实，用这种线才能织成一匹结实的布。棉纱的质量就决定了纺织品的好坏，由质量差的线织成的布并不耐用。人的社会生活也像这个工作一样，人的生活及工作都在群体中进行，人的个性就是这样逐渐形成的，这种个性是其他方面的发展基础。基础打不好，其他方面也不可能得到好的发展。

然后是准备阶段，我们按照平行并具有一定间隔的方式，将已经织好的线摆放到织机的架上，并用小夹子夹住两端。此时布匹还没有完成，这只是布的经线而已。不过布的经线是很重要的，没有经线不能织成布，另外，如果出现经线未摆放好、摆放方向错误以及断开等情况，梭子就无法穿梭于这些经线之间，最终布匹也织不好。所以，经线就像社会的凝聚力一样起着重要的作用。儿童的行为不但要遵循自然规律，同时也受到了某些社会框架的约束，这就是人类社会进行准备工作的基础。人们最后会协同合作，为服务同一个目标而努力。

最后真正开始织布了，我们用梭子来回在经线之间穿梭，这样能将经线都固定在一起。当布料织成之后，因为布匹的经纬线已经被固定了，所以即使我们把布匹从织机架上取下来它也没有任何变化。这时，布匹就能供我们使用了，它不再依靠织布机而是独立存在的。我们有组织的社会受到法律和政府的控制，它就像这个阶段一样。如果存在于社会中的每个人都只注重自己的目标，从不考虑他人，这样是不可能形成社会的。组织就是社会最终形式存在的基础。

当然，社会的存在除了依赖组织之外，同样也需要凝聚力。组织和凝聚力是彼此依存的关系，组织的任务是服务社会，它是产生凝聚力的基础。不论一个国家拥有多么完善的法律和政府，如果不能让所有公民都努力地完成相同的目标的话，那就不可能团结众人，不能让大家和谐共处。而人类个体的发展水平、个性以及心理的稳定程度等，就是决定大众团结力量的强壮、活跃程度的因素。

在希腊，人们个性的形成是社会程序的基础。曾一度统治希腊的亚历山大大帝，仅仅用为数不多的几个人就征服了全波斯。这就是团结的力量……

在战事频频的中世纪，没有出现一个能够真正统一欧洲各国的领袖。原因是什么呢？当时虽然每个国家的统治者使用的统治方法不同，但所有国家都信仰基督教，国王的统治都依赖于基督教的力量。就是因为这种宗教信仰已经深深根植于每一个王国或帝国的民众心中了，因此每个国家的人民由于这种信仰的牵引而形成了一股强大的凝聚力。

不过，要在世界上建立起一个社会仅靠凝聚力是不够的，只依靠凝聚力并不能获得社会文明。我们举现代的例子来说明，几千年以来拥有强大凝聚力的犹太人一直非常团结，不过直到最近这个民族才准备建立国家。犹如一匹布一样，这些犹太人都是组成布匹的经线。下面再举一个近代的例子，希特勒和墨索里尼早早就意识到，应该从儿童时期就开训练国民，只有这样，另一种新的社会秩序才能形成。因此多年来他们强制性地训练儿童和青年，以让儿童和青年被迫接受他们的思想。且不论对于他们的这种道德体系，人们是怎样评价的，首先看看他们的思想其实与科学、逻辑是相符合的。这些元首早已意识到，建立一个具有凝聚力的社会是非常重要的，而且这个工作应该从儿童时期就开始进行。

不过，只有借助自然力量的作用，才能自然而然地形成社会秩序的连续性，这就是一种自然现象。任何人都没有上帝的能力，因此不能违反这种自然规律，否则只能在历史上留下臭名昭著的罪名。成年人不要去支配儿童个性中的创造性能力。其实不仅仅是儿童，如果想让这种凝聚力在成年人之间体现出来，也需要一种思想来对他们加以引导。由此说明，与组织机制相比，这种思想的层次更高。这样一来，我们应该将整个社会分成相互联系的两部分：第一个是在人潜意识的创造性中扎根的社会，第二个由人在有意识的行为下创造的社会。具体说来，第一个社会是从婴儿阶段开始的，而第二个社会是在成年人通过努力构建的。原因就是，如果儿童要学习他所生活的种族的特征，就必须等到他的心理具备吸收力这种能力之后才能完成。对于儿童处于"精神胚胎"时所具有的特征，并不是通过他们的智力或者人为帮助所获得的，这种心理特征是随着人类社会的发展延续下来的。在儿童建立他们个性的同时，他们也在学习、吸收这些心理特征，通过这些工作让儿童最终能够对熟练掌握某种特定的语言，同时能遵从某种特定的社会传统，并且开始信奉某一特定的宗教。儿童逐渐形成的这一系列连续性的东西就是社会秩序中具有基础性和稳定性的部分。社会秩序自然不会一成不变，它也不断地进行着变革。假如婴儿的发展得到充分的自由，我们在他们长大成人之后就会找到存在于社会和个体之间的联系。

人类在规范自己的生活以及判断事物时，都是有意识、有组织地进行的。人们提出了确保并加强组织存在的要求，仿佛组织就是他们创造的一样。为了寻找可以控制组织的人，人们并不去考虑组织不可缺失的基础。其实，找到一个领导者就是人们的最终目的。

于是，人们都希望像弥赛亚那种具有领导才能的人能够出现。在"二战"之后，由于缺乏具备准确处理种种事情的能力的领导者，就有人提出了成立培训领导的培训机构这种建议。这些人准备用进行心理测试的方法来选拔培训人员，此外他们还通过学校的途径寻找具有领导才能的人才，然后培养这些人。然而，有资格对这些人进行培养的人又在哪里呢？

其实，社会上并不缺少具有领导才能的人，出现众多社会问题也并非缺少领导者的原因,这个问题牵涉到的东西远远超出了我们的想象。对于文明社会的生活,人们还没有做好万全准备才是问题的症结所在。不过,要想解决问题并非哪一个天才或政府元首能完成的,只有将人们的内在潜能挖掘出来才能解决问题。因此,我们解决这个问题的办法就是对人们进行教育,以帮助他们挖掘并建立个性、发展他们的潜能作为出发点。

现在我们还未能挖掘出广大民众的全能领导者,这是现代社会中最重要的问题,也是亟待解决的问题。通过前面的图表,我们对这两种相反的力量进行了阐述:向中心发展的力量和向边缘发展的力量(见图11)。保证人类能够正常发展,并能够逐渐靠近中间表示完美的圆环,这就是教育担负的重要使命。而在今天,我们的任务变得更艰巨,那就是让那些发展异常、存在心理缺陷、为了避免向边缘倾斜而需要我们帮助的人,逐渐向完美的中心点靠拢。如果不这样做,他们只能发展成与社会格格不入的人。现在,我们的行为有悖于人类正常发展的规律,这样可能会导致人类自身走向毁灭。当今,已经威胁到社会发展的问题不是那些超过一半的文盲,而是无视人类创造性、对由上帝赋予儿童的潜能进行践踏的那些人的行为。人们没有意识到,能够将人类的道德、智力的价值推向更高水平的,正是人类的创造性和儿童的潜能。在人们死亡时我们总会痛苦难过,并且试图远离死亡,其实,我们应该关注的是人的存在价值及目标,并非死亡。而人类真正软弱的地方是浪费潜能和个性的缺失,不是惧怕死亡。

我们面临的最大对手就是无知。或许我们知道从贝壳里获取珍珠的方式,也掌握了从地下开采煤矿的技术,还知道怎样将金子从矿山中挖掘出来,然而,我们却无法探知人类的精神世界,而且一点也不了解儿童内在潜藏的创造力。我们应该清楚,改变并推动世界就是儿童降临世间的目的。

假如我们创建的这种教育方式在那些普通的学校得到普及，那么，这些学校一定会取得斐然的成果。但是这些学校并没有这样做，在老师们看来，儿童只会被动地进行学习，因此为了能让孩子们认真地学习，他们就采取强迫、鼓励、惩罚或者用物质奖励刺激儿童等方法。为了把孩子学习的兴趣激发出来，他们就想出了优胜劣汰的竞争方法，但是没有一种方法取得成效。我们成年人往往喜欢将孩子身上的缺点找出来，接着就严厉批评他们，要知道，这种典型的教育方法只会带来负面的作用。假如我们在这种方法的基础上开展教育，那么，人类的社会生活只会朝着更低水平发展。如今，学生们对照作业，或帮助他人解答习题都是被学校禁止的，不论是帮助他人还是得到他人的帮助都被看成不正确的行为。在这种学校里，我们努力倡导的团结根本不存在。在这里一切被称之为"正常"的标准完全的人们想当然制定的。很多时候，诸如"别再玩了"、"不准说话"、"不许帮别人做题"、"未叫到你之前别出声"等满是否定性及命令性的语言总能传到我们的耳朵里。

这些情况摆在我们面前时，我们应该做什么呢？有的老师希望自己的班级积极、健康、向上，不过，他们并不认为儿童具有完成这一任务的能力。因此，这些老师就总用一些否定性的口气对孩子们说"不能嫉妒那些比你表现好的同学"，"别想着怎样报复对你造成伤害的人"。这些老师总是认为所有儿童的本性都不好，努力对孩子的行为加以改正就是他们的任务，其实不然。当这些教育工作者看到儿童们可以自行做很多事情时，他们无一不感到惊诧。其实，儿童们非但不会嫉妒，反而还会崇敬比他们强的人，而任何外力都不可能让儿童产生这种崇敬之情。不过，假如这种好的天性真的存在于儿童身上，那么，我们一定要鼓励儿童，并充分将这种天性挖掘出来。这是老师所说的"嫉妒"在儿童身上的情况，而"报复"也是同样的。很多时候，并没有人要求儿童，但他们会与自己的对手或"敌人"建立起友谊。在别人做错事时，儿童都会报以怜悯之心去关爱他们。同样，在没有人强制要求的情况下，儿童还会为智力不及自己的伙伴们提供帮助。我仍然要重申我的观点，人们应该鼓励这种自然产生的情感。不过现在，的教育方式却并没有这样做，一部分学校仍然采取水平很低的方式来教育儿童，用图中的圆环表示，这种教育处于第三个圆环内，接受这种教育的儿童们无疑正逐渐接近边缘区域，进而一步步发展为社会的异类。教育工作者为何会一直沿用这样的教育方法呢？首先，在老师看来，如果不教育儿童，他们是不能自己主动学习的；其次，老师们之所以会带着命令地说诸如"不许做这件事、不能做那件事"等话，是因为他们认为这样说话对孩子有好处。事实上，每一个发展正常的儿童是不会受任何不良事物诱惑的，他们都倾向于追求完美。

　　成年人在对待儿童时，还常常会打断儿童日常生活的正常工作，这是一种非常不好的行为。他们往往会告诉儿童："不要一直都做同一件事情，否则会很疲劳。"不过，儿童都有一种心理，那就是尽全力做一件事。以目前的教育方式来说，对儿童充分发挥出这方面的创造本能好不帮助。在动手做事时，儿童会感到快乐，会通过努力工作获得乐趣。他们往往能从做事情的过程中找到快乐，对弱者提供帮助及抚慰别人时建立自我成就感。

　　现在我对《新约全书》与《旧约全书》做一下比较，借此阐述正常学校与普通学校之间的差别。在《旧约全书》中，例如"十诫"告诫人们时说，"不要杀戮"、"不要偷窃"等，《旧约全书》使用的语言都带着否定的语气，那是因为当时的人们思维不清晰，还处于未开化的状态。而《新约全书》中的上帝，使用的语言都带有肯定的语气，比如"爱你所有的敌人"等。上帝在劝诫那些自觉性高于一般人的人时这样说："我要让那些有罪的人悔改自己的罪行。"这种语气与儿童的心理是相同的。

若想教育人们，仅仅用这样的信条是没有作用的。"爱你所有的敌人"是在战场上说的，假如与我们在教堂里说这句话相比，就能取得的更大的作用。在《旧约全书》中之所以说的是"不要杀戮"这样的话，是因为人们把精力被放在远离罪恶上面，这样就让人感觉到，即使拥有正义也对邪恶爱莫能助一样。假如所有信条都只是我们内心的美好愿望的表现，那么，说再多诸如"爱我们所有的敌人"之类的话也毫无意义。

原因何在呢？那是因为在人们的心灵深处并不是真正具有这些美好的东西。这些东西可能只是短时间出现在新的心灵中，不过现在已经被埋没了、消失了。假如竞争、敌对、野心是我们现在的整个教育支持并鼓励的方式，那么，当儿童们长大成人之后，简单地采用说教的方式能够改变他们吗？答案是否定的，由于他们从未接受过与此相关的教育，自然不可能改变。

事实早已表明了，与说教相比创造性的本能更为重要。儿童们做事情并不是老师说教的结果，而是自然规律的功劳。只有儿童们互帮互助并且精神和谐，他们的内心才能获得美好的东西。我们通过儿童的行为得知，是凝聚力建立起社会的，任何一个社会组织存在的根本就是凝聚力。因此，我才提出了成年人无法对3～6岁的儿童进行直接教育这个观点。成年人能做的就是仔细观察儿童，并掌握他们每天的发展情况。儿童们从大自然那里获得了知识，在做事情的过程中发展自己的能力，另外，儿童内在对他们进行指导的一种力量也是大自然赋予的，不过，儿童必须通过不懈的努力才能得到充足的经验，从而进行全面的发展，不然，无论如何说教都毫无作用。理解某种事物并不会让人成长起来，人的成长都来自于行为。我们在教育儿童时，特别是教育3~6岁的儿童具有很重要的意义，因为儿童的性格及社会观念都是在3~6岁这个阶段形成的，我们知道，儿童的身体是在出生前在子宫中形成的，他们在出生后0~3岁期间形成的是心理，由此可见3~6岁的重要性。儿童在这个阶段的发展是由自然规律决定的，而并非取决于成年人的说教。人类进行的一切行为都源自性格和社会观念的发展，而只有在自由有序的环境中，儿童的发展才能很好地进行。

Part 24
错误的发现及其纠正方法

　　儿童们在我们学校能够充分自由地活动，不过，这并不代表儿童缺乏组织性。事实上，组织是必须存在的。假如我们希望儿童在"工作"时能得到充分的自由，那么，我们的考虑一定要更多地从组织方面出发。儿童在我们为他们创造的环境中，不断获得经验从而完善自我，不过，我们不能因此忽视给他们特殊的关注。只要儿童开始将精力集中在某件事上，接下来这种专注就会延伸到其他很多方面。只要儿童积极，老师就要减少主动。其实，老师需要做的或许就是不用管任何事，站在一旁看就行了。

　　就像我们在前面说的那样，我们提供的这种条件能让儿童融入社会中，他们能取得很好的成果，这种状态甚至好到当别人看见这一情景后都会发出感慨：假如成年人永远都不去制约这些儿童该是多好的事啊！儿童们相处在一起的现象非常重要，就像玄妙的胚胎生命一样，成年人不应该去干扰他们的这种生活状态。这种现象是我们创造的，在我们准备他们用的物件、为他们的发展创造环境时就为此奠定了基础。

　　儿童与教师之间应该是什么关系呢？现代社会应该给出一个准确的定位。

我们会在另一章探讨老师的工作内容，不过我们要明确一点，老师在教育儿童时决不能做下面这件事：试图通过赞扬、惩罚或纠正儿童错误等做法去干预儿童的行为。这一点会让人感到非常奇怪，自然很难被人们理解。

因此就有人会这样问："假如在他们犯错误时你都不帮助他们进行纠正，那你怎么可能让他们不偏离正轨发展呢？"

绝大多数老师也将批评儿童的错误作为自己工作的主要内容。不论这是学习上的还是道德方面的错误，老师们都会这么做。在老师们看来，批评和惩罚，是培养儿童时的两种主要方法。

假如我们有必要去赞扬或惩罚儿童，那么他们约束自我的能力必然会缺失，到时就只能由老师通过各种方法来约束他们了。另外，如果我们是在儿童正聚精会神地做事时，不停地奖赏或惩罚他们，那么，我们的这种行为只会对他们的精神自由造成严重的影响。我们学校的教育推崇自然和自由的发展方式，不管是哪一种褒奖及惩罚的方式我们都不会采用。很多时候，儿童做事时都是自由进行的，他们并不会觉得做这些事与受到惩罚或得到奖赏存在联系。

或许我们提出的不要奖赏儿童这一观点并不会有太多人反对，因为这样并不会对儿童造成什么严重的影响，我们付出的代价也不会太大，我们奖励儿童的次数是非常少的。不过惩罚却不同，成年人几乎天天都对儿童进行惩戒。例如，儿童的练习册上存在问题时我们就会纠正他们，然后，以前只取得0分的儿童或许经过纠正就能取得10分。我们不禁要问，儿童的缺陷是通过10分的成绩就能纠正了吗？这时老师们或许会告诉儿童："你总是犯一样的错误，我的话你从来都不听，照这样下去，你是永远都不可能通过考试的。"

不论老师在儿童交上来的作业本上写下的是表扬的评语还是批评性的语言，都会对儿童造成不良影响，或许会让他们骄傲而止步不前，或者会被打消积极性和学习的热情。假如你对一个孩子说他非常调皮、愚笨，那么，就别指望这种评价会让他有所提高，这种话只会对他造成伤害。因为一个儿童只有对某件事非常熟练，他才不会出现失误。不过，假如没有人鼓励这个成绩已经很差的儿童，他怎么可能变得优秀呢？从前，老师们试图使用体罚的方法提高儿童的能力，结果就算揪红了他们的耳朵、打肿了他们的小手也无济于事。儿童们只有持续获取经验并多次练习才可能提高自己的能力，他们往往都是通过长时间的努力练习而获得各种能力的。要想让一个不听话的孩子变得乖巧听话，就应该让他参与到其他孩子的队伍中一起做事，而不是用一句"你很调皮"的话就能改变他的。非但改变不了，很可能适得其反。假如你对一个学生说他没有能力做某些事情，或许他会反驳你说："你有什么资格说我？我自己非常清楚。"

当然，我说的这些只不过是在陈述某种事实，而非纠正教育方法的错误。要知道，儿童的行为只有在漫长的时间里主动进行练习才能得到发展和改正。

有时，儿童的确并不知道自己犯了错误，但是老师不也一样会在不自知的情况下犯错吗？老师们担心自己在孩子心中树立起不好的榜样，因此他们就会一直警醒自己别犯错误。出于这个原因，当他们做错事时是绝对不会对自己的学生们坦白的。他们认为自己的尊严是建立在永不犯错的基础上的，在他们看来，老师就意味着永远的正确。当然了，造成这种现象并不能将责任全推到老师的身上，这个责任应该由整个教育系统来承担，因为它是在一个错误的基础上建立起来的。

我们在研究犯错这个现象时会发现一个事实，那就是任何人都会犯错误，假如我们认可了这个事实，我们前进的步伐就会加快。没有人是完美的人，因此我们若想尊重事实，那任何人都会犯错误这一事实就应该得到我们的认可。我们应该用正确的态度来对待错误，应该将它视为我们生命中紧密相连的一个部分，因为错误也能带来一定的益处。

在人类生命发展的过程中，我们所犯下的很多错误将会被纠正。就像起初只能蹒跚学步的婴儿，最终也能稳稳走起路来。这个成就正是他们在成长的过程中，不断取得经验才获得的。那些说自己是完人的人不但是欺骗别人，更是欺骗自己。实际上，我们一直都在做错事，甚至不会特意将这些错误加以改正。可以说我们生活的世界，就是在一个充满幻想、不能认清自我差错、违背现实的世界。一个好的老师不会认为自己是完美无缺的人，而且能够意识到自己的缺陷。无论做什么事都可能犯错，我们只有意识到自己的缺点才能逐渐接近完美，因为只有当我们认清并改正了自己的缺陷之后，才能提高自己的能力。谁也无法避免犯错，这一点我们应该清楚地认识到。即使是数学、化学、物理等追求精确的科学，也不可避免地存在错误。这些错误非常重要，因为发现错误，才能从错误点重新进行考虑。对于每一门学科来说，都必须科学客观地研究这些错误，由此人们准确地区分出什么是错误的、什么是科学的，因为科学能够有效地衡量错误。有两个重要的问题是我们在衡量的过程中应该注意的，一个就是我们获得的数据是精确的，不过，我们允许这个数值可以有一个误差范围。同样，科学结论也存在一定的失误，而并非是绝对的。例如，注射抗生素时有95%的成功几率，也就是说还存在5%的失误率，我们了解到这一点具有很重要的作用。一把尺子在测量时也同样只能精确到一定的单位，而达不到绝对精确的程度。任何数字及结论都不可能完全精准和准确；相反，存在一定误差的数字和结论更宝贵。对于那些只给出所谓精确却没有可能的失误率的数据是没有价值的，这是一种不严谨的研究态度。也就是说，数据以及可能出现的错误是同等重要的。错误对于我们追求精确的科学非常重要，这也说明在我们进行的所有工作中，错误同样具有非常重要的作用。只有当我们了解了错误之后，才能对它加以纠正或剔除，所以错误对我们很重要且具有很特殊的意义。

我们由此进行概括，得出了一条科学的结论，这为人类走向完美之路指明了方向，我们用"控制错误"为此原则命名。在学校中，包括老师和学生在内的所有人做事时或多或少都会犯错，所以我们针对错误做了这样的规定：我们首先要做的最重要的事情不是改正错误，而是认识自己犯下的错误。任何人不论做什么事情都应该考虑自己这么做是否正确，都要进行自我检讨。在认识到自己做的事情是对是错之前，我们要以正确的心态看待错误，对自己犯下的错误本身不要太过重视，而应该将此当作一种兴趣，找出错误的原因及解决之道。

在那些普通学校里，当学生们犯错时他们甚至都不知道自己错了。他们的行为并非有意识的，而且还会忽视自己犯下的错误。这些孩子认为自己不需要纠正这些错误，那是老师的工作，与己无关，因而持以无所谓的态度。这种现象与我们所谓的自由相差甚远。

当然，在我们没有能力改正自己的错误时，应该向他人求助，但是我们应该清楚，对于自己的错误，别人还没有我们自己了解得多。假如已经认识到自己错误，并能够自己去纠正这些错误那将再好不过了。若说起能够决定我们性格形成的因素，那就是这种由自己纠正错误的能力，一旦我们欠缺这种能力，就只会形成自卑的性格。

我们通过"控制错误"这一原则，能够判断出自己正在进行的事情是对是错。用一件时常发生在我们生活中的事情为例，如果我们想去艾哈迈德巴德这座城市，不过我们从未去过，在寻找路线时，我们往往会采用找到路标或查看地图这种最为保险的方式。途中当我们看到写着"艾哈迈德巴德——2公里"的路标时，我们就知道走对了方向，然后大可放心向前开了，但是如果我们看到的是写着"孟买——50 公里"这样的路标，很明显，我们走错了方向。这是求助于路标和地图的方法，在路标和地图都没有时，我们就会采取向路人询问的方法，如果路人记错或并不太清楚的话，我们就可能得到不同的回答，从而找不到准确的方向。要知道，我们要到达目的地就一定要找到准确的方向指示。

在我们的教育刚开始时，就应该体现出现实生活以及科学必不可少的东西，这是我们认识到自我缺陷的前提。就像我们指导孩子并为他们提供学习资料一样，在这方面我们也应该帮助他们。人的自由发展的程度以及发展的方向是否正确几乎决定了发展的动力，所以我们要找到一种方法，通过此方法就能知道我们的发展是否偏离了正确的方向。假如在学校中"控制错误"这个原则普遍适用的话，那么，母亲和老师能不能做到完美就不那么重要了，相反错误却能起到更大的作用。儿童会对大人们的错误产生浓厚的兴趣，一方面儿童或许会同情犯错的大人们，当然这是一种超然的感情，进而会让儿童认为犯错误是很自然的、每个人都可能犯错误，这种意识对儿童产生的影响是很大的。与此同时，孩子与母亲之间也会因为错误而走得更近，人与人之间的距离会被错误拉近，并建立起友谊。与完美相比，在错误的促进下，更容易形成良好的人际关系。因为一个"完美的人"不需要改变，一旦两个"完美的人"在一起生活，他们必然会由于无法接受对方的完美或不能相互理解而争吵不休。

如何摆放圆柱体是儿童们最开始学会玩的游戏，这是一些同样高度但具有不同直径的圆柱体，而且这些圆柱体可以按照直径由大到小的顺序摆到相邻的圆柱体上面。在接触这个游戏时，首先，儿童要有每一个圆柱体都是不同的这个认知。然后他们在挪动这些圆柱体时，就会掌握一定要用大拇指与另外两个手指一起才能抓住圆柱体顶部这个技巧，并学会了逐个将这些圆柱体重叠地摆放起来。最后当他们摆完时，发现最后放上去的圆柱体由于过大根本插不进前一个圆柱体的小孔里，而且此前有些圆柱体在插进去时由于孔太大出现松动的现象，这时他们就会认识到自己的摆放方式是错误的。因此，儿童们会检查自己的错误方法并认真研究正确的摆放方式，为解决问题而不断努力。儿童通过最后插不进小孔的圆柱体上面发现了错误，正好就是这个错误让儿童对它产生了浓厚的兴趣，然后他就会不断地变换方法来重复这个游戏。对儿童来说，做这种游戏有以下两个益处：一方面儿童的理解能力能够得到提高；另一方面就是对于自己的错误，儿童会逐渐学会有效地控制。

通过玩具能够直观反映儿童有没有出现错误，这就是我们专门为儿童设计这些玩具的最终目的。当儿童长到2岁时就会玩这种玩具了，而且在玩的过程中就产生了纠正错误的意识。孩子通过这种成长方式就能不断完善自我。不过，儿童改正了错误并不代表就达到了完美，他们还应该对自己具备的能力有所认识，从而激发他们的斗志，让他们渴望努力做更多的事情。

这时儿童仿佛在对我们说："我并非任何事都能做，我还未达到完美，我很清楚哪些事情是我能够做的。并且我仍然可能犯错误，不过，我自己就能纠正这些错误。"

人在发展中获得的经验，以及逐渐形成的这种信心十足、谨慎行事的性格对人的一生都有益处。当然，指引儿童逐渐达到完善这个工作是很困难的，因此，我们在教育儿童时并非轻易就能获得这种引以为豪的成就感。如果我们采用的教育方式很简单，仅仅只是告诉儿童他们很聪明或很愚蠢、非常勤劳或懒惰、所做事情是对的或错的，这样的教育不可能取得成效，甚至得到南辕北辙的结果。我们一定要让儿童清楚他们能够做什么事情，在教育他们的同时，我们还应该创造条件，让儿童认识到自己犯的错误。

从那些接受这种教育已经有一段时间的儿童身上，我们就能看出这种教育的效果了。这些孩子现在已经养成了一种习惯，那就是在得出数学题的答案之后，他们一定会检查一下结果。对他们来说，比起结果本身，这个检查结果的过程更吸引他们。我们会对孩子进行一种训练，当我们让孩子将一些物体的名字写在卡片上后，然后在这些物体下面放入相对应的卡片，我们发现，孩子们在做完这些后，会多次采用不同方法来检查这些卡片是否放对位置。在寻找差错的过程中，儿童获得了很多乐趣。

另外，我们还会为学校的孩子们特意安排一些错误，这些错误在日常生活中是很明显的，这样做能促进儿童不断地完善自身。儿童们会逐渐养成一种为了追求完美而不断检查自己言行的习惯，这种习惯对他们的发展具有很重要的作用。趋近完美、力求准确也是儿童具有的一种天性。在我们学校为儿童安排的游戏中，有一个名为"遵照命令做事"的游戏。一次，在玩这个游戏时，我们学校的一个小女孩读到了下面的话："走到外面去，并将门关上，然后再回来。"读完后她又再次仔细研读起这句话来，接下来她就按照命令开始行动了，但是还没等她完成这一系列动作她就跑了回来，她跑过来对老师说："假如我关上了门，那我怎么回教室呢？"

听完小女孩的话，老师回答说："你说的话是正确的，这是我的错。"然后老师就将这句"命令"的内容作了修改。

见状，女孩说："好的，我现在就可以回来了。"

人们在相互了解了这些错误之后，彼此间的感情也就增进了。人们会因为产生错误而被区分开，不过对错误的改正却能将人结合起来。人们会对发现并纠正错误这个过程产生浓厚的兴趣，此时面对错误会感到非常有意思。错误把人们连接在了一起，促使成年人与儿童建立了和谐的关系。犯错了的成年人不会失去尊严，也仍然会得到儿童的尊敬。错误并非一个或一部分人会面临的问题，所有人都会犯错，也有纠正错误的责任。

一切伟大的事情无一不是小事情以这种方法转变而来的。

Part 25
儿童服从意识的三个阶段

意志和服从是我们在探讨培养性格这个问题时一般都会牵涉到的这两个问题，它们在绝大多数人看来是站在对立立场上的。这些人认为，所谓的教育，就是老师将自己的意志强加给儿童以及扭曲、压制儿童意志的过程，而且儿童必须完全服从。

我们接下来就对意志和服从做一番说明，这种说明并不是主观推断出来的，而是根据我们观察到的实际情况进行的。首先，我要告诉大家的是很多存在于这个领域的观点根本不清晰。在前面的第八节中我们就曾谈到了这一点，有的人提出观点认为，有一种很强的宇宙力量对人类产生了极大的影响，从而让人有目的地进行一切活动。这种力量并非来自外力的物理力量，它是在生命不断演变的过程中产生的，一切生命运动都以这种力量为原动力，不论哪种形式的生命都会在这种力量的促进下完成演变。不过，生命的演变都是遵循自然规律进行的，而非自然或偶然之下发生的。假如这种力量正是通过人的生命得以表现出来，那么，它一定会影响人的所有行为。

这种力量是从何时开始对儿童的意识产生影响的呢？就是在儿童开始能够在自己意志的控制下有意识行事时开始的。在获得经验的基础上，儿童产生了意志力并得以发展，也就是说，意志力是随着儿童的发展逐渐形成的，并非天生就具有的。意志力属于大自然的一部分，因此它也必须遵循自然规律发展。

在一些人看来，不服从命令、具有暴力倾向等都是儿童与生俱来的。他们之所以会这样认为，是因为当我们让儿童做事情时他们往往都不服从安排，这些行为就是他们意志的表现形式。实际并非像他们所想的那样，儿童的行为也都不是"有目的采取的行为"。就像成年人一样，没有一个成年人会愿意生气，我们自然也不能说谁生气时是非常理智的。事实上，在日常生活中我们都会处于一定的目的说一些话，这就是说，我们是处于需要解决一些问题的目的而说话做事的。一旦我们察觉到自己的行为与自己的主观意愿相违背，我们一定会强烈地希望控制自己的意志。因此，我们就会顺其自然地将自己的意志强加于儿童身上。

然而事实并不是这样的，混乱以及暴力并不都是由主观意志控制行为产生的，它们只不过是人在感到痛苦或情感产生波动时的一种外在表现罢了。一般来说，人通过自己的意志力所做的行为是有意义的。儿童的成长发展是大自然安排的一项任务，所以儿童在意志的作用下得以成长，他们的每一种潜能也能得到发展。

当儿童的行为与他们的意志相一致时，就表明他们开始进行有意识的发展了。不论做任何事情，儿童都会自然地做出选择，而且会持续反复地做同一件事，那就表明他们在一定程度上已经开始认识到了自己的行为。起初，儿童只是出于冲动想做这些行为，而这时，他们的所有行为都是有意识地进行的。出生后的婴儿出自本能进行一些活动，但现在已经发展为有意识的行为了，这时，他们的心理已经逐渐走出了蒙昧状态。

儿童对自己前后存在的这种差别也有所察觉了，有一个儿童在表述这一感觉时所用的方式令我们吃惊，也难以忘记。那是在一位贵族小姐来参观我们学校时发生的事情。这位小姐对学校的情况并不了解，于是她就问学校的一个小男孩："这所学校就是规范你们行为的地方吗？"

男孩的回答令我们很吃惊："不是的，女士。学校并非为了规范我们的行为，我们非常喜欢我们做的这些事情。"显然，男孩已经能分辨出规范行为和主动喜欢之间的差别。这种差别就在于，如果人主动决定做某件事，那么，在这个过程中人会得到快乐。

我们一定要清楚地认识到，只有在适用以及行为中人才能获得有意识的意志这种能力。成年人不应该扰乱这种能力的发展，相反，我们应该尽力对它进行挖掘、开发。儿童在一个特定的环境中通过持续的行为逐渐获得了这种意志，其形成是缓慢的，但毁掉它却是瞬间就能完成的一件很容易的事情。就像一座长时间修建而成的建筑物，在遭遇爆炸或地震时几秒钟内就会被摧毁。要知道，人们在建造时是多么辛苦啊！因为平衡、艺术、材料等方面的知识都是我们在修建建筑物时必须考虑的。

像建筑物这样没有生命的物体在修建时尚需考虑那么多方面，那么，对有生命的人进行心理塑造就更别说需要多少东西了。只不过我们的肉眼并不能观察到人类心理塑造的整个过程，但我们知道，不论是母亲还是老师，都不是心理塑造的建筑师，他们仅仅只能为塑造的工作提供一些帮助而已。值得注意的是，如果这种帮助性行为稍有不当就会对儿童的意志造成摧毁或毁坏的后果，因此，一定要把这种帮助当成自己的目标和责任去做。目前，人们对这个问题的看法还不一致，存在种种偏见，对此进行澄清就是我们的责任。

有一个在普通教育组织中普遍存在的偏见，在这些教育工作者看来，他们可以通过下面这种方式来解决任何问题：把各种说教灌输到儿童耳朵里、树立儿童通过眼睛能够看到的榜样。但实际上儿童只有在使用自己的能力后才能发展自己的个性。我们往往把儿童视为被动接受知识的对象，在我们看来他们都不会主动进行学习，不论他们成长到哪一个阶段我们都持有这样的观点。为了锻炼儿童的想象力，成年人常常会讲一些神话故事给儿童听，其实，这些故事仅仅被儿童当成了一段话来听，他们的想象力并非能得到我们想象的那种发展。人们在看待儿童的意志时也持有这种的观点，在一般的学校里，是不会提供任何机会或条件去训练儿童的意志力的，直接对儿童说什么事情是他们可以做的、哪些事情是不应该做的就是教育工作的内容。一旦儿童做出了任何抗衡的行为，他们就会被看成具有叛逆性格的儿童。我们由此可以认为：教育工作者的工作，就是尽一切力量去毁掉儿童的意志力。

对于另一种方式——树立榜样来说，每一个老师会自然而然地将自己塑造成一个可以供儿童学习的榜样。这时，儿童的想象力及意志力根本就发挥不了任何作用，他们能做的就只是乖乖地听和看。

我们一定要鼓起面对现实的勇气，将这些偏见统统甩掉。

从事旧式教育的老师们归纳出了一句话："要教育他人，就必须先从我做好。当儿童对我的行为进行模仿、服从我的命令时，那就更好了。"

现在，教育要达到的最基本原则就是让学生服从，曾经有一位我已记不起其名字的教育工作者说过下面这句名言："服从，是儿童拥有的所有美德中最重要的一个。"

教育由此被简化了，从事教育的人也开始不再谦逊执教了，老师们或许会说出这种傲慢的话："我的学生知之甚少，我的工作就是教育他们，让他们在接受教育的过程中逐渐变成我这样的人。"老师们就这样展开了他们所谓的教育工作。犹如《圣经》中说的那样："上帝造出的人都是他想象的结果。"

成年人下意识地将自己扮演成上帝的角色，不过与此同时，他们把《圣经》中的另一个内容置之脑后了，那就是由于自负而妄想成为取代上帝的魔鬼，他们正是这样沦落为魔鬼的。

与父母、老师等成年人的工作比起来，儿童的内心从事的则是更为有意义的工作——创造性的工作。不过，儿童必须得到成年人的认可与支持才能进行这些工作。以前，老师为了达到让儿童接受自己意愿的目的，就强制性地使用鞭子的教育方式。当人类在不久之前开始进入文明社会时，从事教育的老师们甚至抗议教育的变革，他们这样说："一旦我们不再使用鞭子来教育，我们就无法教书。"就连《圣经》中的所罗门也有样的箴言："父母用棍棒来教育孩子才是正确的。一旦抛弃了棍棒，孩子们只会进入地狱！正是在威吓与恐惧之下才产生了纪律。"于是我们可以用这句话来归纳这种教育方法：好孩子都是听话的孩子，坏孩子都是不服从命令的孩子。

在现代，因为民主、自由的理论得到提倡和发展，所以人们用独裁者来形容那些仍沿用这种教育方式来教育孩子的老师。若他们不想被人们用独裁者的眼光看待，就应该在自己的教育中加入一些随意和充满想象力的内容，不过，这些在旧式学校的老师们往往坚持认为自己错误的教育方法是正确的。

当然，真正的独裁者与老师这种"独裁者"使用的暴力是不同的。真正的独裁者使用的暴力能为他们建设自己臆想的世界，但老师采用的暴力则只会让儿童走向毁灭。

老师的这种观点错就错在他们使用的这种教育还未等到儿童的意志学会服从，就毁掉了意志，换句话说就是，毁灭发生在意志开始接受他人指导并服从命令之前。一旦在教育的实践工作种采用这种观点，在儿童从老师那里学到知识之前，他们的思想就已经被教育给摧毁了。

不过，这种情况是可以被改变的，那就是等到人的意志力完成了发展，并且在他人命令自己时能够自由选择是否服从的时候。到那时，儿童对命令的服从完全是出自尊敬的原因，或者是因为他们认可了权威。而且老师在教育他们时，心理上也能得到满足。

这样一来，儿童的服从意识和他们意志力的发展就相一致了。儿童的发展是以意志力为基础和前提条件进行的，然后在这种发展的基础上产生了服从意识。因此，"服从"的概念就有了新的定义，它是个体意志力升华的结果。

事实上，我们会发现，在人类发展的自然现象中就包括服从，它是人类正常发展的特征之一，儿童在发展的过程中逐渐产生了服从意识。当人的发展趋近成熟、接近尾声时，服从意识在人不经意之间自然而然地就产生了。

其实，服从在人类的社会生活中起到了很重要的作用，假如在进化时人类未能获得或者不具备"服从"这种心理品质，我们无法想象社会将呈现出怎样的状况。人类具有服从意识这一点，不论用哪一件事情都能进行证明。不过，以往那种服从形式导致绝大多数人踏上了灭亡之路，这种服从是人们无法控制的，甚至一个民族都会被它摧毁。实际上，服从在我们的社会中随处可见，因为它是人类心理发展过程中众多自然现象的一种，因此不缺少服从行为也是很正常的。而我们真正缺少的，是控制服从的方法。

在观察那些在自然状态下发展的儿童时我们发现，在人类的特征中，服从的发展是最重要的一个特征，那些正在研究这个问题的人们通过我们的观察找到了研究的方向。

在儿童的个性中，服从意识和其他方面一样经历了几乎相同的发展过程。起初，"有目的"的冲动会影响服从的发展，其次，儿童会有意识地服从命令，此时它慢慢地发展起来，最后，这种服从的发展进入了受意志与意识控制的层面。

接下来，我们要探讨一下服从对人类的意义。人们从前认为服从具有以下意义：当家长与老师下达让儿童做某事的命令后，儿童遵从命令去做这件事就是服从。

当我们研究了服从意识的发展后就明白了，这个自然发展的过程会经历三个阶段。儿童开始产生服从意识时会表现出时而听从命令，时而不听的情况，看上去儿童的性格显得那么不稳定。这是为什么呢？因此我们应该重视这一现象，并对它进行深入的研究。

并不是所有服从行为都为了"美好的愿景"，因为所有婴儿在出生时的第一阶段，他们的一切行为都只是受"有目的的行动"的控制进行的。直到婴儿满1岁时，这种现象才会结束。这一现象在1~6岁这个阶段的儿童身上鲜少出现，因为儿童的意识开始开始逐渐产生了，并且他们能够进行自我控制。儿童在1~6岁这个时期，他们具备的能力会影响他们的服从意识的发展。只有当儿童具备了相应能力并达到了一定的成熟程度时，他们才能服从某个命令。我们举些例子来加以说明：当我们命令一个人用鼻子走路时，这个命令就是不能成立的，从物理角度来说这个命令非常荒唐。再如，我们命令一个不识字更不会写字的人写信时，这个命令也同样很可笑。由此可知，在我们对儿童下达某项命令之前，我们一定要先弄清楚他们的发展水平是否达到了相应程度。

当我们对未满3岁的儿童下达命令时，如果这个命令与他们的内心需求达不到一致，那么，他们是不会服从这个命令的。这是因为此时的儿童还不具备成型的心理，儿童们通过潜意识的作用，为性格形成需要的所有机制的建立而忙碌着，而且已经建立起来的机制还不能接受儿童意识及想法的控制。只有当他们发展到一个新的水平后，才会听话地服从命令。当然，我们通过成年人的行为也认识到，成年人本身也不抱有让2岁的儿童服从他们的命令的想法。

不管是按照逻辑推理或本能的认知，还是由于长期与儿童生活在一起而总结出的经验的原因，成年人已经总结出了一个结论，他们认为，能让3岁前的儿童服从命令的方法，就是在下达命令时要具有威慑力。

当然，并不是所有的服从都是被否定的。首先服从他人，就是满足他人的意愿。当孩子稍稍长大一些后，他们和处于原始准备阶段的0~3岁的儿童就不一样了。儿童过了3岁之后，他们的服从意识会经历一个与他们的成长类似的发展阶段。我们甚至可以这样说，3岁后的孩子只有在具备了一定的能力之后，他们才能服从他人的命令。如果缺乏一定的能力，他们不可能突然清楚某件事为什么要做的原因，同样也不可能突然就遵照他人的意志行事。某些我们看不见的成长正在儿童的内心世界发生着，而且这种成长会经历几个发展阶段。在成长还未成型之前，如果儿童已经可以遵照他人的某些要求做事，那就表明儿童已经能运用自己刚形成的某些能力服从命令了。不过，要想熟练地使用这些能力，儿童还需要用很长一段时间来反复练习并巩固它们。

当儿童第一次具备了运动能力时，这一情况就能有所体现。在儿童长到1岁时，他们开始试着蹒跚学步，刚开始时他们总是摔倒，通过一段时间的尝试但仍摔倒之后，他们就会停止尝试的行为。那是因为他们还未能完全掌握走路的能力，所以总摔倒。不过，当他们能运用这种能力后，他们就能通过这种能力随意走路了。

另外还有非常重要的一点需要注意，当儿童处于这个阶段时，他们拥有的能力是服从意识得以发展的决定性因素。有时他们会服从命令，但有时却不会服从。他们的这种做法在老师们看来就是故意的行为，因此总是责备他们。要知道，儿童能力的发展很可能会由于这种责骂而停止发展。有这样一个很有趣的例子，帕斯塔罗奇是瑞士出名的教育家，他是教育理论界的一位举足轻重的人物。父爱教育理论就是由他首次提出来的，他认为儿童成长中会面临种种困难，对此教育工作者们应该予以怜悯，因此应该谅解并包容儿童犯下的错误。然而，这位教育学者却无法理解也不能原谅儿童那种反复无常的行为。他对儿童时而服从、时而不听话的行为根本不能接受，他认为假如儿童首次服从了自己的命令，那就证明儿童具有做这些事的能力。当第二次下达命令时他们却不服从，帕斯塔罗奇认为这种情况让人根本不能谅解。这一点显然与他提出的父爱教育不一致。不过我们可以想象得到，就连帕斯塔罗奇这种教育家都不能包容儿童的这一行为，普通老师就更没有耐性了。

当儿童的某一种能力处于成型阶段时，如果人们打消他们的积极性，将会带来非常严重的后果。试想一下，一个都没能完全控制自己的行为，也不能满足自我意志需求的儿童，他又怎能服从别人的意志做事呢？儿童表现出反复无常的原因就在这里。其实，不只是儿童会有这种表现，成年人也会如此。比如，一位乐手在演奏某一曲目时第一次没有弹好，当他试图重新演奏时可能只会有更差的表现。出现这种情况并不是由他个人意志决定的，只是因为他对这首曲目的弹奏技巧还不能娴熟、准确地掌握而已。

由此可见，在服从意识发展的第一阶段中具有这样的特征：儿童反复无常的表现。此时，不服从命令是伴随服从产生的。

当服从意识发展到第二阶段时，不论何时何地儿童都能服从命令。这时已经没有什么障碍能阻止他们控制自己了，他们的各种能力在反复使用中得到了强化及巩固，他们能按照自己的意志行事，还能服从别人的意志。在意识发展的整个过程中，这个阶段是一个大跨步的时期。如同可以随意对某种语言进行翻译一样，儿童很清楚自己想要做什么、有什么需求，然后以行为的方式表达出来。截至目前，这种服从的水平就是教育所追求的最高层次，这也是老师们普遍希望的结果。

不过，遵照自然规律发展的儿童并没有就此停止发展的进程。与成年人对他们的这种期望相比，儿童的服从意识还将取得更高的发展，那就是服从的第三个阶段。

这时儿童已将自己才形成的这些能力用到了日常生活中，不过他们并没有满足于现状，并向更高的发展水平发起了进攻。儿童们好像已经了解到，他们根本做不了老师进行的那些事情，因此他们仿佛为自己打气一样：

"老师拥有比我强大的能力，我的大脑可以在他的影响下不断成长，最终促使我变成他那样聪明的人。"儿童在这种感觉中能得到很大的乐趣，因为他在发现自己可以从另外的人身上学到知识后，他就会拥有无限的热情去做老师下达的所有命令。这种自然现象很有意思，我们在此就将儿童的这种行为与狗这种动物进行一下对比。狗忠于自己的主人，因此会随时待命。它们会密切注视着主人的言行，比如当主人拿着球的手动起来并将球抛掷出去，狗就会迅速地将球叼回来，就像凯旋的战士一样。接着它们就静待主人的另一个命令。狗会在服从主人命令的过程中寻找到乐趣，因而会期望主人命令它们做事。儿童的服从意识进入发展的第三个阶段时就与狗的情况颇为相似，他们像狗一样似乎随时等待着他人的命令并乐此不疲地去执行。

有这样一件很有意思的事情，这发生在一位有10年从教经验的女教师身上。她的班级在她的管理下井然有序，而且这个老师还有一个给班里的学生一些个人建议的习惯。一天，她对孩子们说："整理好自己的东西，在晚上下课回家之前完成。"不过还没等她将后一句话说出来，只听到"整理好自己的东西"的孩子们就开始行动起来了，当他们听到了老师的后半句话后就立刻停止了行动。因为孩子们已能很迅速地反应并服从命令，所以老师在下达命令时就只有改变语序了。事实上，在这种情况下老师们应该说："在晚上下课回家之前收拾好自己的东西。"

从这位女老师那里得知，类似这样的事情时有发生。她因为儿童的这种非常迅捷的服从意识而不得不对自己将要说的话谨慎思考后再说出来，这被她当作自己的责任来做。但是我们一般都会认为，人可以随心所欲地对人发号施令。与这种心态不同，教师的权威感让这位女老师产生了一种压力，因此她认为自己应该那么做。有一次她正在上课，但学生们在教室里吵闹不休，于是她想将"肃静"这个词语写在黑板上告诫学生，在她刚写下第一个字母时，教室里就迅速安静了下来。

为了佐证这一点，接下来我就讲述一下我的个人经验，也正是这些经验让我在教育中引入了"肃静游戏"。当然，在玩游戏时孩子们表现出的服从是包括很多意思的。在同一种情况下，孩子们居然都有行为一致的表现，对于我下达的命令，他们呈现出一个整体都保持肃静的状态。

要知道，一个有很多人的场合要想保持安静，除非每一个人都处于不发出任何声音的状态才能办到，哪怕只有一个人弄出声响都不行。只有当每一个人都同时产生保持安静的意识的时候，才能达到这种整体肃静的状态。这就产生了群体意志。我们观察到，当我们多次重复做这种游戏时，儿童的这种群体意志感就会逐渐增强，儿童也能做到更长时间地保持肃静。因此，我们就特意将"点名字"这一环节增加到游戏中来，以增加游戏的难度。在儿童们保持肃静时，我们会小声地叫某个孩子的名字，这时那个被叫到名字的孩子不用回答但要安静地站起来，而其他同学则仍然原地不动。这一环节的要求就是要这个被点名的孩子尽可能别发出声音，而且站起来时要非常地缓慢。这样一来，在这个游戏中，最后被叫到名字的孩子将要在位置上坚持多久啊！可见孩子们的意志力已经达到了很高的水平。在做这种游戏时，儿童的意志力正是在他们的行为以及他们控制这些行为的过程中得到了锻炼。孩子们在游戏中得到了锻炼，最终他们一同组成的这个团队就会越来越优秀。我们也从中了解到，儿童们具备了各种服从意识需要的东西，因此他们已经可以完全服从命令了。

在第三个意志力发展阶段，儿童具备了服从的能力，他们通过这种能力获得了服从意识。并且他们的这种服从意识已发展到一个很高的程度，因此他们可以立刻去执行老师下达任何命令。上面提到的那个女老师就常常提醒自己，千万不能让自己的个人意志影响到孩子的发展。并且她还在长时间的执教生活中总结出了哪些品质是作为教育管理者必须具备的。她认识到，一名优秀的管理者并不一定都要果断地行事，不过强烈的责任心必须要具备。

Part 26
老师与儿童纪律性的产生

上面章节中提到的女老师虽然没有太多经验，但这位充满热情的老师也认为，在儿童内心深处是存在纪律性的，不过，在证明这种观点时她遇到了一个难题。

这位老师的观点就是让儿童拥有选择自己想做的事情的自由，不论是谁永远都不应该去干扰儿童所有的自发行为。同时她还认为，作为老师不应该强制要求儿童做他们不想做的事，而且也不能采用奖赏、惩罚或恐吓的方式去教育儿童。老师要有充分的耐性，而且应该扮演一个被动的角色，如果能从儿童的身边隐退就更好了，这样儿童就不会受到老师个性的影响，从而有足够的空间和自由来发展他们的心理。后来，为了提高儿童的服从能力，这位女老师为儿童准备了很多东西，不过，儿童的服从意识并没有像她所想的那样逐渐增加，恰恰相反，这种意识的发展还倒退了。

出现这种情况是不是就否定了她此前学习的那些原则呢？当然不是，问题出在她对理论与实践结果间的某些东西未能足够重视，这些东西就是执教时的实践经验。在面对这个问题时，没有经验的新手是需要帮助和相应指导的。其实不仅是老师，就像内科医生或另外一些了解某种理论或原则的人也会发生这样的情况。当他们进入实践工作中时就会产生这种工作远比求解数学方程困难得多的感觉。

我们应该一直记住一点，人内心的纪律性并不是与生俱来的，人类是在后天的生活中形成了纪律性。为人类纪律性指明形成的方向就是我们担负的使命。儿童表现出专注时就表明他们开始具有纪律性了，此时他们能够将精力集中在自己感兴趣的事物上面。这些引起儿童兴趣的事物除了能够帮助他们获取实践操作的经验外，还能在儿童控制错误时给予他们帮助。儿童的心理在这种实践经验的作用下，逐渐达到了整体的统一，此后儿童能快乐地生活，并且能专注到忘记自我且非常安静的程度。在看到儿童的这种让世界为之折服的能力后，任谁都会感到惊讶，因为通过这种能力，我们可以了解到人类心理的价值有多么大。指引儿童通往完美，教给他们克服障碍的方法等就是老师的工作任务，事实上，儿童成长时遇到的最大障碍或许就是老师带来的。假如儿童已经具备了这种纪律性，在遇到任何困难时他们完全可以靠自己来解决，这样一来，我们也就没有必要进行这一工作了。

3岁的儿童在刚踏进我们学校大门的时候，很多非常严重的问题已经摆在了他们面前。因此他们将自己的本性掩藏起来，而且掩藏得很深，并且产生了防御意识。儿童原本应该具有的安静、快乐及聪颖都消失无踪了，相反，在他们身上仅仅体现出了诸如懒散的行为、不清晰的表达，不听从成人管教的性格等极其浅显的个性。

不过，唤醒儿童的智力与纪律性的任务将由我们来完成。虽说现在的教育压制着儿童，但他们并没有屈服。要想改变他们的现状，我们也是有办法的，重要的是学校要给予机会让儿童得以发展并在精神上得到自由。而且老师应该认识到，要想让儿童得到完全的自由就一定要扫除阻止他们的心理正常发展的障碍，而这些障碍就是目前他们表现出来的防御性的行为以及不良的习惯。

我们要以扫除障碍为起点开始进行教育。假如老师们不能区分儿童的行为是真正的冲动，还是由平和心理自然产生的能力的话，那么，老师的教育是不会取得任何成效的。老师要有效地进行教育工作的前提，就是将这两种性质不一样的行为区分开来。要区分它们并不难，两者各有特点，它们是两种相背离的行为，但都是儿童在自由的意愿下进行的。如果老师想洞悉儿童的行为并给予他们指导，那就一定要先分清楚它们的差别。这种工作与医生的工作有一定的可比性。当医生给患者诊断患了什么病之前，他首先要能区分病态和健康的状态，只有在能分辨出有病还是无病的前提下，他才能对各种病症进行诊断。教育也一样，我们要想帮助儿童走上通往完美之路，就先分清各种能力中哪些是好的，哪些是坏的。那么，对于儿童心理发展过程中的各个阶段我们是否也能准确地描述出来呢？这是能做到的，我们已将各个阶段中较为典型的一些特征提供给老师了。

接下来我们就以三四岁的儿童为例来探讨一下，因为他们成长到现在还未与任何可以刺激内心形成纪律性的因素接触过。我们的讨论会围绕三种类型及其特征进行简单的描述：

1.主动行为失常型。在此，我们只对行为本身进行讨论，至于行为出于什么目的并不在我们的讨论范围内。儿童的内心欠缺和谐与协作等缺陷通过他们的这些行为得以表现出来。这些都是具有重要作用的症状，它们与神经医学有所关联，与哲学是不同的。当医生给患有严重疾病的患者诊断时，他们往往能通过患者的一些主动性行为找出某些细微的缺陷。医生十分清楚，这些缺陷在接来下的治疗中具有非常重要的作用。我们以处于爬行瘫痪第一阶段的患者为例来说明，在明确缺陷的重要性后，医生除了从心理失常及行为紊乱等方面入手为患者进行诊断外，还会考虑其他方面。这种病会表现出心理失常及行为紊乱等症状，如果患此病的儿童行为迟钝的话，患者或许还会有诸如言行失礼、情绪不稳定、时常有前冲或旋转的行为等病症，不过，这些行为对于医生的诊断没有太大帮助。对于主动行为失常的孩子，我们可以对他们进行教育，让他们主动行为失常的次数逐渐减少，而且他们的早期运动行为也能转向正常。在儿童正常发展的过程中，老师的工作就是寻找一些具有趣味性的活动或方法帮助孩子们协调运动时得以正常发展，而无需对他们表现出的所有行为失常情况都予以纠正。

2.任何事物都无法让儿童集中注意力是行为失常的第二个特征。儿童呈现出爱幻想的倾向，他们往往会对石头、树叶这类东西感兴趣，而且总喜欢与这些东西进行对话。当这种儿童长大后，他们的想象力就更不切实际了，总是异想天开。一旦这种状态长久持续，他们的大脑就会偏离正常的发展轨道，而且越来越远，在心力交瘁的同时，他们逐渐沦为了想象的奴隶。让人备感遗憾的是，这种空想本身会影响儿童个性的发展，但大多数人居然认为这种不正常的现象对心理的发展具有很大的促进作用。事实上，这种想象力除了能让儿童对着手中的石头或树枝说话外，毫无作用，也无价值可言。

拥有完整人格的人能够和外界和谐相处，在此基础上，人的精神世界才能建立。与现实生活相差甚远的空想行为，在人的发展中其实是一种不正常的现象。人的思想会因为凭空想象而得不到和谐发展，并且会引导人产生错误的想法。我们知道，人需要更多地注意并接触现实中的事物，但是这种现象只会阻碍人接触周围的事物。人的精神世界依赖于器官存在，但凭空想象可说就是一种精神世界萎缩的现象。为了引导儿童将注意力放到某些物体上，他们或许会采用让孩子排列桌椅等方法，但这些方法并不能取得成效。对于纠正孩子的失常症状最好的办法，就是帮助孩子进行协调运动，并能将精力放在日常生活事物上。

我们没有必要花费力气去纠正孩子所有的失常表现及症状，因为只要儿童开始专注于某一事物，他们偏离轨道的发展就会慢慢恢复正常，同时他们也能正常发挥出所有功能的作用。

3.模仿倾向是失常行为的第三种现象，它和前面的两种现象联系紧密。现在模仿倾向在现实中表现得越来越明显了，这是人性的一个薄弱点，儿童长到2岁时最基本的个性表现就是这种倾向。当然，2岁之前的儿童也具有模仿行为，不过我们在前面的第十五节中已探讨过，那时的模仿与2岁的模仿是不同的。因为儿童还没有形成一些能够产生行为的能力，因此，他们只能模仿他人的行为。如果儿童正常发展是不会去模仿别人行为的，一旦模仿，儿童就会被别人牵着走而缺乏自我判断能力，犹如没有帆的船随风向漂流一样。在观察具有模仿倾向的2岁儿童时我们发现，他们通过模仿获得了已有的所有知识，这种形式是他们心理退化的一种表现。儿童的心理产生波动以及各种失常行为都与这种形式有联系。儿童在模仿中不但不能提高各种能力，相反还会退化。

当某个孩子在犯错误时，他可能会通过某些行为发泄自己的情绪，例如，大喊大叫、在地上又哭又笑地打滚等，这时，其他孩子就会模仿他的行为，更有甚者还会表现出更过分的举止。就像会传染的某种疾病一样，这种不良行为会在儿童中间相互模仿，而且还可能让其他班级也受到感染。儿童们很可能在这种"群体本能"的作用下集体做出反常、有悖于社会常规的行为。原本只是一种个体的缺陷行为，但在模仿中其他人也会受到感染，最终出现集体退化的现象。

如果儿童的退化程度越深，我们要想对他们要想让他们回归正常发展就越难。假如我们的努力成功了，让他们重新得以正常发展，他们此前的所有失常症状都会不复存在。

如果我们让一个仅仅清楚怎样帮助儿童发展、只会一味让儿童自由做事的老师去管理一个班级，他们一定会被众多令人头疼的事情所困扰。因为可以自由行动的小东西们想说就说、想做就做，全都变得散漫毫无拘束。一旦老师不闻不问，情况将更严重，班级就会吵闹不堪、一片混乱。被这种局面困扰住的老师就算管理经验欠缺，没有正确解决方案，他们也必须进行解决，从而着手研究儿童简单但又富含内容的心理。老师必须去帮助这些在班级里随意活动的儿童，他们应该采取一些可以警戒儿童的方式。老师不能因为担心吓着儿童而不对他们的错误行为加以阻止。要知道，即使在训斥这些孩子时带有威严而不失和蔼的口吻也能取得一定的成效。这好比老师要想对某位学生提问前会先叫他的名字是一样的，要帮助儿童从错误行为中走出来，就要用一些方式去唤醒他们的心灵。这时，老师可以将孩子身边的小玩具拿走，别管自己曾经学过哪些管理原则，此时应采取一些有用的方法改变这种局面。老师们只有通过智慧，才能分别针对不同的孩子和他们身上的问题完满地解决。因为老师清楚每个孩子错在哪里，所以他们也知道怎样解决不同孩子的问题。就像一个优秀的医生不会机械地开药方一样，一位优秀的老师也同样不会采用死板的教育方法来解决问题，他们应该对各种问题进行判断，然后才能逐一解决。比如对个别学生轻柔地说话，对某些学生语气要严厉等，老师就能通过自己的声音将孩子的注意力吸引过来，从而让班级恢复平静。当然，具体采用什么方法就得由老师自己进行选择了，一个好的方法能解决问题，如同所有噪音是完全可以被钢琴上弹奏出的一个和谐音符给盖过是一样的。

一个班级如果由一个有经验的老师来管理，他在管理期间就会指导孩子发展，并能很好地进行管教以防孩子变得散漫，那样的话，上面这些混乱局面就都不会出现了。为了能够让儿童感觉到老师对他们的极大帮助，老师应该提前把所有准备工作做好。在夸奖、教导儿童时，老师一定要有足够的耐性，而且说话要平和、坚定。老师有时采取的一些方法就会很奏效，例如，要求儿童将桌椅搬回远处并且不能弄出声响，或者让他们将椅子摆放成一排后安静地坐着，也可以与儿童做游戏，让他们比赛从教室的一侧悄悄地跑到另一侧等。另外，老师还可以在适当的时候对孩子们说："好了，孩子们，我们现在需要安静"。听完话后，孩子们就会很听话地安静下来。诸如这类难度不高的办法都能将孩子散漫的注意力拉回来，让他们专注于手中的事物上。接下来，老师就可以把一些小玩具拿给孩子们玩，不过，当他们玩过之后要记得收回来下次再给他们，就这样多次给他们使用直到他们学会玩的技巧为止。

这时，教室已经重新平静下来了，孩子们也回到了现实生活中。他们开始出于某个特定的目的去做各种事情了，例如，扫地、擦桌子、打开橱柜拿玩具以及弄明白玩具的正确玩法等。

在这些实践活动中，儿童逐渐增强了自己的自由选择能力。与此同时，老师的心理也会得到满足。不过在使用蒙台梭利教育中心的小物件来教育儿童时，这些老师会产生所提供的东西太少的感觉。因为就像很多学校一样，一周之内孩子们不得不重复摆弄这些东西。

这一现象的弱点很明显地体现在一个问题上，而且这对整个教育产生了不良影响：当孩子们使用完一件物品后，他们会将其他物品拿起来玩，他们对同一件物品的兴趣是有限的，当第一次使用完之后就会将注意力转移到其他物品上。孩子们还喜欢去打开用来装玩具等物件的橱柜，想在那里找到新奇的东西。在这些教育的内容中，没有可以激发儿童足够兴趣的东西，他们的能力也就得不到进一步的发展。此外，教育不仅不能锻炼他们的个性，甚至还不到发展。仅仅用这种变换玩具的方法不能让儿童的心理和谐发展，他们就像穿梭在花丛中蜜蜂一样，不停地寻找可以采蜜的花朵，但没有一朵可以让他们满意。只有将儿童内心深处潜藏的本能行为唤醒之后，才能促进他们性格和心理发育和发展，这样他们才能做任何事情。

当孩子之间出现不稳定的状况时，老师要想继续开展教育工作就会很困难。因此，老师就只能烦躁地在孩子中间走来走去，试图让孩子安静下来，但这样做只会让孩子也感染老师的这种情绪。当重复多次之后，孩子们对老师的做法感到很不耐烦，当老师走过去之后就会继续胡乱摆弄所有东西。老师走到哪个孩子身边孩子就会安静，但同时其他孩子就又会不安分起来。直到这时，孩子们仍没有发展出智力和道德感，这些都有待老师去挖掘。

这时孩子的纪律性非常薄弱，老师们不得不时刻紧绷着神经以防孩子们再次出现混乱无序的局面。那些训练不足、经验欠缺的老师总将期望放在那些"新入校的儿童"身上，但纵使老师做很多工作，结果都没有达到预想的局面。于是败下阵来的他们只得承认，混乱的局面让老师备受这种神经紧绷感的折磨，同时这也只能给儿童带来不良的影响。

老师一定要认识到儿童具有的这一问题，在这个时期，儿童的心理正经历转型的过程。他们也没有真正开始发展，此时他们还没有推开发展之门。事实上，我们也没有看见儿童的成长有任何变化，这时的儿童不可能有序地做事，相反和混乱更接近，因此他们是不可能在这种情况之下将事情做得非常完美的。孩子们的运动差不多能达到协调的程度，不过并没有力量和美感，而且有时能做好，但有时完成得很差。和他们刚出生时处于第一阶段的情况相比，那时他们与现实社会还不能进行接触，但此时他们的进步比起第一阶段似乎也不大。仿佛经历了一场大病一样，他们现在呈现出的状态非常糟糕。不过，这个阶段在他们的整个发展过程中占有很关键的地位，此时，老师一定要将自己能做到的两种功能发挥出来：对儿童进行监督，并逐一进行教育。换句话说，就是指在孩子们使用各种物件时，老师一定要亲自去教每一个孩子应该怎样使用。老师帮助孩子的两个主要方法就是对班级整体进行监督和单个地指导学生学习。在教育这个阶段的孩子时，老师一定要认识到，他们在逐一指导孩子时，千万别背对着其他孩子去指导某个孩子，老师应该保证自己随时都存在于这些对使用方法茫然无措的孩子面前。在一个个地指导这些孩子时，老师还必须保证自己的指导都是正确的，并且指导的方法一定要显得亲密随和，儿童的心灵就很容易受打动。如此反复，孩子们的幼小心灵最终一定会被唤醒，他们就会对手中的物件产生浓厚的兴趣，学会玩之后还会一直重复这些行为，紧接着他们就能集中自己的注意力了，并且在重复使用中提高了他们的动手能力。当儿童表现出做事积极、学会满足的状态时，就表明他们的心理进入了新一阶段的发展。

我们在儿童心理发展期间提供机会让他们可以自由选择，这对他们的发展有很重要的作用。因为儿童真正做到随意选择，前提是他们必须清楚自己的心理发展具有哪些需求。假如在儿童选择的同时，他们还受到了来自外界的刺激，而且各种刺激都吸引了他们的注意力，那么，当他在玩过一件东西之后就会将兴趣转移到其他物件上。他们根本不受自身意志力的控制，此时这种选择就不能称为自由选择，老师对这一点也必须有所了解。儿童若想逐渐变得完美，他们必须对事物有属于自己的主观看法和见地。这时，环境很容易对他们造成影响，从而让他们变成那些简单刺激的俘虏。犹如摇摆不定的钟摆一样，儿童的心理缺乏坚定的立场。他们的心理只有等到他们具有自我感知的能力，并能专注地做某件特定的事时才算发展成熟了。

这种并不复杂但具有重要作用的现象在每种生物身上都会出现，不论生活环境有多复杂，这些生物都能自行选择，对生物来说拥有这种自行选择的能力有很大的益处。

就像植物一样，它们将根扎在泥土里，并从中根据需求吸收特定的养分供自己成长。昆虫也是如此，昆虫就常常到某些特定的花朵中汲取养分。在人身上自然也存在这种现象，与其他生物不同的是，人的这种能力并非与生俱来的，而是在后天生活中获得的。所有儿童都具有很敏感的心理，特别是未满1岁的儿童更是如此。如果他们接受的教育方法不当，他们的这种敏感性很可能会被扼杀掉，从而将他们变成只通过身体外部感官接受刺激的奴仆。这种敏感性在绝大多数成年人中早就已经缺失了，因此，眼前具有这种敏感性的儿童往往会让我们感到诧异。就像一头大象轻易就能用无情的脚掌将娇艳欲滴的花朵给踩碎一样，如果让一个没有接受过训练的老师来教授儿童，这个老师很容易扼杀掉儿童的这种能力。

一旦儿童集中精力在某一物体上，他们就会反复研究这个物体，这时，他们的心理就会非常放松且毫无防备。这时，我们就无需再绷紧神经地看着他们，我们应该为他们提供帮助，从而让他们在此过程中不受任何事物的干扰，并让他们的需求得到满足。

儿童要想达到这种注意力高度集中的状态是需要一定时间的，在此之前为了不干扰儿童心理的自由发展，老师一定要控制好自己的言行，也别打断孩子正做的事情。很多时候老师的这种控制力是非常重要的。当然，这并不是说让身为老师的他们仅仅提供一些简单的帮助给儿童，更不是让他们无动于衷地站在那里。老师在帮助和服务儿童的同时，还要做好观察儿童行为的工作，因为儿童能集中注意力这种现象是很奇妙的。在进行观察时，老师别站在教室前面，也别时时刻刻都去帮助儿童。老师对儿童的了解应该建立在观察的基础上，只有通过观察，老师才能对儿童集中精力的能力，以及他们的心理进展情况做一番了解。

其实，儿童本身会从集中注意力的过程中获得乐趣，当他们专注于某事的时候，就会像一位隐居者一样，不会留意周围的事物。在注意力集中的过程中，他们的个性就慢慢地产生了。到时候，从一直专注的事物中钻出来的儿童就会用新奇而充满新鲜感的眼光看待世界。此时，他们也变成了能用爱心对待他人及各种事物的人。他们会很友善地接人待物，对美好事物也充满了热爱之情。在这个变化的过程中，儿童的心理经历了一个简单的过程：先将自己隔离在世界之外，从而获得各种能力以让自己更好地融合到这个世界中。正如古语说的"不识庐山真面目，只缘身在此山中"，身在其中就看不到全局，我们乘坐飞机时就能将地面的整体景色一览无余。人的心理也是同样的，如果想更好地融入周围人的圈子中，就先要让自己与他人产生一定的距离，然后趁此机会培养自己的爱心。就像智者一样，他们会先在一个安静的空间里苦苦思索造福人类的方法，然后才能带给人类福祉。同样，往往都是先在底下将准备工作做好，才能完成一番爱与和平的伟大事业。

集中注意力就是儿童与外界隔离的方法，他们借此机会获得爱的力量，并形成了坚强而平和的性格。另外，儿童的牺牲自我、服从命令、做事规律等良好品质也是在此期间获得的。对生活的爱意会像泉水那样从儿童的心底流出来，从而让他们周边的人也得到这种爱的滋润。

儿童集中注意力还有一个益处，那就是能让他们具有社会感。老师一定要重视这一情况，当这种社会感在儿童身上产生之后，老师就要适时地帮助儿童。因为此时儿童仿佛在蓝天、花草那里吸收成长养分似的，他们会产生从老师那里获得更多知识的强烈渴望。

对于那些经验欠缺的老师来说，孩子们此时产生的这种热情给了他们很大的压力。老师们该怎么做呢？在第一个时期，他们应该着重关注儿童的基本要求，而不要在解决儿童的各种混乱行为上面花费太多时间。此时，他们对待产生巨大热情的孩子们也是如此，要努力寻找到哪些是主要的事情，不要停留在种种表面现象上面。现在老师要懂得门的合页的工作原理，虽然他们是在幕后进行教育工作的，但也要控制好整体局势的发展。

可以说，老师正在进行的是一项反复的、准确的工作。刚开始的时候，由于儿童发展取得的进步和这种发展所应发挥的作用并不一致，这时老师或许就会产生自己的作用很小的想法。但在一段时间之后，老师就会有新的发现了。儿童会朝着独立的方向发展，变得独立的同时，他们还拥有了逐渐增强的表达能力，他们的发展迅速达到了飞跃。看到这些现象后，老师就会感到自己所做工作是有价值的。此时，老师应该要记住施洗约翰的一句话，这是他在见到弥赛亚时说的话："他注定会成长起来，而我也将隐退幕后。"

儿童在这一阶段时会期待一个能够指导他们的权威出现。我们能够看到，如果儿童通过自己的智力和行动完成了某件事，例如学会了写一个单词、画了一幅画，那时他们会将自己的成果拿给老师看，并期待老师的评价和建议。儿童想做什么事情时并不需要他人教给他们方法，因为只有可以自由选择并能实际操作的心灵才是一颗自由的心灵。不过，老师需要在儿童自行完成这些事情后，对他们给以肯定。

儿童往往都是按照自己内心的某种需求行事，他们精神方面的隐私能够通过这种本能被保护起来。当然，他们不知道自己正在努力做的方式或方向是否正确，因此，他们需要成年人对自己获得的成果给予评价并给出建议。比如儿童学习走路，也是这种现象之一，儿童其实已经拥有能力可以走路了，不过他们还是担心，于是希望父母张开双臂在前面迎接自己。在这种情况下，老师要鼓励他们，最起码要给儿童一个微笑。当然，儿童并不会因此从老师那里获得了自信，他们的自信和成长都是由他们自己决定的。

只要儿童充满信心地做手中的工作，他们就不再需要别人来鼓励他们了。在别人都不知道的情况，儿童自己就能一件件地做很多事情，而且其他任何事情都不能吸引他们，而手中正做着的事情成果怎样才是他们一心关注的。同样，他们也不会关心别人会不会羡慕自己，而只对工作本身感兴趣。到我们学校参观过的人可能大多数都没有忘记，当我们将儿童的工作成果讲解给他们听时，我们是不会提到任何一个儿童的名字的。因为老师们都清楚，名字会不会被老师介绍到这个问题并不会引起这些孩子的注意。与我们学校相反，其他很多学校的学生在老师忘记介绍自己这个作者的名字时，往往会很生气，而且他们会说："那是我做的东西！"口气里充满了对老师的埋怨。

　　我们学校的儿童们不会这样，即使是制作出非常精美的成果，当我们将作品介绍给客人时，他们或许正忙着在哪个安静的地方从事另一个工作呢，他们甚至不希望别人来打扰自己。儿童们在这一阶段很认真、努力地做完一件件事并制作好许多作品时，一种纪律性也慢慢形成了。他们做事时一般都会有序地进行，并且产生了服从意识，对人和物也充满了爱心，这种情况就像在春天盛开的花朵就是为了期待秋天的丰收是一样的。

Part 27
老师为教育工作做的准备

一名老师必须做好充分准备才有资格成为蒙台梭利学校的老师。其中就有一件事情是这位老师必须记住的：那些旧式学校的老师必须时刻注意学生的行为，随时为他们提供帮助和照顾，并要做好教育他们的工作。蒙台梭利学校的老师则不用这样做，他们只需要将自己班级的学生从外面寻找回来就行了。蒙台梭利学校与旧式学校之间的最大区别就是这一点，我们学校的老师从一开始就要具备这样的认知：孩子们能够通过做事情等工作促进自己的发展。以前他们接受的那些先入为主的观点在进入我们学校时就要统统摒弃，不同的儿童会存在不同发展水平这一点也包含在其中。不论儿童存在哪种缺陷，也就是说不管他们属于哪种类型，老师都无需担心他们的缺陷会怎样发展，儿童的正常发展才是他们应该投以更多注意力的问题。老师一定要坚信，只要儿童们将注意力集中在某一事物上，他们自然而然地就能发挥出自己的一切本能。总有一天孩子们一定能集中注意力的，所以老师们也需要将更多精力放到教育这些孩子的过程中，他们使用的教育方式应该跟随儿童发展阶段的不同而改变。下面将介绍的三个方面的问题是老师们必须做到的。

　　首先是儿童成长的第一阶段。此时老师应该扮演保护环境与管理环境者的角色。这一阶段的孩子不会有序地做事，也总喜欢吵吵闹闹的，此时老师为了避免被这种混乱扰乱心情，就要将注意力放到环境上面。让儿童自由发展，他们的意志力才能正常发展，而且他们的各项能力也才能逐步踏上正常发展的轨道。我们国家的家庭主妇们一般都会把家里装饰得非常漂亮，这样就能将丈夫的心吸引住，从而对家庭产生依赖。这些主妇们在家庭装饰和环境建设方面会花费很多心思，而不会在丈夫身上投入全部的注意力。在她们看来，一个家庭至少要做到窗明几净、物体有条不紊地排列整齐才会具有吸引力，因此，她们总是努力营造一个和谐、快乐、整洁、舒适的家庭环境。其实，老师的工作也和家庭主妇的工作一样，为了打造一个能够吸引孩子注意力的教室，老师们会整齐有序地将各种小物件摆放在教室里，每一件东西都各归其位，而且环境也非常干净，就等着孩子们的到来。当然，老师本人也要像环境一样穿戴整洁，在表现出平和的同时又要显出老师的威严，这样孩子们才会被老师的本领所吸引，当孩子们上课时也会非常快乐并能感到有趣。对于不同的老师来说，他们的能力、知识自然会因人而异，不过，他们都要记住同样的一件事：老师能否得到儿童们的尊重与他们的外形是否整洁有直接的关系。老师一定要多加注意自己的言行，他们应该尽量使自己看上去风度翩翩、举止颇为绅士。孩子们处于这个阶段时，时常参照母亲的形象建立自己的审美标准。或许我们并不了解某个孩子有一位什么样的母亲，不过当一位漂亮的女士从孩子面前走过时，孩子们往往都会说："真好看，和我妈妈一样。"其实，很可能他们的妈妈并不好看，不过她们在孩子心目中都是非常漂亮的，因此，他们会认为每一个漂亮的人都像他们的妈妈。由此说明，在孩子的生活环境中也包括老师的形象，老师的形象甚至占有最重要的地位，因此，老师对自己的形象一定要多加关注。

注重环境是老师首先要做好的职责，环境会对孩子的成长产生间接的影响。如果孩子生活在不良的环境中，那么，他们的身体、智力以及心理方面都将得不到发展，就算有所发展也只会是短暂的。

其次是第二个阶段。我们在对环境因素进行考虑后可能会产生这样的疑问："老师应该用什么方式教导学生呢？这些孩子还没有发育完全的心理，那我们要想吸引他们的注意力还能怎么做呢？我们该用什么方法达到让儿童集中注意力工作的目的呢？"我的答案就是"引诱"孩子，当然，大家别产生误解。首先我们要意识到，一旦老师不注重环境，让孩子待在桌椅又脏、玩具物品随处乱扔的环境里，而且老师的行为也很散漫、言辞无礼、行为邋遢，那么，永远都不可能达到教育的目的。这些是让孩子集中注意力之前的准备工作，老师在此期间就要发挥出犹如能够温暖和照亮儿童心灵的火焰那样的作用。做这些工作时，我们无需担心儿童的心理发展会被老师的行为所影响，因为儿童的心理在这个时期还没有开始发展。老师可以在儿童能够集中注意力之前按照实际需求指导他们的行为，这种指导对儿童的发展是很必要的。

我曾在书中读过一个故事：一个基督教徒曾想收留那些被抛弃在街上的流浪儿，这些孩子由于没人管教都表现得桀骜不驯。为了取悦这些孩子，这个教徒就尝试了很多办法。在儿童处于这个过渡时期时，老师也应该像那个教徒一样采用不同的教育方法，例如，唱歌跳舞、讲故事、玩游戏等。假如老师通过自己的才能让孩子们都参与到每种游戏中来，即使这些游戏本身对教育不具备太大意义，但这样一来教室就不会再混乱一片，也能够安静下来。大家都能明白，比起教育呆板的老师来说，孩子们更喜欢那些充满了活力的老师。当然，呆板的老师在努力之后也是能够充满活力的，他们可以说："今天就让我们一起搬走所有东西吧。"这样孩子们也能感染他们的活力，而且他们还可以参与到玩游戏的孩子中来，并鼓励和赞扬这些孩子。此外，这些老师还可以对孩子说："这些铁桶需要洗澡了，我们一起将它们刷干净可以吗？"或者这样说："让我们到花园摘一些花吧，这不是个好主意吗？"儿童们会在老师的每一个动作的激励下产生动力。

老师在儿童处于第二阶段时需要做这些工作。这个阶段的孩子还会有一种表现，那就是某些孩子总喜欢对其他正在做事情的孩子进行干扰。这时，老师打断这种孩子的行为是最切实有效的做法。我们曾多次强调过，老师一定不能打扰正在专心做事情的孩子们，否则会对他们的正常发展造成不良影响。现在我们采用了相反的教育方式，在他们打扰别人工作时我们会打断他们的这种行为。在打断他们时，我们具体可以采用像特别关注这类孩子、使用表示感叹的语言对他们说话等方式。这些方法往往能收到很好的成效，例如，可以对这种孩子说："约翰，跟我来怎么样？我想给你一些东西。"假如他没有被这种方法吸引住，那我们还可以说："好吧，那我们就到花园去玩吧。"这时老师可以亲自带他过去，也可以让助手陪他出去。通过这样的方法，这些孩子就不会对其他正在工作的孩子造成干扰了。

接下来就是第三个阶段。处于这个阶段的儿童会对一些东西产生浓厚的兴趣，其中与生活经验的获得有关的东西尤其能吸引他们。事实证明，如果儿童还没有可以完全接受事物的能力，那么，我们将某些和文化知识等相关的东西提供给他们是不会多大成效的。

如果我们想让他们使用这些东西，那么就要耐心地等到他们可以集中注意力之后才能将这些东西提供给他们。我们选择的这些东西，都能让儿童积累实际的生活经验。一旦某件东西吸引住了他们的注意力，老师就不能干扰他们，因为这种注意力的产生是与自然规律分不开的。对事物产生兴趣后，儿童会与之接触或使用它们，从而掌握很多新的行为方式。这是儿童的一种进步，不过这种进步很容易受到打击，即使是很小的干扰都会影响到这种进步，就像美丽的肥皂泡一样，轻微的碰触也会让它破碎。

因此，老师需要小心翼翼地对待这个时期的儿童，并要注意自己采取的方式是否会对儿童造成干扰。正因为如此，教育这个时期的儿童时，老师会很容易采取某些不当的行为。有时老师走到儿童身后时，会跟孩子打招呼说："你好啊！"要知道，一个正在集中精力做某事的儿童轻易会被干扰打断，虽然只是这么一句轻快的话也可能影响到孩子。一般来说，儿童大概会在2周左右的时间里都对同一件事物感兴趣。在此期间，当老师发现儿童很对某件事情的操作方法感到吃力时，如果他到儿童身边想帮助他们，这时，儿童或许就会走开，不再管这件事情了。其实，儿童并不仅仅因为动手做而得到乐趣，他们的兴趣还在于能够逐个解决自己在动手过程中碰到的障碍。然而并不清楚这一点的老师却走过来想帮助他们跨越障碍，儿童自然就会表现得兴趣缺乏了。很多时候我们都能看见这样的场景，儿童正在费力地拿一件很沉的东西，老师看见后就想给他们帮助，但是儿童却立刻将东西丢下跑一边儿去了。有时，就算是好意的帮助或赞扬，甚至只是看一看的行为都会影响、打扰到他们。这样说会让人觉得不可思议，不过我们想一想，就算是成年人，如果我们正在做某事时有人走过来站在一旁看，对我们都会造成影响。下面的这些原则是每一位优秀的老师都会做到的：当儿童将注意力集中在某事上时，我们一定要当他们不在场那样别去关注他们。即使想知道他们正在做什么，但我们也别过去打扰他们，不过，我们可以采用以余光观察他们的方法。这样，儿童才可以自由地选择自己需要的东西，他们的选择行为不再是无所适从的，而是已经具有了一定的目的性。当然，这种自由或许就会导致另一个问题的产生——很多孩子同时争夺同一件东西这种情况。不过，除非是类似这种情形的特殊情况，否则谁也别去打扰孩子们，因为他们遇到问题时都能自行解决。在此期间，老师的任务就是当孩子对某件东西的使用方法都很熟练之后，将一些新的东西提供给他们。

这不过是理论性的指导，老师要想做到不去打扰儿童，他们就要进行实践，因为这种经验并不是那么容易掌握的。我们应该站在心理的高度来看待这个问题，从心理学的角度出发，我们往往会因为自己帮助的行为而感到骄傲，因此要克服这种心理。

当儿童需要老师的帮助时，老师也要注意自己的行为。在提供帮助时，老师不能出于一时的冲动，要保持清醒地思考，同时还要把握好帮的分寸，一定不能造成施助者从帮助中得到的乐趣比受助者还多的情形。我们的这种帮助一定要在无形中进行，如果这种帮助被儿童发现了，他们就会产生这种帮助行为是自然而然获得的东西这种想法。

这时，老师很少通过语言和肢体来教导儿童，更多是精神上的交流。不过，老师一定要像奴仆伺候主人一样，细致周到地为儿童服务。老师要保证环境的整洁，要将小刷子放回原位，而且什么时候该用这些刷子、该怎使用等都无需告诉这些小主人。当老师将饭菜做好后也不用嘱咐小主人们什么时候来吃。做好一切准备后，老师就可以隐退幕后了。老师们应该将儿童的心理成型作为自己考虑各种教育问题时的出发点，也就是说老师的服务对象其实是儿童的心理，老师应该随时满足儿童的需求，只要他们提出要求老师都应该立刻予以满足。不过，如果这些小主人没有主动提出需要帮助，老师就不能去打扰他们。比如在儿童需要得到表扬时，即使他们做出的东西并一定非常好，不过老师也要夸奖他们："哇，做得真好。"虽然我们认为老师不应该去打扰正聚精会神做某事的儿童，但是如果他们在此时需要得到肯定，老师就不要吝啬自己的语言。在心理领域，老师和儿童分别扮演着奴仆与主人的角色，老师应该敬业地做好仆人应做的服务。这种观点是多么新鲜啊！特别在教育界。这完全不同于仅仅帮孩子缝补衣服、洗衣做饭等小事情，因为老师的服务对象并不是儿童的身体而是他们的心理，因为儿童自己就能完成让他们得到发展以及身体上获得独立的所有事情。儿童的自由选择能力得以发展之后，他们才能获得独立的意志力，这种独立的获得是以保证思想不受打扰为前提的。同样，在逐渐独立的过程中，儿童也得到了发展，不干扰儿童是我们与儿童相处时应该遵循的原则。我们一定要做到这一点，以让儿童得到独立思考、判断、行事的能力。可以说，我们正在进行的是一门专门为心理服务的艺术，我们要想逐渐完善地掌握这门艺术，就必须亲自参与为儿童服务的实践工作中。

当老师对儿童的各种需求都予以满足后就会发现，各种各样的优秀品质犹如喷涌而出的水流一样源源不断地体现出来。老师们能见证这种儿童心灵深处的品质得以外露的过程会感到非常自豪。此时，老师的心情就像行走在沙漠中早已口干舌燥的人突然看见绿洲时的心情一样，会非常兴奋。老师之所以会产生这些成就感和满足心理，是因为对人类来说，这些优秀的品质往往都深深地潜藏在他们心底，特别是有心理缺陷的儿童，更难挖掘出他们的这些品质，不过，老师却开发出了这些优秀品质。其实，这些品质也给儿童带来了很大的益处，儿童具有这些品质后就能不知疲倦地不断做事情，而且对自己的工作会一直保持高涨的热情。同样，他们也不会畏惧工作中遇到的障碍和困难，他们会逐个进行解决，并从中获得无限的乐趣。他们还会给予弱者真诚的帮助，在这种出于同情的帮助中又充满了尊重，他们通过精神层面表现出自己的尊重，因此，别人在接受他们的帮助时仿佛是干涸的心田正接受清泉的灌溉一般。儿童如果获得了这些品质，那他们就长成了真正意义上儿童，在儿童最终成为完美的人之前一定要建立这样的雏形。

不过，儿童获得这些需要经历一个逐渐形成的漫长过程。老师最初或许会这样想："这个孩子现在发展得与我想象的几乎一样了，可以好于我期望的结果。"我们并不关心儿童叫什么名字、父母做什么工作等，儿童通过日常生活表现出了哪些人类处于儿童时期时特有东西才是我们需要关注的。通过这些东西，老师对儿童的了解就能更进一步，因为我们除了要了解儿童的外部特征之外，还要对他们的内心进行探秘。或许在了解儿童之前老师理解的爱并不是真正的爱，而当儿童展示出自己的天性之后，老师才首次了解到很多东西。他们流露的天性可以触动人心，可以改变他人，因此，老师也可能会在了解儿童流露出来的这些天性时被改变。这是为什么呢？我们在发现儿童的这些天性时，或许会将它们作为主要话题与他人进行讨论，最终我们会将儿童的名字忘记，但却永远记住了他们身上体现出来的爱，那是一种很高尚的精神品质。

我们可以将爱分为两个层次：一个就是我们常常说起的"爱"，它指的就是爱抚并照顾孩子。这种爱是被孩子激发出来的，我们就将这种爱给予了他们。这样做都是因为有一种精神联系将我们与儿童连接在一起。

另一个就是我现在说的"爱"，它完全不同于第一个层次上的爱，这种爱是源自精神和无私的爱。我们帮助儿童实际就是服务于儿童的精神世界，而我们要做的就是在此过程中让儿童得到充分的自由。在服务儿童时，老师会产生自我得到提升的感觉，他们甚至会觉得自己达到的高度是他们从未达到过的。老师除了最终能融入儿童的世界外，他们自身也在儿童的促进下得以成长。

老师们在这些发生之前都会认为自己的工作令人敬重，不过，他们在节假日期间却又会呈现出另一种工作状态。他们希望自己的工作时间能缩短，工资待遇能提高，这与其他那些服务于别人的人没有什么差别。平时，学生们会把他们当成自己学习的榜样，因此，老师会从中得到权威感和满足感。如果他们有一天被升任为学校监督员甚至校长的话，这些老师就会更开心了。老师必须清楚，所有这些都不是他们获得幸福感的源泉，对这些荣耀有深刻的认识他们，才能达到更高的水平。有一个很好的例证：那些从事高级职业的人，在理解了精神问题之后，他们却辞去自己的工作投身到幼儿教育的工作中。人们用"婴儿教师"来称呼这些人。

在我认识的人中就有这样的人，那是两位来自巴黎的医学博士，他们放弃了他人羡慕的工作而献身于研究幼儿成长发育的工作中。在他们看来，自己的水平已经发展到了更高的层次。

这些老师在转变了工作之后取得了什么样的成功呢？他们可以说出这样的话就是他们获得成功的标志："儿童可以集中注意力做事，与此同时，老师是否在身边都不会引起他们的注意。"

对于这些老师来说，他们转变职业前后都经历了一个具有相反想法的过程。此前，他们会将儿童水平的提高看作是自己的功劳，不过，他们的观点会随着儿童精神的发展而改变。这时，他们或许就会这样评价自己的功劳："儿童在我的帮助下，将大自然给予他们的使命顺利完成了。"

这样一件事情确实能给人一种满足感。老师们的这种自豪感在儿童长到6岁时会变得更强烈，到时他们会产生一种意识：自己完成了一项协助人类成长的伟大工程。事实上，在老师们与儿童进行自由沟通之前，他们一点也不了解儿童处于什么环境中。他们没有兴趣思考孩子们将来会产生样这样那样的问题，而且也不会关注这些儿童将来是中途辍学还是进入大学的象牙塔。不过，在这个成型期中最关键的阶段里，儿童们已经拥有了各种能力，从而可以完成很多必要的工作，这一点让老师们非常高兴。因此他们能充满自豪地说："我是曾贡献于儿童精神发展的功臣，他们如今已经将发展进程的工作完成了。而我一直陪伴他们度过了这个进程。"没有将自己的权威建立于教导儿童的老师就会意识到，他们在儿童的心理正常成长的过程中发挥了促进的作用，更意识到了自己工作的巨大价值。儿童的心理发展从此在生活中就有了保障，这在很多人看来都是具有自我牺牲精神的老师们的功劳，他们会说："是多么谦虚的老师啊！他们在自己教授儿童知识的过程中从不行使自己的权威。"而有的人却会发出这样的疑问："在教导儿童时如果老师都压抑着自己那种自然、自发的本能，那他们采取的那些教育方法又怎能取得成效呢？"不过事实表明，在教育儿童的整个过程中,老师既没有牺牲自我,更没有抑制自我,相反他们获得了一种成就感。在体现生命价值的众多形式中,这也是其中的一种,我们在此之前并不知道这种生命价值形式的存在,不过,现在它就展示在人们面前。

在实行这种教育时,我们也会遵循完全不一样的原则。比如"公正"原则,学校、社会及所有民主国家遵循的"公正"就是对所有人都适用唯一法律,不论这些人是存在多大的贫富差距都适用。在公众看来,法律、监狱及诉讼等都是与公正联系在一起的。因此,人们将法院称为"正义的场所"。假如一个人说自己是"一个诚实公民",从这句话中表明他不会因为犯法而被关进警察局或进法院。老师在教育儿童的过程中也要注意这一点。如果老师为了表示自己很公正,因而会对每个孩子都特别关心,这种"公正"只会对孩子造成不良影响,因为它会让人的发展停留在一个较低的水平上。这种公正犹如在一群高矮不等的人中,由于无法让矮个子的人长高于是就砍下高个子的人头,以保证整体平等一样,事实上,精神领域的"公正"也是这样的。

公正在较高水平的教育中确实是针对精神领域来说的。儿童在公正的保障下能够发展到最大限度,当然,这里说的"公正"是就所有人而言的,目的在于为所有需要帮助的人提供帮助,从而能让他们全面性地发展精神世界。我们通过公正帮助不同年龄段的所有儿童,让他们获得相应的能力以形成自己的精神世界,一个有组织的社会或许就是在这种基础上发展而来。这是一笔任谁都不能丢弃的宝贵精神财富,它的价值比任何物质财富都高。或许现在谁富有、谁贫穷会很重要,但是当所有人获得了正常发展的能力时,一切与财富相关的问题就都能解决了。一旦所有人都获得了完善的精神，那么，世界上就不再有贫富差距了，全人类都会变得富有。因为人四肢的力量并不会让人具有真正的创造力，这种创造力来自于人的智慧及精神。人类面临的所有问题，会在人类智慧和精神的发展达到一定水平时都能迎刃而解。

即使没有别人提供帮助，儿童也能通过自己的双手建造出和谐、有序的世界。再来看看目前成年人生活的社会吧，为了达到和平的景象却需要借助警察、枪械、部队以及监狱等进行强制的管理。相比较而言，儿童之间出现问题时却能和平地解决。我们从儿童的发展过程中得知，就像同时存在于一枚硬币的两面一样，自由和纪律也是相互依存的。如果科学性地给予儿童自由，他们就会逐渐具备纪律性。我们都知道，硬币一般有这样的两面：一面印有人头或寓言等精致图案，一面仅仅印有很简单的文字或数字。我们所说的纪律就像制作精美的那一面，而自由则好比无装饰、简单的一面。老师们往往会因为班级学生缺乏纪律性而感到惭愧，总认为是自己没有管理好班级的原因。这种情况若放在旧式学校的老师身上，他们甚至会为此羞愧不已，从而不断寻找自己的失误并予以修正。然而，对纪律性差的学生进行管理恰恰是我们提倡的新式教育所包含的一个部分，老师们无需为此感到惭愧。事实上，在帮助儿童的同时也使自己得到了提高，他们帮助儿童按照自然规律发展成长，最终也让他们自身不断得以升华，最终达到超越自然的水平。生活中，不断地提升自己的能力也是一种规律。在提升的过程中，儿童就是搭建人们上升阶梯的功臣。人们会遵循自然界的发展法则逐渐有秩序地生活，当人们意识到它已经自然而然地存在于我们身边时，就会发现人类已经突然间达到了有序生活的状态。显而易见的是，唤醒成年人向更高层次发展也是自然交给儿童的众多使命之一。成年人在儿童的引领下,达到了层次更高的精神境界,因而轻而易举地就解决了所有物质问题。在此,请准许我以我曾说过的话来作为结束语,以此加深我们探讨的内容给大家的记忆。当然,这句话并非是为老师们祈祷,而是对他们的忠告,同时这句话也能简明扼要地总结出我们探讨的内容:"上帝啊,请给予我们帮助吧,让我们能了解儿童的秘密,进而遵照您的意思和自然规律给儿童爱和帮助。"

Part 28
儿童是爱的源泉

　　我们常常举办一些具有代表性的蒙台梭利式聚会，参加这些聚会的人除了有蒙台梭利学校的学生外，一般还有他们的亲朋好友，所以，在我们举行的这种聚会中往往会看到婴幼儿、男女孩子、青年男女、成年人以及教育界的专业人士或非专业人士。此外，不仅有接受过高等教育的人，那些未受过任何教育的人也来参加聚会。我们不会对这些人进行组织分类，而让他们相处在一起，而且我们也无需给他们任何指导。这一点正是与其他领域具有代表性的学术研讨会不同的地方，来参加这种聚会的人来自不同年龄及各种不同的社会阶层。我们的教育对学生只提出了一个要求，那就是只要接受过我们的培训的学生，都能达到一定的教育水平。来参加聚会的人中，不仅有刚入学的学生，还有教育界人士以及律师、医生，甚至病人等。我们在欧洲举办培训时，学生们来自世界各地，我们的学生中甚至有一个是无政府主义者的美国学生。看上去这些学生来自不同地方是多么复杂啊！不过他们之间从未引起过争执。原因何在呢？那是因为他们都因为同一个理想被凝聚在了一起。就比利时来说，这个国家远远小于印度，这个国家的人主要说佛来芒语和法语这两种语言，而且这里的国民具有不同的宗教信仰，分属于不同的团体，例如，天主教、社会主义、其他政治团体，它们的共同存在使得社会非常复杂。在正常情况下，很少会有什么聚会能将这些不同团体的人聚集在一起，但是我们做到了，而且成功举办了这种聚会。因此，很多媒体都对我们的聚会进行了报道，报纸评论这样写道："多年来，我们不断地做过很多努力，试图举办能将这些不同团体的人聚集在一起的聚会，而现在，在自发的情况下，这种聚会却出人意料地出现了。"不能不说，这实在让人难以想象。

这都是儿童的功劳，要知道，不论是分属于什么宗教或政治团体的人们，都愿意与儿童亲近，并给予儿童关爱。儿童们在这种爱的基础上，凝聚了这种团结的力量。成年人都有很强烈的信仰，他们组成的各种团体正是在信仰的基础上形成的。他们也有各自的主张和观点，当一群成年人在一起讨论某些问题时，往往会因为观点不一致而产生争执，甚至大打出手。不过，在对待儿童时，他们几乎都会产生相同的情感。目前为止，对于儿童具有的这种力量还没有多少人认识到。

接下来，我们将进一步地探讨一些关于爱的本质这个问题。首先，让我们来看看先哲及诗人们是怎样看待"爱"的，因为爱的伟大力量往往在他们的描述下得以最完美的表达。人类的生命是由爱来孕育的，没有任何情感比爱更伟大、更高尚。即使是粗野、蛮横的人，在爱的召唤下，他们的心灵也会被打动。所以说，爱蕴藏在每个人的内心深处，不论本质怎样恶劣，行为也会被爱感化。当人内心这种爱的力量被唤醒时，每个人的心灵都会受到触动。试想一下，假如爱在人的心底并不存在，那么，即使爱的美好一面被描绘得天花乱坠，人的内心是不会产生任何反应的。相反，正是因为人们内心是有爱的，人们与生俱来就渴望得到爱，所以即使爱仅仅施与了很小的力量，人们也能感觉到它的存在、受到它的影响。

我们应该对爱的涵义进行更深入的研究，并且要从爱出发考虑问题，这样世界才能更加和谐地发展。不论是谁，都会温柔地对待儿童，并给予他们爱。对儿童的这种怜爱之情将所有人生活的这个世界变成了一个爱的海洋，所以说，儿童就是爱的源泉，每一个关于儿童的话题都是和爱分不开的。我们根本不能准确地给爱下定义，虽然所有人都明显地感觉了爱的存在，然而爱源自哪里，爱究竟有多大的力量，爱对社会团结的作用有多大，等问题都是我们无法解答的。虽说生活在世界上的人们分属于不同的种族、不同的社会阶层、具有不同的宗教信仰，但是所有人却都能找到一个共同的话题，那就是儿童，因此人们因为儿童而团结起来，彼此间的关系也变得很融洽、很友好，人们在平日里由于各种矛盾或团体、信仰不同而产生的隔阂都会被消除，彼此间的防备之心也会消失。

人们会因为与儿童在一起生活而逐渐拥有和谐、亲切的关系，自然也不会产生猜忌。因为爱，成年人会主动保护他人，在成年人之间也存在儿童身上蕴藏的那份爱，人们因为团结的力量凝聚在一起就是最好的体现。这种团结的力量正是因爱而产生的。

在世界上的每个角落都有战争，我们生活的这个时代因为种种战争面临着巨大的灾难，生活在战争中的我们现在来谈爱，似乎显得极其可笑，不过，爱的话题仍然是人们讨论的热点，这看起来是多么不可思议啊！然而，人们在这种环境中依旧规划着人类未来团结而美好的生活，由此更加证明了爱的存在，团结正是在爱的基础上形成的。现在的情景让我们仿佛听到所有人这样说："别再计划那些爱的幻想了，都回到现实中来吧。我们面临着战争带来的灾难，不论是男女老幼，还是美丽的庄园、森林，都是受害者，这不就是摆在眼前的事实吗？"不过，我们在这些事实面前仍要继续爱的话题，并展开让爱重回世界的工作。不管是宗教人士，还是反宗教的人，大家都在探讨爱，新闻媒体也在谈论爱，爱的话题在受过或未受过教育的人之间、在贫穷者及富人之间以及信仰不同各种人之间探讨着、传递着。

假如找不到可以证明爱的力量存在的有力证据，那我们就应该投入到研究这种重要力量的工作中。看看世界因为人类的各种仇恨遭到了多大的破坏啊，那我们为什么不实际行动起来呢？为了让爱的力量给这个世界带来更多的益处，我们应该将爱作为一门课题，并深入地分析和研究它。所有人还都应该自问一下，爱是一种多么巨大的自然力量啊！可是为何没有人研究过它呢？怎么没人将它与其他力量相结合发挥更大的作用呢？人们更多地致力于研究其他自然现象，而且从中得出了很多结论，但是对于这种具有能够团结人类作用的力量，却鲜少有人在它上面花费精力。其实，每个人都应该重视起这项工作，因为它可以唤醒人内心潜在的爱的力量，并且让爱在人与人之间传递。在前面我们曾说过，哲人及诗人好像将爱当作自己的理想一样描述出来，事实上，不论何时，爱都客观存在于我们身边，而不仅仅是人们的理想。

当然，我们也要清楚一点，我们能够切身体会到爱的真实存在，并不是学校教育的功劳。

人们生活的时代充满了喧嚣，也背负着巨大的压力，因此，那些先哲和诗人们说的关于爱的话或许早被人们遗忘了。不过，人们渴望唤醒爱，这与任何外界因素无关。但不论是期望付出爱还是得到他人的关爱，在人们内心产生的这种渴望都不能通过任何学习得来，在人类延续生命的过程中，对爱的渴望也是它的一部分。哲人也好，诗人也罢，他们所描述的那些美好的语言并不能让人真切地感觉到爱，真正能体现出爱的就只有生命。

事实上，我们还可以从生命本身这一宗教和诗歌之外的角度出发对爱进行思考。这样一来，爱就不仅仅是人内心的一种渴望，而是存在于现实中一种东西，这种存在是任何强大的力量都毁不掉的。接下来我们就以诗人和先哲们对爱的看法，以及客观存在的爱本身为出发点做一番比较。在宇宙的各种力量中，爱是最伟大的。实际上，我们仅仅将爱看成一种力量是不全面的，因为爱还能进行创造，因此，将之称为"上帝的爱"更为贴切。

诗人和先哲们描述爱的话语非常多，我原想引用他们的话来阐释"爱"的含义，但全部引用似乎根本不可能。在此，我就引用一位大家都熟知的圣人的话吧，因为他对爱的理解及表述都非常透彻，即使距他生活的时代已过了2000年了，但在今天依然有那么多基督教徒从他的话中获得生活的热情。他就是圣保罗，他曾这样说过："假如没有爱的存在，不仅是人类的语言，即使是天使说的话都会显得那么苍白无力。如果我掌握了所有知识，可以透析万物的奥秘，并能预言所有事物的发展，甚至能够移动一座大山，但这些事情的完成都都必须以爱为基础，否则一件事都完不成。就算我将自己的全部财产都用来帮助贫穷的人，甚至让我也牺牲生命，但是假如没有爱的存在，一切都毫无意义！"

我们可能会这样询问传道者："你对爱有很深刻的感受，那你肯定理解爱的含义，爱必然存在很神奇的力量，你可以为我解释一下什么是爱吗？"提出这样的问题是情有可原的，因为要想具体阐释爱这种高尚的情感存在很大的难度。事实上，通过圣保罗的话，我们可以看到现代文明的缩影。撼动大山、填充大海，甚至创造很多伟大的奇迹等事情对人类来说已经不是难事了。我们甚至可以想象，当科技水平迅速发展到一定程度时，我们在地球这端说的话是不是也可以传到在地球另一端的人的耳朵里呢。不过，如果所有发展在没有爱的存在，就不存在意义了。为了救助那些贫穷的人，我们成立了庞大的组织以保证他们的吃穿等温饱问题，都是因为爱，我们才做这些事情的。我们敲打鼓能击打出声音来，那是因为鼓中间的空才能敲出洪亮的声音，于是我们不禁联想到，爱之所以能产生巨大的力量，那它的本质又是什么呢？我们从圣保罗的话中得知，爱是多么高尚而伟大的情感啊！圣保罗还用下面的话来描述美好的爱，我们从他这段并非伟大哲学理论的话中同样受到了深深的启发：

"爱让人摒弃嫉妒之心，不做羞耻之事，但它大方而不矫揉造作；爱让人产生长久的忍耐力、仁慈之心；爱让人拥有无私之心、不会图一己之利、不做坏事、性情温和；爱激发人热爱正义和真理；爱让人学会包容、彼此信任、充满希望。"

所有这些都是描述人类内心世界的语言，这让我们不禁联想到了儿童具有的某些特点，这样想来就会觉得所有语言是描绘儿童那颗"具有吸收力的心灵"的。儿童通过自己具有吸收力的心灵能够接受所有东西，然后，他们以各种行为分别将自己吸收的东西表现出来。在吸收到以行为表现这个过程中，儿童逐渐适应了自己生活的环境，并以同等的身份融入他人的生活中。儿童来到这个世界上是没有选择的，他们不能选择自己生活的环境，无论环境怎样，他们都能适应，并在这个环境中长大成人。而且，他们还会在这个环境中结婚生子，幸福地生活。这就证明，儿童具有很强的忍耐力。比如，在热带地区出生的儿童最终都会适应那里的气候，如果让他们到更好的环境中生活，他们反而不能适应。不论儿童出生在什么地方，他们都能适应自己的生活环境，即使这里是沙漠，甚至极地。恶劣的环境也不能阻止儿童依赖自己出生、成长的地方，并对那里产生深厚的感情。

儿童那颗"具有吸收力的心灵"能够接纳任何事物，不论是穷是富，还是任何一种宗教信仰，他们都会适应并通过行为体现出与这些事实相符的一面，而且他们时刻都会抱着希望生活。

我们的儿童就是这样一个群体，正是他们那颗具有吸收力的心灵，让人类的一切文化稳定地发展并延续了下来。假如在儿童出生后才开始一种文明的话，那么，不论哪一种文明都不能经过一代代传承下来，更不会得到进一步的发展。

社会是由人创造出来的，而这种创造工作的基础就是儿童那颗"有吸收力的心灵"。我们如果观察儿童就会明白这一事实了，与人类命运相关的一切深奥问题都是儿童们用爱来解答的。诗人及先哲们只是描述了爱的力量，但没有具体分析过爱。在我们观察儿童发展的整个过程时，我们也发现了爱的发展过程，如果我们结合圣保罗的话来研究儿童，那么我们一定会由衷地发出这样的感慨："圣保罗对爱的描述在儿童身上完整地展现了出来，儿童聚各种爱的财富于一身。"

所以说，每个人的心灵深处都存在爱，而人们正是通过诗歌和宗教将这种爱表达了出来。爱是大自然给予人类的最好礼物，无论在什么地方，都会体现出爱的伟大力量。正受因于战争中的人类，同时也得到了爱的滋润。由此可见，人类创造的一切，以及人类取得的进步都因为有爱的存在而被赋予了意义。这并不难理解，大自然在每一个儿童出生时就赋予了他们爱这种天赋。试想一下，假如儿童的这种潜能完全发挥出来的话，人类将会取得无法预估的辉煌。虽然说我们现在已经取得了巨大的成就，但如果成年人能结合儿童的力量的话，那么他们就能取得更大的成就了，而此时成年人也就能谦逊地向儿童请教了。这一现象着实让人感到不可思议，那就是在一代代人创造的所有奇迹和发现中，由"儿童创造的奇迹"这一领域那么重要，但却被人们忽视了。

当然，我们多讨论的只不过是爱的一部分而已，因此，"爱"在人们心中就披上了一层神秘的面纱。不过，我们则认为，爱属于某种复杂力量的一部分，我们可以用"吸收力量"和"亲和力量"这两方面来描述这种复杂力量的内容。不仅整个世界都沐浴在爱中，不论是按宇宙规律运行的星辰，还是由原子重组而成的新物质，甚至有机物及无机物的协调，所有物质都是在爱的力量这一基础上形成的。总而言之，虽说人是在无意识的状态下生出了爱，不过，我们在生活中是能感觉到爱这种力量的存在的。

爱的另一种表现形式就是所有动物的繁殖能力都存在周期性。这种表现形式就是为了满足自然的需要而存在的。要知道，生命的出现及其延续都是因为爱，一旦爱不存在了，那么自然的一切物种必然会灭绝。

不论是哪一种动物，它们都能察觉到爱这种力量的存在，不过，这种意识不会很强烈，甚至在它们察觉到的瞬间这种感觉就消失了。可见，当大自然赋予万物爱的力量时它是多么严谨啊！另外，大自然在给予万物的这种爱也是有限的，这是因为爱是一种无价的高尚情感。父母的爱会在孩子出生的那一刻被唤醒，于是母亲会用母爱来浇灌孩子，这份爱会促使母亲养育自己的孩子，为了保证孩子能安全、健康地成长，母亲还会时刻待在孩子身边以保护它们。不过，动物的这种特殊的爱并不是一直存在的，对它们来说，付出爱是因为这种爱能保证物种的延续，因此，作为父母，每一种动物都会宁愿牺牲自己来保护孩子。当孩子不再需要这种爱时，父母们就会停止给孩子帮助。母亲与孩子之间由"爱"这根坚不可摧的感情纽带紧紧地连在了一起。不过，父母的这种爱会随着孩子的慢慢长大而逐渐消失。从孩子们长大这一刻开始，母亲将不再庇护孩子，它们也不再像以前那样可以从母亲那里任意索取并得到满足了。现在，哪怕孩子仅仅只想，从母亲那里分享分享到一点食物，它们也会遭到母亲无情而强烈的攻击。

这些现象证明，一旦"爱"完成了自己那有限的使命之后，它就会从动物身上隐退。

不过，人类却不同于动物。当婴儿在父母的抚养下长大之后，他们身上的爱不隐退反而会增强，这种爱甚至会走出家庭的范围，将爱播撒在家庭之外的地方。有时当人们被某种意愿触动时，大家就会在爱的作用下迅速团结在一起。

大自然赋予了人类永恒的爱，除了在人类个体身上体现出来之外，它还体现在各种组织上。想想看，假如先人们没有体会到爱的力量，那他们怎么会建立起社会这个庞大的组织呢，又怎么会将个人的爱传递给别人呢？

让我们看看大自然在给予动物爱时是多么严谨和吝啬啊，但在赋予人类爱时却是那么大方。假如说大自然是出于某种明确的目的赋予爱的力量的话，那么，它给人类的这种爱肯定也出于某种目的。如果说对人类的拯救是这种终极目的的话，那么，我们就能想象得到，一旦人类忽略了爱的存在，人类也必将遭到毁灭。与任何一种宝贵的物质相比，我们从大自然那里获得的这种精神力量就是一件无价之宝。可以这样说，就算人类消失在浩瀚的宇宙当中，这种力量也会继续创造，也会继续行使保护和拯救的使命。

正是出于明确的目的，大自然将爱这份特殊礼物赠予了人类。因此，我们要热爱并珍惜这种爱，然后将爱的力量发挥出来。此时，爱的力量得以升华，而在所有生物中唯有人类可以做到这一点。在接受爱的馈赠的同时，人类还担负起了珍惜爱的任务，只有这样，人们才能在爱的作用下团结在一起。由此可见，爱的力量是真实存在的，而不是某种意识概念。

爱还有一个作用，那就是人类创造的成果及智慧都能被爱结合起来。由于爱的存在，人类通过双手创造的东西才得以保存下来，而且人类的这种活动才能有序地进行，否则世界会呈现出一片混乱。人类在逐渐发展的过程中创造的一切东西都会遭到破坏，这样的事就时有发生。

圣人曾说："如果爱不存在，一切不过是枉然。"现在我们就能理解这句话的深刻含义了。不论是可以驱散黑暗的明灯，还是能将声音传递给他人的声波，以及人类的所有发现都不能与爱的力量相媲美，因为在宇宙的所有力量中，爱的力量是最伟大的。这种力量存在于所有人的心灵深处。

虽说大自然赋予人类的爱仅仅是有限且不集中的，不过它却胜过人具有的所有力量。当有一个新生儿降临到这个世界上时，一股新鲜的力量也随之产生了。或许这种力量一时会因为环境的原因而发挥不出它的作用，不过，我们都会强烈感觉到它的存在。爱来自于大自然，人类从大自然那里获得了这种力量，所以，我们应该倾注更多的精力来研究爱这种力量。这样才能完全发挥出爱的作用，而我们从事这一工作的切入点就是儿童。因此，我们应该给予儿童足够的关注。

不论是谁，都必须以顽强的意志继续完成研究爱的力量这项工作，即使这条路再怎么艰辛也要走下去，这样才能拯救人类，并将所有人都团结起来。

图书在版编目(CIP)数据

有吸收力的心灵 /（意）蒙台梭利著；艾安妮译.
—北京：中国华侨出版社，2015.4（2021.4重印）
ISBN 978-7-5113-5413-6

Ⅰ.①有…　Ⅱ.①蒙…　②艾…　Ⅲ.①儿童教育-研究
Ⅳ.①G61

中国版本图书馆 CIP 数据核字（2015）第087973号

有吸收力的心灵

著　　者 / [意] 蒙台梭利
译　　者 / 艾安妮
责任编辑 / 文　筝
责任校对 / 高晓华
经　　销 / 新华书店
开　　本 / 787毫米×1092毫米　1/16　印张/20　字数/240千字
印　　刷 / 三河市嵩川印刷有限公司
版　　次 / 2015年7月第1版　2021年4月第2次印刷
书　　号 / ISBN 978-7-5113-5413-6
定　　价 / 49.80元

中国华侨出版社　北京市朝阳区静安里26号通成达大厦3层　邮编：100028
法律顾问：陈鹰律师事务所
编辑部：(010)64443056　　64443979
发行部：(010)64443051　　传真：(010)64439708
网址：www.oveaschin.com
E-mail：oveaschin@sina.com